AF883340

www.ingramcontent.com/pod-product-compliance
Lightning Source LLC
LaVergne TN
LVHW050840051026
849532LV00006BA/2045

* 9 7 8 9 3 6 9 0 8 9 1 2 3 *

مقدمہ شعر و شاعری

مولانا الطاف حسین حالی

مرتّبہ: اعجاز عبید

Muqadma Sher o Shaeri
by: Altaf Hussain Hali
Edition: December '2024
Publisher :
Taemeer Publications LLC (Michigan, USA / Hyderabad, India)

ISBN 978-93-6908-912-3
9 789369 089123

کتاب	:	**مقدمہ شعر و شاعری**
مصنف	:	**الطاف حسین حالی**
جمع و ترتیب / تدوین	:	اعجاز عبید
صنف	:	تحقیق و تنقید
ناشر	:	تعمیر پبلی کیشنز (حیدرآباد، انڈیا)
سالِ اشاعت	:	۲۰۲۴ء
صفحات	:	۳۴۴
سرورق ڈیزائن	:	تعمیر ویب ڈیزائن

فہرست

انتساب*

اردو محفل (https:urduwerb.org/mehfil)

کے مرحوم اراکین

محمد شمشاد خان

اور

محمد وارث

کی اردو خدمات کے نام

مدتوں رویا کریں گے جام و پیمانہ مجھے

---

*(محض اس ایڈیشن کا، اس نسخے کا بڑا حصہ انہوں نے ہی ٹائپ کیا تھا)

تمہید

حکیم علی الاطلاق نے اس ویرانۂ آباد نما یعنی کارخانۂ دنیا کی رونق اور انتظام کے لیے انسان کے مختلف گروہوں میں مختلف قابلیتیں پیدا کی ہیں تاکہ سب گروہ اپنے اپنے مذاق اور استعداد کے موافق جدا جدا کاموں میں مصروف رہیں۔ اور ایک دوسرے کی کوشش سے سب کی ضرورتیں رفع ہوں اور کسی کا کام اٹکا نہ رہے۔ اگرچہ ان میں بعض جماعتوں کے کام ایسے بھی ہیں جو سوسائٹی کے حق میں چنداں سود مند معلوم نہیں ہوتے۔ مگر چونکہ قسامِ ازل سے ان کو یہی حصہ پہنچا ہے اس لیے وہ اپنی قسمت پر قانع

اور اپنی کوششوں میں سرگرم ہیں۔ جو کام ان کی کوششوں سے سر انجام ہوتا ہے گو تمام عالم کی نظر میں اس کی کچھ وقعت نہ ہو۔ مگر ان کی نظر میں وہ ویسا ہی ضروری اور ناگزیر ہے جیسے گروہوں کے مفید اور عظیم الشّان کام تمام عالم کی نظر میں ضروری اور ناگزیر ہیں۔ کسان اپنی کوشش سے عالم کی پرورش کرتا ہے۔ اور معمار کی کوشش سے لوگ سردی گرمی، مینہ اور آندھی کی گزند سے بچتے ہیں اس لیے دونوں کے کام سب کے نزدیک عزت اور قدر کے قابل ہیں۔ لیکن ایک بانسری بجانے والا جو کسی سنسان ٹیکرے پر تن تنہا بیٹھا بانسری کی لے سے اپنا دل بہلاتا اور شاید کبھی کبھی سننے والوں کے دل بھی اپنی طرف کھینچتا ہے گو اس کی ذات سے بنی نوع کے فائدہ کی چنداں توقع نہیں۔ مگر وہ اپنے دلچسپ مشغلہ کو کسان اور معمار کے کام سے کچھ کم ضروری نہیں سمجھتا۔ اور اس خیال سے اپنے دل میں خوش ہے کہ اگر اس کام کو سلسلۂ تمدّن میں کچھ دخل نہ ہوتا تو صانعِ حکیم انسان کی طبیعت میں اس کا مذاق ہرگز پیدا نہ کرتا۔

ہزار رنگ دریں کارخانہ درکارست

مگیر نکتہ نظیری ہمہ نکو بستند

شعر کی مدح و ذم

شعر کی مدح و ذم میں بہت کچھ کہا گیا ہے اور جس قدر اس کی مذمّت کی گئی ہے وہ بہ نسبت مدح کے زیادہ قرین قیاس ہے۔ خود ایک شاعر کا قول ہے کہ دنیا میں شاعر کے سوا کوئی ذلیل سے ذلیل پیشہ والا ایسا نہیں ہے جس کی سوسائٹی کو ضرورت نہ ہو۔ افلاطون نے جو یونان کے لیے جمہوری سلطنت کا ایک خیالی ڈھانچہ بنایا تھا۔ اس میں شاعروں کے سوا ہر پیشہ اور ہر فن کو لوگوں کی ضرورت تسلیم تھی۔ زمانۂ حال میں بعضوں نے شعر کو 'میجک لینٹرن' سے تشبیہ دی ہے یعنی میجک لینٹرن جس قدر تاریک کمرے میں روشن کی جاتی ہے اسی قدر زیادہ جلوے دکھاتی ہے۔ اسی طرح شعر جس قدر جہل و تاریکی کے زمانہ میں ظہور کرتا ہے اسی قدر زیادہ رونق پاتا ہے۔

شاعری کا ملکہ بے کار نہیں

یہ اور اسی قسم کی اور بہت سی باتیں جو شعر کے بر خلاف کہی گئی ہیں۔ ایسی ہیں جو لامحالہ تسلیم کرنی پڑتی ہیں۔ مگر اس بات کا بھی انکار نہیں ہو سکتا کہ دنیا میں ہزاروں بلکہ لاکھوں آدمی ایسے پیدا ہوئے ہیں جن کو قدرت نے اسی کام کے لیے بنایا تھا اور یہ بلکہ ان کی طبیعت میں ودیعت کیا تھا اگرچہ اکثر نے اس ملکہ کو مقتضائے فطرت کے خلاف

استعمال کیا۔ پس ایک ایسے عطیہ کو جو قدرت نے عنایت کیا ہو صرف اس وجہ سے کہ اکثر لوگ اس کو فطرت کے خلاف استعمال کرتے ہیں کسی طرح عبث اور بیکار نہیں کہا جا سکتا۔ عقل خدا کی ایک گراں بہا نعمت ہے۔ مگر بہت سے لوگ اس کو مکر و فریب اور شر و فساد میں استعمال کرتے ہیں۔ اسی طرح شجاعت ایک عطیۂ الٰہی ہے مگر بعض اوقات وہ قتل و غارت و رہزنی میں صرف کی جاتی ہے۔ کیا اس سے عقل کی شرافت اور شجاعت کی فضیلت میں کچھ فرق آ سکتا ہے؟ ہر گز نہیں۔ اسی طرح ملکہ شعر کسی کے برے استعمال سے برا نہیں ٹھیر سکتا۔

یہ بات تسلیم کی گئی ہے کی شاعری اکتساب سے حاصل نہیں ہوتی۔ بلکہ جس میں شاعری کا مادہ ہوتا وہی شاعر بنتا ہے۔ شاعری کی سب سے پہلی علامت موزونیِ طبع سمجھی جاتی ہے۔ اکثر دیکھا گیا ہے کہ جو اشعار بعضے فاضلوں سے موزوں نہیں پڑھے جاتے ان کو بعض ان پڑھ اور صغیر سن بچے بلا تکلف موزوں پڑھ دیتے ہیں۔ اس سے ظاہر ہے کہ شاعری کوئی اکتسابی چیز نہیں ہے بلکہ بعضی طبیعتوں میں اس کی استعداد خدا داد ہوتی ہے۔ پس جو شخص اس عطیۂ الٰہی کو مقتضائے فطرت کے موافق کام میں لائے گا۔ ممکن نہیں کہ اس سے سوسائٹی کو کچھ نفع نہ پہنچے۔

شعر کی تاثیر مسلّم ہے

شعر کی تاثیر کا کوئی شخص انکار نہیں کر سکتا۔ سامعین کا اکثر اس سے حزن یا نشاط یا جوش یا افسردگی کم یا زیادہ ضرور پیدا ہوتی ہے۔ اور اس سے اندازہ ہو سکتا ہے کہ اگر اس سے کچھ کام لیا جائے تو وہ کہاں تک فائدہ پہنچا سکتا ہے۔ بھاپ سے جو حیرت انگیز کرشمے اب ظاہر ہوئے ہیں ان کا سراغ اوّل اس خفیف حرکت میں لگا تھا جو اکثر پکتی ہانڈی پر چپنی کو بھاپ کے زور سے ہُوا کرتی ہے۔ اُس وقت کون جانتا تھا کہ اس ناچیز گیس میں جرار لشکروں اور زخّار دریاؤں کی طاقت چھُپی ہوئی ہے۔

ناٹک

ہمارے ملک میں بھانڈ اور نقالوں کا کام بہت ذلیل سمجھا جاتا ہے اور ہولی میں جو سوانگ بھرے جاتے ہیں وہ سوسائٹی کے لیے مضر خیال کیے جاتے ہیں۔ لیکن یورپ میں اسی سوانگ اور نقالی نے اصلاح پا کر قوموں کو بے انتہا اخلاقی اور تمدّنی فائدے پہنچائے ہیں۔

باجا

باجے کے آلات جو ہمارے ہاں ہمیشہ لہو و لعب کے مجمعوں میں مستعمل ہوتے ہیں اور جن کو یہاں کے ملّا محض فضول جانتے ہیں۔ شائستہ قوموں نے ان کے مناسب استعمال سے نہایت گراں بہا فائدے اٹھائے ہیں۔ یہ بات تسلیم کی گئی ہے کہ میدان جنگ میں جب اصول مقررہ کے موافق باجا بجتا ہے تو سپاہ کے دل حد سے زیادہ بڑھ جاتے ہیں۔ اور افسر کے حکم پر ہر سپاہی جان فدا کرنے کو موجود ہو جاتا ہے۔ اور جب کسی وجہ سے جنگ کے موقع پر باجا بجنے سے رک جاتا ہے تو ان کے دل سرد ہو جاتے ہیں اور افسر کا حکم بہت کم مانا جاتا ہے۔

شعرا کا حسن قبول

تاریخ میں ایسی مثالیں بے شمار ملتی ہیں کہ شعرا نے اپنی جادو بیانی سے لوگوں کے دلوں پر فتح نمایاں حاصل کی ہے۔ بعض اوقات شاعر کا کلام جمہور کے دل پر ایسا تسلط کرتا ہے کہ شاعر کی ہر ایک چیز یہاں تک کہ اس کے عیب بھی خلقت کی نظر میں مستحسن معلوم ہونے لگتے ہیں اور لوگ اس بات میں کوشش کرتے ہیں کہ آپ بھی

ان عیبوں سے متصف ہو کر دکھائیں۔ بائرن کی نسبت مشہور ہے کہ ''لوگ اس کی تصویر نہایت شوق سے خریدتے تھے اور اس کی نشانیاں اور یادگاریں سینت سینت کر رکھتے تھے۔ اس کے اشعار حفظ یاد کرتے تھے اور ویسے ہی اشعار کہنے میں کوشش کرتے تھے۔ بلکہ یہ چاہتے تھے کہ خود بھی ویسے ہی دکھائی دینے لگیں۔ اکثر لوگ آئینہ سامنے رکھ کر مشق کیا کرتے تھے کہ اوپر کے ہونٹ اور پیشانی پر ویسی ہی شکن ڈال لیں جیسی کہ لارڈ بائرن کی بعض تصویروں میں پائی جاتی ہے۔ بعضوں نے اس کی ریس سے گلو بند[1] باندھنا چھوڑ دیا تھا''۔

---

[1] لکھنؤ میں میر انیس اور مرزا دبیر نے بھی تقریباً ایسی ہی قبولیت حاصل کی تھی۔ جو لوگ میر انیس کو پسند کرتے تھے، وہ مرثیہ گوئی اور مرثیہ خوانی میں جہاں تک ہو سکتا تھا، میر انیس کی تقلید کرتے تھے اور جو فریق مرزا دبیر کا طرفدار تھا، وہ ہر ایک بات میں ان کی پیروی کرتا تھا مگر لارڈ بائرن اور ان دونو صاحبوں کی مقبولیت میں اتنا فرق ہے کہ لارڈ بائرن کی عظمت اہل انگلستان کے دل میں صرف اس وجہ سے تھی کہ وہ اس کو اپنا قومی شاعر سمجھتے تھے اور اسی لیے کیتھولک اور پروٹسٹنٹ دونو فرقے اس کو یکساں عزیز رکھتے تھے۔ بخلاف انیس و دبیر کے، ان کی عظمت محض ایک مذہبی شاعر ہونے کی وجہ سے تھی اور اسی لیے ان کی بڑائی اور بزرگی جیسی کہ عموماً ایک فرقہ کے دل میں تھی، ویسی عام طور پر دوسرے فرقہ کے دل میں نہ تھی۔ یہ امتیاز یعنی قومی اور مذہبی حیثیت کا ہمارے اور اہل یورپ کے تمام کاموں میں پایا جاتا ہے۔

پولیٹکل معاملات میں شعر سے بڑے بڑے کام لیے گئے ہیں

یورپ میں پولیٹکل مشکلات کو وقت قدیم پوئٹری کو قوم کی ترغیب و تحریص کا ایک زبردست آلہ سمجھتے رہے ہیں۔ ایک زمانہ میں ایتھنز اور مگارا والوں میں جزیرۂ سیلمس کی بابت مدّت دراز تک جنگ رہی۔ جس میں ایتھنز والوں کو برابر شکستیں ہوتی رہیں۔ اور رفتہ رفتہ اُن کا حوصلہ ایسا پست ہوا کہ وہ ہمیشہ کے لیے لڑائی سے دست بردار ہو گئے۔ اور اس بات پر اتفاق کر لیا کہ جو شخص اس لڑائی کا ذکر کرے یا دوبارہ لڑنے کی تحریک دے وہ قتل کیا جائے۔ اس وقت ایتھنز کا مشہور مقنن سولن زندہ تھا۔ اس کو نہایت غیرت آئی۔ اس نے اہل وطن کو پھر لڑائی پر آمادہ کرنا چاہا۔ وہ دانستہ مجنون بن گیا۔ جب ایتھنز میں یہ بات مشہور ہو گئی کہ سولن دیوانہ ہو گیا ہے اس نے کچھ اشعار نہایت دردانگیز لکھے اور پرانے زدہ کپڑے پہن کر اور اپنے گلے میں ایک رسی اور سر پر پرانی چادر ڈال کر گھر سے نکلا۔ لوگ یہ حال دیکھ کر اس کے گرد جمع ہو گئے۔ وہ ایک بلندی پر جہاں اکثر فصحا منادی کیا کرتے تھے جا کھڑا ہوا۔ اور اپنی عادت کے خلاف اشعار پڑھنے شروع کیے، جن کا مضمون یہ تھا "کاش میں ایتھنز میں پیدا نہ ہوتا۔ بلکہ عجم یا بَربَر یا کسی اور ملک میں پیدا ہوتا جہاں اس کے باشندے میرے ہموطنوں سے زیادہ جفا کش، سنگدل اور یونان کے علم و حکمت سے بے خبر ہوتے۔ وہ حالت میرے لیے

اس سے بہت بہتر تھی کہ لوگ مجھے دیکھ کر ایک دوسرے سے کہیں کہ یہ شخص اسی ایتھنز کا رہنے والا ہے جو سیلمس کی لڑائی سے بھاگ گیا۔ اے عزیزو! جلد دشمنوں سے انتقام لو۔ اور یہ ننگ و عار ہم سے دور کرو۔ اور چین سے نہ بیٹھو۔ جب تک کہ اپنا چھنا ہوا ملک ظالم دشمنوں کے پنجہ سے نہ چھڑا لو" ان غیرت انگیز اشعار سے ایتھنز والوں کے دل پر ایسی چوٹ لگی کہ اسی وقت سب نے ہتھیار ہتھیار سنبھال کر سولن کو سپاہ کا سردار اور حاکم مقرر کیا اور سب کے سب ماہی گیروں کی کشتیوں میں سوار ہو کر سیلمس پر چڑھ گئے۔ آخر جیسا کہ تاریخ میں بتفصیل مذکور ہے جزیرۂ سیلمس پر قابض ہو گئے۔ اور دشمنوں میں سے بہت قید ہوئے اور باقی تمام مال و اسباب چھوڑ کر بھاگ گئے۔ ایک بار پھر غنیم نے بیڑے ساز و سامان کے ساتھ سیلمس پر چڑھائی کی مگر کچھ فائدہ نہ ہوا۔

مثال ۲

انگلستان کی تاریخ سے ظاہر ہوتا ہے کہ ایڈورڈ نے جب ویلز پر چڑھائی کی تو ویلز کے شاعروں نے قومی ہمدردی کے جوش میں نہایت ولولہ انگیز اشعار کہنے شروع کیے۔ تاکہ اہل ویلز کی ہمت اور غیرت زیادہ ہو۔ اگرچہ انگلستان کی سپاہ کے آگے ان کی کچھ

حقیقت نہ تھی لیکن شاعروں کے پر جوش کلام نے ان میں حب وطن کا جوش اس قدر پھیلا دیا تھا کہ جب وہ فوج شاہی کے مقابلہ میں کامیابی سے بالکل مایوس ہو گئے تو بھی اطاعت خوشی سے قبول نہ کی۔ شاعروں کے کلام سے ایڈورڈ کی اس قدر مزاحمت ہوئی اور اس کو ایسی دقّتیں اٹھانی پڑیں کہ فتح کے بعد اس نے ویلز کے تمام شاعروں اور نسابوں کے قتل کروا ڈالا۔ اگرچہ شاعری کا نتیجہ ویلز کے شاعروں کے حق میں بہت برا ہوا اور ملک کے لیے بھی مفید نہ ہوا۔ لیکن اس واقعہ سے شعر کا تاثر اور کرامت بخوبی ثابت ہوتی ہے۔

مثال ۳

لارڈ بائرن کی نظم موسوم بہ 'چائلڈ ہیرلڈز پلگریمیج' ایک مشہور نظم ہے۔ جس کے ایک حصہ میں فرانس، انگلستان اور روس کو غیرت دلائی ہے اور یونان کو ترکوں کی اطاعت سے آزاد کرانے پر برانگیختہ کیا ہے اور لکھا ہے کہ جو فائدے یونان کے علم و حکمت سے یوروپ نے اور خاص کر فرانس اور انگلستان نے حاصل کیے ہیں اس کا بدلہ آج تک یونان کو کچھ نہیں دیا گیا۔ اور روس نے بھی جو کہ گریک چرچ کی پیروی کا دم بھرتا ہے یونان کی کسی قسم کو مدد نہیں دی۔ پھر تینوں سلطنتوں کو غیرت دلانے کے لیے

یونانیوں کو ترغیب دی ہے کہ غیروں سے کچھ امید نہیں رکھنی چاہیے۔ بلکہ خود اپنے دست و بازو پر بھروسا کر کے ترکوں کی غلامی سے آزاد ہوجانا چاہیے۔ ۱۸۱۲ء میں اس نظم کی اشاعت ہوئی جس کے سبب بائرن کی شاعری تمام یوروپ میں دھوم ہوگئی اور انگریز اس کی نظم پر مفتون ہو گئے۔ نتیجہ اس کا یہ ہوا کہ فرانس، انگلستان، اٹلی، آسٹریا اور روس میں اس نظم نے وہ کام کیا جو آگ بارود پر کرتی ہے۔ جس وقت یونان نے ترکی سے بغاوت اختیار کی یوروپ کا متّفقہ بیڑا فوراً اس کی کمک کو پہنچا۔ ۱۸۲۷ء میں متّفقہ بیڑے نے ترکوں کے بیڑے کو شکست دی اور ترکی کو یونان کے آزاد کرنے پر مجبور کیا گیا اور اس کی آزادی کو تمام یوروپ نے تسلیم کر لیا۔ اوتھو ایک ڈنمارک کا شہزادہ یونان کا بادشاہ بنایا گیا اور یونان میں پارلیمنٹ قائم کی گئی۔

مثال ۴

۱۸۳۰ء میں جب کہ چارلس دہم بادشاہ فرانس نے قانون آزادی کے برخلاف کاروائی کرنی شروع کی اور رعایا سے فرانس میں سخت اضطراب اور سراسیمگی پیدا ہوئی۔ اس

وقت فرانس میں بھی دو قصیدے[2] ایک منسوب بہ پیرس اور دوسرا منسوب بہ مارسلیز لکھے گئے تھے۔ جو گزرگاہوں اور شاہ راہوں میں طبل جنگ پر گائے جاتے تھے اور جن میں لوگوں کو بادشاہ سے بغاوت اور آزادی کی حمایت کرنے پر اکسایا گیا تھا۔

---

[2] رفاعہ آفندی ناظر مدرسۃ السنہ مختلفہ مصر نے دونوں قصیدوں کو عربی نظم میں ترجمہ کر کے اپنے سفرنامہ میں جس کا نام 'الدیوان النفیس بایون باریس' ہے نقل کیا ہے دونوں کا پہلا ایک ایک بند یہاں لکھا جاتا ہے۔

قصیدہ باریسیہ

یا اهل فراستہ الغرا
یا شجعانا بشهامتکم
عشتم فی الرق و ورطۃ
ولأن خزوا حریتکم
ما احسن یوم فخارکم
بتوافتکم فی کلمتم

کر واکرا للظفر بهم
النصر حلیف شجاعتکم

قصیدہ مرسیلیہ

فهیا یا نبی الاوطان هیا
فوقت فخارکم لکم تهیا
اقیمو الرایہ العظمیٰ الویا

الغرض یورپ میں لوگوں نے شعر سے بہت بڑے بڑے کام لیے ہیں۔ خصوصاً ڈریمٹک پوئیٹری نے یوروپ کو جس قدر فائدہ ہے اس کا اندازہ کرنا نہایت مشکل ہے۔ اسی واسطے شکسپیئر کے ڈراموں سے پولیٹکل، سوشل اور مورل ہر طرح کے بیشمار فائدے اہل یوروپ کو پہنچے ہیں۔ یہ بائبل کے ہم پلّہ سمجھے جاتے ہیں۔ بلکہ جو لوگ مذہب کی قید سے آزاد ہیں وہ ان کو بائبل سے بھی زیادہ سودمند اور فائدہ رساں خیال کرتے ہیں۔

ایشیا کی شاعری میں اگرچہ ایسی مثالیں جیسی کہ اوپر ذکر کی گئی ہیں شاید مشکل سے مل سکیں لیکن ایسے واقعات بہ کثرت بیان کیے جاسکتے ہیں جن سے شعر کی غیر معمولی تاثیر اوراس کے جادو کا کافی ثبوت ملتا ہے۔

و شنوا غاره الهيجا مليا
عليكم بالسلاح يا اهالى
ونظم صفوفكم مثل اللالى
و خوضو فى دماء اولى
الوبال فهم اعداء كم فى كل حال
وجورهم نهدا فيكم جليا
بنا خوضوا دماء اولى الوبال

اعشیٰ کے کلام کی تاثیر

عرب کا مشہور شاعر میمون بن قیس[3] جس کو نابینا ہونے کے سبب اعشیٰ کہتے تھے اس کے کلام میں یہ تاثیر ضرب المثل تھی کہ جس کی مدح کرتا ہے وہ عزیز و نیک نام اور جس کی ہجو کرتا ہے وہ ذلیل اور رسوا ہو جاتا ہے۔ ایک بار ایک عورت اس کے پاس آئی اور یہ کہا کہ میری لڑکیاں بہت ہیں اور کہیں سے ان کو بَر نہیں ملتا۔ اگر تو چاہے تو لوگوں کو شعر کے ذریعہ سے ہمارے خاندان کی طرف متوجہ کر سکتا ہے۔ اعشیٰ نے اس کی لڑکیوں کے حسن و جمال اور خصائل پسندیدہ کی تعریف میں ایک قصیدہ لکھا۔ جس کی بدولت ان لڑکیوں کی صورت اور سیرت کا چرچا تمام ملک میں پھیل گیا اور چاروں طرف سے ان کے پیغام آنے لگے۔ یہاں تک کہ امرا نے بھاری بھاری مہر مقرر کر کے ان سے شادیاں کرلیں۔ لڑکیوں کی ماں جب کوئی لڑکی بیاہی جاتی تھی ایک اونٹ بطور شکریہ کے اعشیٰ کے واسطے ہدیہ بھیج دیتی تھی۔

[3] ایک مخضرمی شاعر یعنی اس نے جاہلیت اور اسلام دونو زمانے دیکھے ہیں، اس نے ایک قصیدہ آں حضرت صلی اللہ علیہ وسلم کی نعت میں بھی لکھا تھا اور یہی عرب کا پہلا شاعر ہے جس نے مدح گوئی کا مدار صلہ جائزہ پر رکھا تھا اور محض مداحی کی بدولت دولت مند ہو گیا تھا۔

زمانۂ جاہلیت کے اشعار کی تاثیر

اس کے سوا زمانۂ جاہلیت کی شاعری میں ایسی مثالیں کثرت سے پائی جاتی ہیں کہ مثلاً شاعر اپنے قبیلہ کو جب کہ تمام قبیلہ کے لوگ اپنے مقتول کا خوں بہا لینے پر راضی ہیں ملامت کرتا ہے اور قاتل سے انتقام لینے پر آمادہ کرتا ہے۔ یا کسی رنجش کی وجہ سے اپنے قبیلہ کو دوسرے قبیلہ سے لڑنے یا بدلہ لینے کے لیے برانگیختہ کرتا ہے۔ یا اپنے پانی کے چشمے یا چراگاہ کے چھن جانے پر قوم سے مدد لینی اور ان میں جوش پیدا کرنا چاہتا ہے۔ اور اکثر اپنی تحریصوں میں کامیاب ہوتا ہے۔ مثلاً عبداللہ بن معدیکرب جو کہ بنی زبید کا سردار تھا۔ ایک روز بنی مازن کی مجلس میں بیٹھا تھا اور شراب پی رکھی تھی کہ مخزوم مازنی کے ایک حبشی غلام نے کچھ اشعار ایک عورت کی تشبیب کے جو کہ بنی زبید میں سے تھی گائے۔ عبداللہ نے اٹھ کر زور سے اس کے منہ پر طمانچہ مارا۔ غلام چلایا۔ بنی مازن نے غیظ و غضب میں آکر عبداللہ کو مار ڈالا۔ پھر عمرو بن معدیکرب کے پاس جو کہ عبداللہ کا بھائی تھا جا کر عذر کیا کہ تمہارے بھائی کو ہم میں سے ایک نادان آدمی نے جو نشہ میں مدہوش تھا مار ڈالا ہے۔ سو ہم تم سے عفو کے خواستگار ہیں اور خون بہا جس قدر چاہو دینے کو تیار ہیں۔ عمرو خون بہا لینے پر آمادہ ہوگیا۔ جب بھائی کی

آمادگی کا حال کبشہ بنت معدیکرب[4] کو معلوم ہوا تو اس نے نہایت ملامت آمیز اشعار کہے جن میں عمرو کو انتقام نہ لینے پر سخت غیرت دلائی ہے۔ آخر عمرو بہن کی ملامت سے متاثر ہو کر انتقام لینے کو کھڑا ہو گیا۔ اور مازینوں سے اپنے بھائی کو خون کا بدلہ لے کر چھوڑا۔

رودکی کے کلام کی تاثیر

---

[4] کبشہ کے اشعار یہ ہیں:

ارسل عبداللہ اذحان یومہ
الیٰ قومہ لاتعقلوا لهم دمی
ولا تاخزوا منهم فا لأ و ابکرا
واتوک فی بیت بصعده مظلم
ودع عنک عمروا ان عمروا سائم
وحل بطن عمرو غیر شبر اطعم
فان انتم لو تثاروا وا تدیتم
فمشوا باذن انعام المصلم
ولا تردا و لا فضول نساءکم
اذا ارتملت اعقا بهن من الدم

ایران کے مشہور شاعر رودکی کا قصہ مشہور ہے کہ امیر نصر بن احمد سامانی نے جب خراسان کو فتح کیا اور ہرات کی فرحت بخش آب و ہوا اس کو پسند آئی تو اس نے وہیں مقام کر دیا۔ اور بخارا جو کہ سامانیوں کا اصلی تختگاہ تھا اس کے دل سے فراموش ہوگیا۔ لشکر کے سرداراور اعیانِ امراجو بخارا میں عالیشان عمارتیں اور عمدہ باغات رکھتے تھے ہرات میں رہتے رہتے اکتا گئے اور اہلِ ہرات بھی سپاہی کے زیادہ ٹھیرنے سے گھبرا اٹھے۔ سب نے استاد ابوالحسن رودکی سے یہ درخواست کی کہ کسی طرح امیر کو بخارا کی طرف مراجعت کرنے کی ترغیب دے۔ رودکی نے ایک قصیدہ لکھا[5] اور جس وقت

---

[5] اس قصیدہ کے اول کے چند شعر یہ ہیں :

بوئے یار مہرباں آید ہمے

یاد جوئے مولیاں آید ہمے

ریگ آموئے دور شتیہائے او

پائے مارا پرنیاں آید ہمے

آب جیحون و شگرفیہائے او

تنگ مارا تامیاں آید ہمے

اے بخارا شاد باش و شاذ دی

شاہ سویت میہماں آید ہمے

شاہ مان است و بخارا آسماں

ماہ سوئے آسماں آید ہمے

بادشاہ شراب اور راگ رنگ میں محو ہو رہا تھا اس کے سامنے پڑھا۔ اس قصیدہ نے امیر کے دل پر ایسا اثر کیا کہ جمی جمائی محفل چھوڑ کر اسی وقت اٹھ کھڑا ہوا۔ اور بغیر موزہ پہنے گھوڑے پر سوار ہو کر مع لشکر کے بخارا کو روانہ ہو گیا۔ اور دس کوس پر جا کر پہلی منزل کی۔

شاید اس قبیل کے واقعات ایشیائی شاعری میں کم دستیاب ہوں لیکن ایسی حکایتیں بیشمار ہیں کہ شعر کسی مناسب موقع پر پڑھا یا گایا گیا ہو۔ اور سامعین کے دل قابو سے باہر ہو گئے۔ اور صحبت کا رنگ دگر گوں ہو گیا۔ اس موقع پر ایک حکایت نقل کی جاتی ہے۔

عمر خیام کی رباعی کی تاثیر

نور بائی گائن جس نے اپنے حسن و جمال، خوش آوازی، بذلہ سنجی اور مصاحبت کی عمدہ لیاقت کے سبب محمد شاہ کے تقرب کا درجہ حاصل کیا تھا۔ اور جو تمام امرا دربار کے دلوں پر قابض تھی ایک روز نواب روشن الدولہ کے ہاں بیٹھی تھی اور ہنسی چہل کی

شاہ سر دست و بخارا بوستاں

مرد سوئے بوستاں آید ہمے

باتیں ہو رہی تھیں کہ اتنے میں غالباً میراں سید بھیک صاحب کی سواری جن سے نواب کو کمال عقیدت تھی آ پہنچی۔ نواب نے فوراً بائی کو دوسرے کمرے میں بٹھا کر آگے سے چلمن چھڑوا دی۔ میراں صاحب آئے اور اتفاقاً بہت دیر بیٹھے۔ بائی جو ایک نہایت چلبلی اور بے چین طبیعت کی عورت تھی تنہائی میں زیادہ بیٹھنے کی تاب نہ لا کر بیباکانہ باہر نکل آئی۔ اور شیخ کی حضور میں جھک کر آداب بجا لائی۔ اور عرض کی کہ لونڈی کو حکم ہو تو کچھ گائے۔ میراں صاحب سماع کے عاشق تھے خاموش ہو رہے۔ بائی نے ان کی خاموشی کو اجازت سمجھ کر یہ رباعی نہایت سوز و گداز کی لے میں گانی شروع کی:

شیخے بہ زنے فاحشہ گفتا مستی
کز خیر گستی و بہ شر پیوستی
زن گفت چنانکہ بینمایم ہستم
تو نیز چنانکہ بینمائی ہستی؟

شیخ کی حالت اس برمحل رباعی کے سننے سے ایسی متغیر ہو گئی کہ بائی کو اپنی جسارت سے سخت نادم ہونا پڑا۔ باوجودیکہ نور بائی کو خاموش کر دیا گیا تھا شیخ کی شورش کسی طرح کم نہ

ہوتی تھی۔ وہ زمین پر مرغ بسمل کی طرح لوٹتے تھے اور دیواروں میں سر دے دے مارتے تھے۔ دیر تک یہی حال رہا اور بہت مشکل سے ہوش میں آئے۔

شاعری ناشائستگی کے زمانہ میں ترقی پاتی ہے

بہر حال شعر اگر اصلیت سے بالکل متجاوز اور محض بے بنیاد باتوں پر مبنی نہ ہو تو تاثیر اور دلنشینی اس کی نیچر میں داخل ہے۔ لیکن شاعری نسبت جو رائیں زمانہ حال کے اکثر محققوں نے قائم کی ہیں ان کا جھکاؤ اس طرف پایا جاتا ہے کہ سویلیزیشن کا اثر شعر پر برا ہوتا ہے۔ جس قدر کہ علم زیادہ محقق ہوتا جاتا ہے اسی قدر تخیل جس پر شاعری کی بنیاد ہے گھٹتا جاتا ہے اور کرید کی عادت جو ترقی علم کے ساتھ ساتھ چلتی ہے وہ شعر کے حق میں سم قاتل ہے۔ وہ کہتے ہیں کہ جب تک سوسائٹی نیم شائستہ اور اس کا علم اور واقفیت محدود رہتی ہے اور علل و اسباب پر اطلاع کم ہوتی ہے اس وقت تک زندگی خود ایک کہانی معلوم ہوتی ہے۔ زندگی کی سرگزشت جو کہ بالکل ایک واقعات کا سلسلہ ہوتا ہے اگر ایک نیم شائستہ سوسائٹی میں سیدھے سادے طور پر بھی بیان کی جائے تو اس سے کہیں خوف اور کہیں تعجب اور کہیں جوش خود بخود پیدا ہو جاتا ہے۔ اور انہی چیزوں پر شاعری بنیاد ہے۔ لیکن جب شائستگی زیادہ پھیلتی ہے تو یہ چشمے بند ہو جاتے

ہیں۔ اور اگر کہیں بند نہیں ہوتے تو ان کو نہایت احتیاط کے ساتھ روکا جاتا ہے تاکہ ان کا مضحکہ نہ اڑے۔

اس رائے کا ایک بڑا حامی یہ کہتا ہے کہ "شعر دل پر ویسا ہی پرداڈالتا ہے جیسا میجک لینٹرن آنکھ پر ڈالتی ہے۔ جس طرح اس لال ٹین کا تماشا بالکل اندھیرے کمرے میں پورے کمال کو پہنچتا ہے اسی طرح شعر محض تاریک زمانہ میں اپنا پورا کرشمہ دکھاتا ہے۔ اور جس طرح روشنی کے آتے ہی میجک لینٹرن کی تمام نمائشیں نابود ہو جاتی ہیں اسی طرح جوں جوں حقیقت کی حدود اربعہ صاف اور روشن اور احتمالات کے پردے مرتفع ہوتے جاتے ہیں اسی قدر شاعری کے سیمیائی جلوے کافور ہوتے جاتے ہیں کیونکہ دو متناقض چیزیں یعنی حقیقت اور دھوکا جمع نہیں ہو سکتیں۔"

فردوسی کی مثال

اس مطلب کے زیادہ دلنشین ہونے کے لیے ذیل کی مثال پر غور کرنی چاہیے۔ فردوسی نے اپنے ہیرو رستم کی زورمندی اور بہادری کے متعلق جو کچھ شاہنامہ میں لکھا ہے ایک زمانہ وہ تھا کہ اس کو سن کر رستم کی غیر معمولی عظمت اور بڑائی کا یقین دل میں پیدا ہوتا تھا۔ اس کے زور اور شجاعت کا سن کر تعجب کیا جاتا تھا۔ سامعین کے دل میں

خود بخود اس کے ساتھ ہمدردی اور اس کے حریفوں سے بر خلافی کا خیال پیدا ہوتا تھا۔ لیکن اب جس قدر کہ علم بڑھتا جاتا ہے روز بروز وہ طلسم ٹوٹتا جاتا ہے اور وہ زمانہ قریب آتا ہے کہ رستم ایک معمولی آدمی سے زیادہ نہ سمجھا جائے گا۔

شاعری شائستگی میں قائم رہ سکتی ہے

اگرچہ رائے جو شاعری کی نسبت اوپر بیان ہوئی کسی قدر صحیح ہے مگر اس کو بھی بے سوچے سمجھے قبول کرنا نہیں چاہیے۔ جو لوگ اس رائے کے بر خلاف ہیں وہ کہتے ہیں کہ اگرچہ علم کی ترقی سے الفاظ کے معنی محدود اور بہت سی باتوں کی واقعیت کے خیال محو ہو گئے ہیں۔ مگر زبانیں پہلے کی نسبت زیادہ لچکدار اور اکثر مقاصد کے بیان کرنے کے زیادہ لائق ہوتی جاتی ہیں۔ بہت سی تشبیہیں بلاشبہ اس زمانے میں بیکار ہو گئی ہیں مگر ذہن نئی تشبیہیں اختراع کرنے سے قاصر نہیں ہوا۔ یہ سچ ہے کہ سائنس اور مکینکس جو شیلے خیالات کو مردہ کرنے والے ہیں لیکن انہی کی بدولت شاعر کے لیے نئی نئی تشبیہات اور تمثیلات کا لازوال ذخیرہ جو پہلے موجود نہ تھا مہیا ہو گیا ہے اور ہوتا جاتا ہے۔ وہ اس بات کو تسلیم نہیں کرتے کہ سوسائٹی کے ترقی کرنے سے امیجنیشن یا تخیل کی طاقت ضعیف ہو جاتی ہے بلکہ ان کا اعتقاد ہے کہ ابد کے ساتھ ہمارا رشتہ مضبوط

ہے۔ جب تک بے شمار اسباب اور مواقع جن کا انکار نہیں ہو سکتا چاروں طرف سے ہم کو گھیرے ہوئے ہیں، جب تک عشق انسان کے دل پر حکمران ہے اور ہر فرد بشر کی روداد زندگی کو ایک دلچسپ قصہ بنا سکتا ہے، جب تک قوموں میں حب وطن کا جوش موجود ہے، جب تک بنی نوع انسانی ہمدردی پر متفق ہو کر شامل ہونے کے لیے حاضر ہیں اور جب تک حوادث اور وقائع جو زندگی میں وقتاً بعد وقت حادث ہوتے ہیں خوشی کا یا غم کی سلسلہ جنبانی کرتے ہیں تب تک اس بات کا خوف نہیں ہو سکتا کہ تخیل کی طاقت کم ہو جائے گی۔ اور اس سے بھی کم خوف جب تک کہ نیچر کی کان کھلی ہوئی ہے اس بات کا ہے کہ شاعر کا ذخیرہ نبڑ جائے گا۔ ہاں مگر اس میں شک نہیں کہ نیچر کی جو نمایاں چیزیں تھیں۔ وہ اگلے مزدوروں نے چن لیں اور چونکہ ان کے لیے وہ پہلی تھیں اور اس لیے عجیب تھیں۔ اب ان کے تعجب انگیز بیان پر کوئی سبقت نہیں لے جا سکتا۔

شاعری کا تعلق اخلاق کے ساتھ

شعر سے جس طرح نفسانی جذبات کو اشتعالک ہوتی ہے۔ اسی طرح روحانی خوشیاں بھی زندہ ہوتی ہیں۔ اور انسان کی روحانی اور پاک خوشیوں کو اس کے اخلاق کے ساتھ ایسا

صریح تعلق ہے جس کے بیان کرنے کی چنداں ضرورت نہیں۔ شعر اگرچہ براہ راست علم اخلاق کی طرح تلقین اور تربیت نہیں کرتا لیکن از روئے انصاف اس کو علم اخلاق کا نائب مناسب اور قائم مقام کہہ سکتے ہیں۔ اسی بناء پر صوفیۂ کرام کے ایک جلیل القدر سلسلہ میں سماع کو جس کا جزو اعظم اور رکن رکین شعر ہے وسیلۂ قربِ الٰہی اور باعثِ تصفیۂ نفس و تزکیۂ باطن مانا گیا ہے۔

شعر کی عظمت

یوروپ کا ایک محقق کہتا ہے کہ

''مشاغل دنیوی میں انہماک کے سبب جو قومیں سو جاتی ہیں شعر ان کو جگاتا ہے اور ہمارے بچپن کے ان خالص اور پاک جذبات کو جو لوثِ غرض کے داغ سے منزہ اور مبرا تھے پھر تر و تازہ کرتا ہے۔ دنیوی کاموں کی مشق اور مہارت سے بیشک ذہن میں تیزی آجاتی ہے مگر دل بالکل مرجاتا ہے۔ جب کہ افلاس میں قوت لایموت کے لیے یا تونگری میں جاہ و منصب کے لیے کوشش کی جاتی ہے اور دنیا میں چاروں طرف خود غرضی دیکھی جاتی ہے۔ اس وقت انسان کو سخت مشکلیں پیش آتی ہیں۔ اگر اس کے پاس کوئی ایسا علاج نہ ہوتا جو دل کے بہلانے اور تر و تازہ کرنے میں چپکے ہی چپکے

مگر نہایت قوت کے ساتھ افلاس کی صورت میں مرہم اور تونگری کی صورت میں تریاق کا کام دے سکے ۔ یہ خاصیت خدا نے شعر میں ودیعت کی ہے ۔ وہ ہم کو محسوسات کے دائرہ سے نکال کر گزشتہ اور آئندہ حالتوں کو ہماری موجودہ حالت پر غالب کر دیتا ہے ۔ شعر کا اثر محض عقل کے ذریعہ سے نہیں بلکہ زیادہ تر ذہن اور ادراک کے ذریعہ سے اخلاق پر ہوتا ہے پس ہر قوم اپنے ذہن کی جودت اور ادراک کی بلندی کے موافق شعر سے اخلاق فاضلہ اکتساب کر سکتی ہے ۔ قومی افتخار، قومی عزت، عہد و پیمان کی پابندی، بے دھڑک اپنے تمام عزم پورے کرنے، استقلال کے ساتھ سختیوں کو برداشت کرنا اور ایسے فائدوں پر نگاہ نہ کرنی جو پاک ذریعوں سے حاصل نہ ہو سکیں اور اسی قسم کی وہ تمام خصلتیں جن کے ہونے سے ساری قوم تمام عالم کی نگاہ میں چمک اٹھتی ہے ۔ جن کے نہ ہونے سے بڑی سے بڑی سلطنت دنیا کی نظروں میں ذلیل رہتی ہے ۔ اگر کسی قوم میں بالکل شعر ہی کی بدولت پیدا نہیں ہو جاتیں تو بلا شبہ ان کی بنیاد تو اس میں شعر ہی کی بدولت پڑتی ہے ۔ اگر افلاطون اپنے خیالی کانسٹی ٹیوشن سے شاعروں کو جلا وطن کر دینے میں کامیاب ہو جاتا تو وہ ہرگز اخلاق پر احسان نہ کرتا بلکہ اس کا نتیجہ یہ ہوتا کہ سرد مہر، خود غرض اور مروّت سے دور ایسی سوسائٹی قائم ہو جاتی جس کا کوئی کام اور کوئی کوشش بدون موقع اور مصلحت کے محض دل کے ولولہ اور

جوش سے نہ ہوتی۔ یہی سبب ہے کہ تمام دنیا شعرا کا ادب اور تعظیم کرتی ہے۔ جنھوں نے اس خاتم سلیمانی کی بدولت جو قوت متخیلہ نے ان کے قبضہ میں دی ہے انسان میں ایسی تحریک اور برانگیختگی پیدا کی ہے جو کہ خود نیکی ہے یا نیکی کی طرف لے جانے والی۔

شاعری سوسائٹی کی تابع ہے

مگر باوجود ان تمام باتوں کے جو کہ شعر کی تائید میں کہی گئی ہیں۔ ممکن ہے کہ سوسائٹی کے دباؤ یا زمانہ کے اقتضا سے شعر پر ایسی حالت طاری ہو جائے کہ وہ بجائے اس کے کہ قومی اخلاق کی اصلاح کرے اس کے بگاڑنے اور برباد کرنے کا ایک زبردست آلہ بن جائے۔ قاعدہ ہے کہ جس قدر سوسائٹی کے خیالات، اس کی رائیں، اس کی عادتیں، اس کی رغبتیں، اس کا میلان اور مذاق بدلتا ہے اسی قدر شعر کی حالت بدلتی رہتی ہے اور یہ تبدیلی بالکل بے ارادہ معلوم ہوتی ہے۔ کیونکہ سوسائٹی کی حالت کو دیکھ کر شاعر قصداً اپنا رنگ نہیں بدلتا بلکہ سوسائٹی کے ساتھ ساتھ وہ خود بخود بدلتا چلا جاتا ہے۔ شفائی صفاہانی کی نسبت جو کہا گیا ہے کہ اس کے علم کو شاعری نے اور شاعری

کو ہجو گوئی نے برباد کیا۔ اس کا منشا وہی سوسائٹی کا دباؤ تھا۔ اور عبید زاکانی[6] نے جو علم و فضل سے دست بردار ہو کر ہزل گوئی اختیار کی۔ یہ وہی زمانہ کا اقتضا تھا۔ جس طرح خوشامد اور نذر بھینٹ کا چٹخارا رفتہ رفتہ ایک متدین اور راست باز جج کی نیت میں خلل ڈال دیتا ہے اسی طرح دربار کی واہ واہ اور صلہ کی چاٹ ایک آزاد خیال اور جذبیلے شاعر کو چپکے چپکے ہی بھٹنی، جھوٹ اور خوشامد یا ہزل و تمسخر پر اس طرح لا ڈالتی ہے کہ وہ اسی کو کمال شاعری سمجھنے لگتا ہے۔

خود مختار بادشاہ جن کا کوئی ہاتھ روکنے والا نہیں ہوتا اور تمام بیت المال جس کا جیب خرچ ہوتا ہے اس کی بے دریغ بخشش شعراء کی آزادی کے حق میں سم قاتل ہوتی

---

[6] عبید زاکانی قزوینی ایک مشہور ہزال شاعر ہے۔ یہ شخص اقسام علوم میں ماہر تھا-اس نے ایک کتاب فن عزیمت میں لکھی تھی اور اس کو لے کر شاہ ابو اسحٰق انجو کے ہاں گزراننے کے لیئے شیراز گیا تھا۔ جب بادشاہ کے دربار میں جانا چاہا تو معلوم ہوا کہ بادشاہ مسخروں میں مشغول ہے۔ کسی سے ملنے کی فرصت نہیں۔ عبید نے کہا اگر مسخرگی سے تقرب بادشاہی حاصل ہو سکتا ہے تو علم حاصل کرنا فضول ہے۔ اسی روز سے ہزل گوئی اختیار کی اور اس میں مشہور ہو گیا۔

ہے۔ وہ شاعر جس کو قوم کا سرتاج اور سرمایۂ افتخار ہونا چاہیے تھا۔ ایک بندہ ہوا و ہوس کے دروازہ پر دریوزہ گروں کی طرح صدا لگاتا اور شیئ اللہ کہتا ہوا پہنچتا ہے۔ اول اول مدح و ستائش میں سچ بالکل قطع نظر نہیں کی جاتی۔ کیونکہ قومی عروج کی ابتدا میں ممدوح اکثر مدح کے مستحق ہوتے ہیں اور شاعر کی طبیعت سے آزادی کا جوہر رفتہ رفتہ زائل نہیں ہوجاتا لیکن جب واقعات نبٹ جاتے ہیں اور مداح سرائی کی کر ہمیشہ کے لیے شاعر کے ذمہ لگ جاتی ہے تو اس کی شاعری کا مدار صرف جھوٹی تہمتیں باندھنے پر رہ جاتا ہے۔ پھر جب آفتابِ اقبال کا دورہ جس کی عمر طبیعی شخصی سلطنتوں میں اکثر سو برس سے زیادہ نہیں ہوئی ختم ہونے کو ہوتا ہے اور سلاطین و امراء میں خوبیاں جن کے سبب سے وہ جمہور انام کے شکر و سپاس و مدح و ستائش کے مستحق اور شعراء کی مداحی سے مستغنی ہوں باقی نہیں رہتیں تو ان شاعروں کی بھٹی کے سوا کوئی ایسی چیز نہیں سوجھتی جس کو سن کران کا نفس موٹا ہو۔ لہذا ان کو شعرا کی زیادہ قدر کرنی پڑتی ہے۔ اس سے جھوٹی شاعری کو اور زیادہ ترقی ہوتی ہے پھر بہت سے نا شاعر جب شاعروں کو گراں بہا صلے اور خلعت و انعام برابر پاتے دیکھتے ہیں تو ان کو بہ تکلف اپنے تئیں شاعر بنانا پڑتا ہے لیکن چونکہ ان کی طبیعت میں شاعرانی جدت و اختراع کا مادہ نہیں ہوتا وہ اصلی شاعروں کی نہایت بھونڈی تقلید کرتے ہیں۔ یہاں تک کہ جس طرح

بڑھاپے کی تصویر بچپن سے کچھ مناسبت نہیں رکھتی اسی طرح رفتہ رفتہ شعر کی صورت کو یا مسخ ہو جاتی ہے اور شاعری کا ماحصل سوا اس کے کہ اس سے قربِ سلطانی ہوتا ہے اور کچھ نہیں رہتا۔

چوتھی صدی ہجری میں شعر کی نسبت کیا خیال تھا

مرزا محمد طاہر نصر آبادی اپنے تذکرہ میں لکھتے ہیں کہ ایک روز رات کے وقت صاحب ابن عباد طالقانی کی مجلس میں حسب معمول فضلا اور شعراء جمع تھے۔ اثنائے سخن میں شر کا ذکر چھڑ گیا بعضے شعر کی تعریف کرتے تھے بعضے مذمت۔ جو لوگ مذمت کرتے تھے انہوں نے کہا کہ شعر اکثر مدح یا ذم پر مشتمل ہوتا ہے اور دونوں چیزوں کی بنیاد جھوٹ پر ہے۔ اس کے بعد ابو محمد خازن نے جو بہت بڑا صاحب علم و فضل تھا شعر کی تائید میں یہ کہا کہ شعر میں سب سے بڑی خوبی یہ ہے کہ ہم باوجودیکہ ہر علم و ہنر سے بہرہ مند ہیں ان میں سے کوئی چیز ہماری کامیابی کا ذریعہ نہیں ہو سکتی۔ صرف شر ہی ایسی چیز ہے۔ جس کے ذریعے سے ہم کو سلاطین و وزراء کے ہاں تقرب کا درجہ حاصل ہوتا ہے۔ رہی یہ بات کہ شعر میں اکثر جھوٹ اور مبالغہ زیادہ ہوتا ہے۔ ہاں بے شک ہوتا ہے لیکن جب یہ تانبا (یعنی جھوٹ) شعر کے طلا سے مطلا کیا جاتا ہے و ہمرنگ

زر خالص ہو جاتا ہے۔ اور شعر کا حسن جھوٹ کی برائی پر غالب آ جاتا ہے۔" اس بات کو سب نے پسند کیا اور بحث ختم ہو گئی۔

اس حکایت سے علاوہ اس بات کے کہ صاحب ابن عباد کے زمانہ یعنی چوتھی صدی ہجری میں ہماری شاعری محض ایک ذریعہ سلاطین و امراء کے تقرب کا ذریعہ سمجھی جاتی تھی۔ یہ بھی معلوم ہوتا ہے کہ جھوٹ اور مبالغہ شعر کے ذاتیات میں داخل ہو گیا تھا۔

مسلمان شعرا کی کثرت

یورپ کا ایک مورخ عربی لٹریچر کے ذکر میں لکھتا ہے کہ "صرف عرب کی قوم میں اتنے شاعر ہوئے ہیں کہ تمام جہاں کی قوموں کے شاعر شمار میں ان کے برابر نہیں ہو سکتے۔" ظاہر اس نے عرب قوم کے شعرا سے صرف عربی زبان کے شاعر مراد لیے ہیں اور اس سے اندازہ ہو سکتا ہے کہ اگر عربی کے ساتھ فارسی، ترکی، پشتو اور اردو کو بھی خالص مسلمانوں کی زبانیں ہیں شامل کر لیا جائے تو مسلمان شاعروں کی تعداد کس حد تک پہنچ جائے گی۔ اور اگر بالفرض عرب کی قوم سے مطلقاً مسلمان شاعر مراد ہوں تو بھی تمام جہان کی قوموں کے شعراء سے ان کی تعداد کا زیادہ ہونا کچھ تعجب خیز نہیں۔

اس کی کثرت کا سبب

بظاہر اس کثرت کے دو سبب معلوم ہوتے ہیں: ایک مدح و ستائش پر ممدوح کی طرف سے صلہ و انعام ملنے کا رواج جس کی وجہ سے ہر موزوں طبع کا عام اس سے کہ وہ شاعر بننے کے لائق ہو یا نہ ہو شاعری اختیار کرنے کا خیال ہوتا تھا۔ دوسرے ہر درجہ کے شعر پر سامعین کی طرف سے جا و بیجا تحسین و آفرین ہونے کا دستور۔ اور یہ پچھلا سبب پہلے سے بھی زیادہ شعر گوئی کی تحریک کرنے والا تھا۔ کیونکہ صلہ و انعام کا لالچ صرف انہیں لوگوں کو ہوتا تھا جنہیں اس کی احتیاج تھی۔ لیکن واہ واہ سننے کی خواہش میں بادشاہ اور امیر اور غریب سب برابر تھے۔ ان دونوں سببوں سے مسلمانوں کی شاعری کو دو طرف سے صدمہ پہونچا۔ جب صلے اور انعام مستحق اور غیر مستحق دونوں کو برابر ملنے لگے اور تحسین و آفرین کی بوچھاڑ محل اور بے محل ہر درجہ کے شعر پر ہونے لگی تو جو فی الحقیقت صلہ و تحسین کے مستحق تھے۔ ان کے دل بجھ گئے اور شاعری کی اعلی لیاقتیں جو ان کی طبیعت میں ودیعت تھیں وہ خریداروں کی بے تمیزی کے سبب جیسی ہونی چاہیے ظاہر نہ ہونے پائیں اور جو مستحق نہ تھے ان کے دل بڑھے اور ان کو قوم میں اپنی بساند پھیلانے اور شاعری پر ظلم کرنے کا موقع ملا۔

عرب میں شعرا کی قدر

شعرا کی قدر تمام دنیا میں ہمیشہ سے ہوتی آئی ہے سلطنتوں نے ہمیشہ اس کی قدر کی ہے اور قوموں نے ان کے دل بڑھائے ہیں۔ عرب میں شاعر قوم کی آبرو سمجھا جاتا تھا جب کسی قبیلہ میں کوئی شخص شاعری میں ممتاز ہوتا تھا تو اور قبیلوں کے لوگ اس قبیلہ کو آکر مبارک باد دیتے تھے اور سب مل کر خوشیاں کرتے تھے۔ قبیلوں کی عورتیں اپنے بیاہ کے زیور پہن کر آتی تھیں اور فخریہ اشعار گاتی تھیں کہ ہم میں ایسا شخص پیدا ہوا جو تمام قبیلہ کی ناک رکھنے والا، ان کے نسب اور زبان کی حفاظت کرنے والا اور ان کے کارہائے نمایاں اخلاف و اعقاب تک پہنچانے والا ہے۔ شعراء کی ناز برداری یہاں تک کی جاتی تھی کہ اگر وہ کوئی محال سوال کر بیٹھتا تو بھی صراحتاً اس کو رد نہ کیا جاتا تھا۔ ایک بار اعشیٰ بہت سا مال و اسباب لیے بلاد نبی عامر میں ہو کر گزرا اور راہزنوں کے خوف سے اثنائے راہ میں علقمہ بن علاثہ کے ہاں ٹھہر گیا اور پناہ چاہی اس نے بسر و چشم قبول کیا اعشیٰ نے کہا تو نے مجھے جن و انس سے پناہ دی؟ علقمہ نے کہا ہاں۔ اعشیٰ نے کہا اور موت سے؟ وہ بولا یہ تو امکان سے خارج ہے۔ اعشیٰ وہاں سے ناراض ہو کر عامر بن الطفیل کے ہاں چلا گیا۔ اس نے دونوں باتوں کی حامی بھر لی۔

اعشیٰ نے کہا موت سے کیونکر پناہ دی؟ کہا میری پناہ میں تجھے موت آجائے گی تو تیرا خونبہا تیرے وارثوں کو بھیج دوں گا۔ اعشیٰ بہت خوش ہوا اور اس کی مدح میں قصیدہ کہا اور علقمہ کی ہجو لکھی۔

قومی سلطنتوں میں شعرا کی قدر مفید معلوم ہوتی ہے مگر شخصی حکومت میں مضر ہوتی ہے

عرب کے سوال اور ملکوں میں بھی شعرا کی قدر دانی کا ایسا ہی حال رہا ہے قومی سلطنتوں میں جہاں بادشاہ حاکم علی الاطلاق نہیں ہوتا۔ ایسی قدردانیوں سے شاعری بے انتہا ترقی پاتی ہے۔ شاعر جب تک تمام قوم میں مقبول نہیں ٹھہر جاتا سلطنت سے اس کی تقویت اور امداد نہیں ہوتی اور قوم میں وہی شاعر مقبول ہو سکتا ہے جو شاعری کے فرائض بغیر امید و بیم کے نہایت آزادی کے ساتھ ادا کرتا ہے۔ نہ اس کو سلطنت کی دستگیری کی کچھ پرواہ ہے اور نہ بادشاہ کے مواخذہ کا کچھ خوف ہے۔

لیکن خود مختار سلطنتوں میں شاعر کو ہر حال میں دربار کی رضا جوئی کا لحاظ رکھنا اور آزادی سے دست بردار ہونا پڑا ہے۔ یہاں تک کہ اس کے سچے جوش اور ولولے جن کے بغیر شعر کو ایک قالب بے روح سمجھنا چاہیے۔ سب رفتہ رفتہ خاک میں مل جاتے ہیں۔

نہ وہ اپنے دل کی امنگ سے کسی کی مدح کر سکتا ہے نہ سچے جوش سے کسی کی ہجو لکھ سکتا ہے۔ مروان بن ابی حفصہ جو کہ خلیفہ مہدی کے زمانہ میں مشہور شاعر تھا اس نے معن زائدہ کے مرثیہ میں، جس کی شجاعت اور سخاوت ضرب المثل تھی، یہ شعر لکھ دیا تھا۔

وقلنا این نرحل بعد معن

وقد ذھب النوال فلا نوالا

مہدی نے اس کو دربار میں بلا کر یہ شعر پڑھوایا اور نہایت بے عزتی کے ساتھ دربار سے نکلوا دیا۔ لکھا ہے کہ جعفر برمکی کے سوا پھر کسی امیر یا خلیفہ نے اس کو صلہ نہیں دیا۔ جہاں وہ قصیدہ کہہ کر لے جاتا وہاں سے جواب ملتا۔ فیاضی تو معن کے ساتھ گئی۔ جعفر برمکی جس کا ایک زمانہ اور خاص کر شعرا مرہون احسان تھے اس کے مرثیے لکھنے پر بہت سے شاعر ہارون کے حکم سے قتل کیے گئے تو تاشی نے اکثر شعرا کے قتل کے بعد خفیہ ایک مرثیہ لکھا تھا، اس کے اخیر میں کہتا ہے۔

اما واللہ لولا خوف واش

وعین للخلیفتہ لاتنام

لطفنا حول قبرک واستمنا

کما للناس بالحجر ا اسلام

ترجمہ : واللہ اگر غماز کا اور خلیفہ کی چشم بیدار کا خوف نہ ہوتا تو ہم تیری قبر کے گرد طواف کرتے اور بوسہ دیتے جیسے کہ لوگ حجر اسود کو بوسہ دیتے ہیں۔

شخصی حکومت میں شاعر کی آزادی سے اس کو نقصان پہنچتا ہے

ایسے زمانے میں اگر کوئی مستغنی مزاج اور آزاد طبع شاعر دربار کی رضا جوئی کو خیال نہیں کرتا تو اس کو ویسے ہی ثمرے بھگتنے پڑتے ہیں جیسے کہ فردوسی کو بھگتنے پڑے۔ فردوسی ایک آزاد منش اور قانع آدمی تھا باوجودیکہ حسن میمندی وزیر سلطان محمود کو اس کے فائدہ یا ضرر پہنچانے میں بہت بڑا دخل تھا مگر وہ اس کو بلکہ خود سلطان کو کچھ خاطر میں نہ لاتا تھا۔ جب میمدی کی مخالفت کا حال اس کو معلوم ہوا تو اس نے یہ شعر لکھے تھے

من بندہ کز مبادی فطرت بنودہ ام

مائل بہ مال ہرگز طامع بہ جاہ نیز

سوئے درِ وزیر چرا ملتفت شوم

چوں فار غم زبارگاہ پادشاہ نیز

اس کی آزادی اور راست گوئی کا نتیجہ یہ ہوا کہ سلطان کے مزاج کو اس سے متغیر کر دیا گیا۔ کبھی اس کے کلام سے اس کی دہریت پر اور کبھی اعتزال و تشیع پر استدلال کیا گیا اور ساٹھ ہزار بیت کی مثنوی جس کا صلہ فی بیت ایک مثقال طلا قرار پایا تھا۔ اس کے حصے میں سوائے محروم و ناکامی کے اس کو کچھ نہ ملا۔ مگر فی الحقیقت جیسی کہ اس نے اپنے کلام کی داد پائی ہے۔ شاید ہی کسی شاعر کو ایسی داد ملی ہو۔ اس کے شاہنامہ نے تمام دنیا کے دلوں کو مسخر کر لیا اور بڑے بڑے مسلم الثبوت استاد اس کی فصاحت کا لوہا مان گئے اور اس کا سبب اور کچھ نہ تھا۔ سوا اس کے کہ سوسائٹی یا دربار کا دباؤ اس کی آزاد طبیعت پر غالب نہیں آیا۔

صدر اسلام کی شاعری کا کیا حال تھا

صدر اسلام کی شاعری میں جب تک کہ غلامانہ تملق اور خوشامد نے اس میں راہ نہیں پائی تمام سچے جوش اور ولولے موجود تھے۔ جو لوگ مدح اور جو ذم کے مستحق ہوتے تھے ان کی مذمت کی جاتی تھی۔ جب کوئی منصف اور نیک خلیفہ یا وزیر مر جاتا تھا اس کے

دردناک مرثیے لکھے جاتے تھے اور ظالموں کی مذمت ان کی زندگی میں کی جاتی تھی۔ خلفاء و سلاطین کی مہمات اور فتوحات میں جو بڑے بڑے واقعات پیش آتے تھے، ان کا قصائد میں ذکر کیا جاتا تھا۔ احباب کی صحبتیں جو انقلابِ روزگار سے برہم ہو جاتی تھیں ان پر دردناک اشعار لکھے جاتے تھے پارسا بیویاں شوہروں کے اور شوہر بیویوں کے فراق میں دردانگیز شعر انشاء کرتے تھے۔ چراگاہوں، چشموں اور وادیوں کی گزشتہ صحبتوں اور جمگھٹوں کی ہو بہو تصویر کھینچتے تھے۔ اپنی اونٹنیوں کی جفاکشی اور تیز رفتاری، گھوڑوں کی رفاقت اور وفاداری کا بیان کرتے تھے۔ بڑھاپے کی مصیبتیں، جوانی کی عیش اور بچپن کی بے فکریوں کا ذکر کرتے تھے اپنے بچوں کی جدائی اور ان کے دیکھنے کی آرزو حالتِ غربت میں لکھتے تھے۔ اپنی سرگزشت، واقعی تکلیفیں اور خوشیاں بیان کرتے تھے۔ اپنے خاندان اور قبیلہ کی شجاعت اور سخاوت وغیرہ پر فخر کرتے تھے، سفر کی محنتیں اور مشقتیں کو خود ان پر گزرتی تھیں بیان کرتے تھے عالمِ سفر کے مقامات اور مواضع شہر اور قریے، ندیاں اور چشمے سب نام بنام اور جو بری یا بھلی کیفیتیں وہاں پیش آتی تھیں ان کو موثر طریقہ سے ادا کرتے تھے، بیوی بچوں یا دوستوں سے وداع ہونے کی حالت دکھاتے تھے اسی طرح تمام نیچرل جذبات جو ایک جوشیلے شاعر کے دل میں پیدا ہو سکتے ہیں سب ان کے کلام میں پائے جاتے ہیں لیکن رفتہ رفتہ

دربار کے تملق اور خوشامد نے وہ سرچشمے سب بند کر دیں اور شعرا کے لیے عام طور پر صرف دو میدان باقی رہ گئے جن مین وہ اپنے قلم کی جولانیاں دکھا سکتے تھے ایک مدحیہ مضامین جن سے ممدوحین کا خوش کرنا مقصود ہوتا تھا۔ دوسرے عشقیہ مضامین جن سے نفسانی جذبات کو اشتعالک ہوتی تھی۔ پھر جب ایک مدت کے بعد دونوں مضمونوں میں پچوڑی ہوئی ہڈی کی طرح کچھ مزہ باقی نہ رہا اور سلاطین و اُمراء کی مجلسیں گرم کرنے کے لیے اور ایندھن کی ضرورت ہوئی تو مطالبات و مضحکات واہاجی و ہزلیات کا دفتر کھلا۔ بہت سے شاعروں نے سب چھوڑ چھاڑ یہی کوچہ اختیار کر لیا اور رفتہ رفتہ یہ رنگ تمام سوسائٹی پر چڑھ گیا۔ اگرچہ ابتداء سے اخیر تک ہر طبقہ اور ہر عہد کے شعراء میں کم و بیش ایسے واجب التعظیم لوگ بھی پائے جاتے ہیں جن کی شاعری پر مسلمان فخر کر سکتے ہیں لیکن شارع عام پر زیادہ تر وہی لوگ نظر آتے ہیں جو پچھلوں کے لیے شاعری کا میدان تنگ کر گئے یا ان کے لیے برے نمونے چھوڑ گئے ہیں۔

متوسط اور اخیر زمانی میں اسلامی شاعر کا کیا حال ہو گیا

پچھلوں نے جب آنکھیں کھول کر بزرگوں کے ترکہ مدحیہ قصائد اور عشقیہ غزلوں اور مثنویوں اور اہاجی اور ہزلیات کے سوا اور سامان بہت کم دیکھا تو انہوں نے شاعری کو

انھیں چند مضمونوں میں منحصر سمجھا۔ لیکن ان مضمونوں میں بھی جب چڑیاں کھیت چگ گئیں اب کیا دھرا تھا۔ تعریف اگر سچی ہو اور عشق اصلی تو شاعر کے لیے میٹریل کی کچھ کمی نہیں جس طرح کائنات میں دو چیزیں یکساں نہیں پائی جاتیں، اسی طرح ایک انسان کے محاسن دوسرے کے محاسن کے سے اور ایک کی واردات دوسرے کی واردات سے نہیں ملتی۔ لیکن جب تعریف سراسر جھوٹی اور عشق محض تقلیدی ہو تو شعرا کو ہمیشہ وہی باتیں اگلے لکھ گئے ہیں دہرانی پڑتی ہیں۔

شاعری کی تقلید

اب پچھلوں نے جو اگلوں کی تقلید شروع کی تو نہ صرف مضامین میں بلکہ خیالات میں، الفاظ میں، تراکیب میں، اسالیب میں، تشبیہات میں، استعارات میں، بحر میں، قافیہ میں، ردیف میں، غرضیکہ ہر ایک بات اور ہر چیز میں ان کے قدم بقدم چلنا اختیار کیا۔ پھر جب ایک ہی لکیر پیٹتے پیٹتے زندگی اجیرن ہوگئی تو نہایت بھونڈے اختراع ہونے لگے۔ جن پر یہ مثل صادق آتی ہے کہ 'خشکہ یا گندہ بروزہ اگرچہ گندہ لیکن ایجاد بندہ۔'

بُری شاعری سے سوسائٹی کو کیا کیا نقصان پہنچتے ہیں

اگرچہ شاعری کو ابتداء سوسائٹی کا مذاق فاسد بگاڑتا ہے مگر شاعری جب بگڑ جاتی ہے تو اس کی زہریلی ہوا سوسائٹی کو بھی نہایت سخت نقصان پہنچاتی ہے۔ جب جھوٹی شاعری کا رواج تمام قوم میں ہو جاتا ہے تو جھوٹ اور مبالغہ سے سب کے کان مانوس ہو جاتے ہیں جس شعر میں زیادہ جھوٹ یا نہایت مبالغہ ہوتا ہے۔ اس کی شاعری کو زیادہ داد ملتی ہے وہ مبالغہ میں اور غلو کرتا ہے تاکہ اور زیادہ داد ملے۔ ادھر اس کی طبیعت راستی سے دور ہو جاتی ہے اور ادھر جھوٹی اور بے سروپا باتیں وزن و قافیہ کے دلکش پیرایہ میں سنتے سنتے سوسائٹی کے مذاق میں زہر گھلتا جاتا ہے۔ حقائق و واقعات سے لوگوں کو روز بروز مناسبت کم ہوتی جاتی ہے۔ عجیب و غریب باتوں، سونیچرل کہانیوں اور محال خیالات سے دلوں کو انشراح ہونے لگتا ہے۔ تاریخ کے سیدھے سادے وقائع سننے سے جی گھبرانے لگتے ہیں۔ جھوٹے قصے اور افسانے حقائق واقعیہ سے زیادہ دلچسپ معلوم ہوتے ہیں۔ تاریخ، جغرافیہ، ریاضی اور سائنس سے طبیعتیں بیگانہ ہو جاتی ہیں اور چپکے ہی چپکے مگر نہایت استحکام کے ساتھ اخلاق ذمیمہ سوسائٹی میں جڑ پکڑتے جاتے ہیں اور جھوٹ کے ساتھ ہزل و سُخریت بھی شاعری کے قوام میں داخل ہو جاتی ہے تو قومی اخلاق کو بالکل گھن لگ جاتا ہے۔

بُری شاعری سے لٹریچر اور زبان کو کیا صدمہ پہنچتا ہے

سب سے بڑا نقصان جو شاعری کے بگڑ جانے یا اس کے محدود ہو جانے سے ملک کو پہنچتا ہے وہ اس کے لٹریچر اور زبان کی تباہی و بربادی ہے جب جھوٹ اور مبالغہ عام شعراء کا شعار ہو جاتا ہے تو اس کا اثر مصنفوں کی تحریر اور فصحا کی تقریر و خواص ، اہلِ ملک کے روزمرہ اور بول چال تک پہنچتا ہے کیونکہ ہر زبان کا نمایاں اور برگزیدہ حصہ وہی الفاظ و محاورات اور ترکیبیں سمجھی جاتی ہیں جو شعراء کے استعمال میں آجاتے ہیں ۔ پس جو شخص ملکی زبان کی تحریر یا تقریر یا روزمرہ میں امتیاز حاصل کرنا چاہتا ہے اس کو بالضرور شعراء کی زبان کا اتباع کرنا پڑتا ہے اور اس طرح مبالغہ لٹریچر اور زبان کی رگ و پے میں سرایت کر جاتا ہے ۔ شعراء کی ہزل گوئی سے زبان میں کثرت سے نامہذب اور فحش الفاظ داخل ہو جاتے ہیں کیونکہ لغات میں وہی الفاظ مستند اور ٹکسالی سمجھے جاتے ہیں ۔ جن کی توثیق و تصدیق شعراء کے کلام سے کی گئی ہو۔ پس جو شخص ملکی زبان کی ڈکشنری لکھنے بیٹھتا ہے اس کو سب سے پہلے شعراء کے دیوان ٹٹولنے پڑتے ہیں پھر جب شاعری چند مضامین میں محدود ہو جاتی ہے اور اس کا مدار قوم کی تقلید پر آ رہتا ہے تو زبان بجائے اس کے کہ اس کا دائرہ زیادہ وسیع ہو اپنی قدیم وسعت بھی کھو

بیٹھتی ہے۔ زبان کا اقل قلیل حصہ جس کے ذریعہ شاعر اپنے چند معمولی مضامین ادا کرتا ہے زیادہ تر وہی مانوس اور فصیح گنا جاتا ہے اور باقی الفاظ و محاورات غریب اور وحشی خیال کیے جاتے ہیں، پس سوا اس کے کہ کچھ ان میں سے اہلِ زبان کی بول چال میں کام آئیں یا لغت کی کتابوں میں بند پڑے رہیں اور کچھ ایک مدت کے بعد متروک الاستعمال ہو جائیں اور کسی مصرف نہیں آتے۔ مصنفوں کو تحریر میں اور نہ فصحا کو تقریر میں ان سے کچھ مدد پہنچتی ہے۔ قدما کی تقلید کا نتیجہ یہ ہوتا ہے کہ جن لفظوں میں بضرورتِ شعر انہوں نے تصرف کیا ہے ان کے سوا کسی لفظ میں کوئی تصرف نہیں کر سکتا۔ جو محاورے جس پہلو پر وہ برت گئے ہیں وہ دوسرے پہلو پر ہرگز نہیں برتے جا سکتے۔ جو تشبیہیں ان کے کلام میں پائی گئی ہیں ان سے سر مو تجاوز نہیں کیا جا سکتا۔ الغرض کسی ملک کی شاعری کو اس کے لٹریچر کے ساتھ وہی نسبت ہے جو قلب کو جسد کے ساتھ کہ اذا صلح صلح الجسد کلہ و اذا فسد فسد الجسد کلہ۔

شاعری کی اصلاح

جب فن شعر اس حالت کو پہنچ جاتا ہے تو اس کی اصلاح قریب ناممکن کے ہو جاتی ہے اول تو شعراء کو قدیم الف وعادت کے سبب اس بات کا شعور ہی نہیں ہوتا کہ جس راہ

پر وہ جا رہے ہیں اس کے سوا کوئی اور بھی رستہ ہے، اور اگر بالفرض کسی نے قوم کا شارع عام چھوڑ کر دوسری راہ اختیار بھی کی تو اس کو دو نہایت سخت مشکلیں پیش آتی ہیں۔ اول تو طریق غیر مسلوک میں قدم رکھنا اور اس کے تمام مرحلوں سے عبور کر کے منزل مقصود تک پہنچنا ہی نہایت کٹھن اور دشوار کام ہے۔ دوسری مشکل اس سے بھی زیادہ سخت یہ ہے کہ موجودہ سوسائٹی کا مذاق چونکہ اس نئی روش سے بالکل بیگانہ ہوتا ہے اس لیے نہ کوئی اس کی مشکلات کا اندازہ کر سکتا ہے اور نہ کہیں اس کی محنت کی داد مل سکتی ہے۔ پس کوئی شخص جب تک کہ زمانہ کی قدردانی سے بالکل دست بردار ہو کر اس دہقان کی مانند جو اخیر عمر میں کھرنی کی پودا اپنی زمین میں لگائے محض ایک امید موہوم پر آئندہ نسلوں کی ضیافت طبع کا منصوبہ نہ باندھے اس کوچہ میں ہرگز قدم نہیں رکھ سکتا۔

اگرچہ یہ ممکن ہے کہ نئی روش پر چلنے والا شاعر کوئی مضمون زمانہ کی ضرورت اور مقتضائے حال کے موافق شعر کے لباس میں جلوہ گر کر کے ملک کے جدت پسند لوگوں میں کچھ شہرت یا قبولیت حاصل کر لے اور ایک خاص حیثیت سے اس کے کلام کی داد توقع سے زیادہ اس کو مل جائے۔ مگر شاعری کی حیثیت سے نہ تو فی الواقع وہ اس کے

کلام کی داد ہوتی ہے اور نہ وہ اس کو داد سمجھتا ہے بلکہ ایسی داد سن کر چپکے ہی چپکے اپنے دل میں یہ شعر پڑھتا ہے۔

بخوں آلودہ دست و تیغ غازی ماندہ بے تحسیں
تو اول زیب اسپ و زینت بر گستواں بینی

شعرائے ہمعصر کچھ تو قدیم شاعری کے تعصب سے اور زیادہ تر اجنبیت اور بیگانگی مذاق کے سبب اس کی روش کو اس حجت سے کہ وہ شارع عام سے الگ ہے تسلیم نہیں کرتے اور بعضے اپنے نزدیک اس کی ہجو ملیح اس طرح فرماتے ہیں کہ فلاں شخص نے شاعری نہیں کی بلکہ مفید اور اخلاقی مضامین لکھ کر اپنے لیے زاد آخرت جمع کیا ہے لیکن اگر وہ فی الواقع موجودہ نسل کی قدر شناسی سے قطع نظر کر چکا ہے تو اس کی ایسی باتوں کی کچھ پرواہ نہیں کرنی چاہیے بلکہ یہ امید رکھنی چاہیے کہ اگر قوم کی زمین میں کچھ آل باقی ہے تو تخم اکارت نہ جائے گا۔

گولڈ اسمتھ کی شاعری

گولڈ اسمتھ نے جب اول ہی اول اپنے ملک کے قدیم شاعروں کا مسلک جس کی بنیاد جھوٹ اور مبالغہ اور ہوا و ہوس کے مضامین پر تھی، چھوڑ کر سچی نیچرل شاعری اختیار کی

تواس کی یہی مشکلات پیش آئی تھیں۔ چنانچہ اس نے اس حالت کو ایک نظم میں بیان کیا ہے۔ اس میں اپنی نئی روش کی نظم کی خطاب کر کے کہتا ہے۔

''اے میری پیاری نظم! تو ان موقعوں سے پہلی بھاگنے والی نظم ہے۔ جہاں نفسانی خواہشوں کی طغیانی ہوتی ہے۔ تواس بے قدری کے زمانہ میں بجائے اس کے کہ دلوں کو اپنی طرف مائل اور پاک شہرت حاصل کرے، ہر جگہ ملامت کی جاتی ہے۔ تیری بدولت عام جلسوں میں مجھ کو شرمندہ ہونا پڑتا ہے لیکن جب تنہا ہوتا ہوں تو تجھ پر فخر کرتا ہوں۔ تو کمال کے طالبوں کی رہنما ہے اور نیکی کی دایہ۔ پس خدا ہی تیرا نگہبان ہو گا۔ دنیا کے کسی حصہ میں خواہ وہ ٹورنو[7] کی چوٹیاں ہوں یا پیچبارکا[8] کی تلیٹی اور خواہ وہ خطِ استوا کا نہایت گرم خطہ ہو قطب کا منجمد کرنے والا جاڑا۔ جہاں کہیں تجھ پر نکتہ چینی ہو تو وقت کا مقابلہ کیجیو اور باد مخالف کے جھکڑوں پر غالب آئیو اور اپنے دردناک نالوں سے سچ کی مدد کیجیو۔ جس کو لوگ حقیر جانتے ہیں تو گمراہوں کو دولت کی حقارت کرنی سکھا اور ان کو اس بات کا یقین دلا کہ جو لوگ اپنے قدرتی ذریعوں پر بھروسہ کرتے ہیں اگرچہ وہ مفلس ہوں لیکن خوشحال ہو سکتے ہیں۔ مگر جو ترقی تجارت سے ملک میں ہوتی ہے وہ

---

[7] ٹورنو یورپین روس کے شمال مغرب میں ایک پہاڑ ہے۔

[8] پیمبارکا جنوبی امریکہ میں شہر کینٹو دارالخلافہ ملک ایکوئیڈر کے پاس ایک پہاڑ ہے۔

بظاہر ایک زمانہ تک دھوم دھام دکھلاتی ہے مگر بہت جلد آوے کی طرح بیٹھ جاتی ہے جیسے کہ سمندر کی موجیں آخر اس بند کو برباد کر دیتی ہیں جو کمال محنت و مشقت سے باندھا گیا ہو جو ملک اپنے قدرتی ذریعوں پر بھروسہ کرتے ہیں وہ زمانہ کی سختیوں اور بربادیوں کا اس طرح مقابلہ کرتے ہیں جیسے چٹانیں سمندر کی موجوں اور طغیانیوں کا مقابلہ کرتی ہیں اور جہاں تھیں وہیں بدستور جمی رہتی ہیں۔''

شاعر کی اصلاح کیونکر ہو سکتی ہے

نئی شاعری کی بنیاد ڈالنے کے لیے جس طرح یہ ضروری ہے کہ جہاں تک ممکن ہو اس کے عمدہ نمونے پبلک میں شائع کیے جائیں۔ اسی طرح یہ بھی ضروری ہے کہ شعر کی حقیقت اور شاعر بننے کے لیے جو شرطیں درکار ہیں ان کو کسی قدر تفصیل کے ساتھ بیان کیا جائے۔

اردو میں شاعر بننے کے لیے فی زمانا کسی شرط کی ضرورت سمجھی جاتی ہے

ہمارے ملک میں فی زمانا شاعری کے لیے صرف ایک شرط یعنی موزوں طبع ہونا درکار ہے۔ جو شخص چند سیدھی سادی متعارف بحروں میں کلام موزوں کر سکتا ہے گویا اس کے شاعر بننے کے لیے کوئی حالت منتظرہ باقی نہیں رہتی۔ معمولی مضامین، معمولی تشبیہوں اور استعاروں کا کسی قدر ذخیرہ اس کے لیے موجود ہی ہے۔ جس کو متعدد صدیوں سے لوگ دہراتے چلے آتے ہیں۔ اور اتفاق سے وہ موزوں طبع بھی ہے۔ اب اس کے لیے اور کیا چاہیے مگر فی الحقیقت شعر کا پایا اس سے بمراتب بلند تر ہے۔

شعر کے لیے وزن ضروری ہے یا نہیں

شعر کے لیے ایک ایسی چیز ہے جیسے راگ کے لیے بول جس طرح راگ فی حد ذاتہ الفاظ کا محتاج نہیں، اسی طرح نفس شعر وزن کا محتاج نہیں۔ اس موقع پر جیسے انگریزی میں دو لفظ مستعمل ہیں ایک پوئٹری اور دوسرا ورس۔ اسی طرح ہمارے ہاں بھی دو لفظ استعمال میں آتے ہیں، ایک شعر اور دوسرا نظم، اور جس طرح ان کے ہاں وزن کی

شرط پوئٹری کے لیے نہیں بلکہ ورس کے لیے ہے۔ اسی طرح ہمارے ہاں بھی یہ شرط شعر میں نہیں بلکہ نظم میں معتبر ہونی چاہیے۔

عرب شعر کے کیا معنی سمجھتے تھے

قدیم عرب کے لوگ یقیناً شعر کے یہی معنی سمجھتے تھے۔ جو شخص معمولی آدمیوں سے بڑھ کر کوئی موثر اور دلکش تقریر کرتا تھا اسی کو شاعر جانتے تھے۔ جاہلیت کی قدیم شاعری میں زیادہ تر اسی قسم کے برجستہ اور دلآویز فقرے اور مثالیں پائی جاتی ہیں جو عرب کی عام بول چال سے فوقیت اور امتیاز رکھتی تھیں۔ یہی سبب تھا کہ جب قریش نے قرآن مجید کی نرالی اور عجیب عبارت سنی تو جنھوں نے اس کو کلام الٰہی نہ مانا وہ رسول خدا صلی اللہ علیہ وسلم کو شاعر کہنے لگے۔ حالانکہ قرآن شریف میں وزن کا مطلق التزام نہ تھا۔ محقق طوسی اساس الاقتباس میں لکھتے ہیں کہ عبری اور سریانی اور قدیم فارسی میں شعر کے لیے وزن حقیقی ضرور نہ تھا۔ سب سے پہلے وزن کا التزام عرب نے کیا ہے۔

وزن کی شعر میں کس قدر ضرورت ہے

البتہ اس میں شک نہیں کہ وزن سے شعر کی خوبی اور اس کی تاثیر دوبالا ہو جاتی ہے۔ یورپ کا ایک محقق لکھتا ہے کہ اگرچہ وزن پر شعر کا انحصار نہیں ہے اور ابتدا میں وہ مدتوں اس زیور سے معطل رہا ہے مگر وزن سے بلا شبہ اس کا اثر زیادہ تیز اور اس کا منتر زیادہ کارگر ہو جاتا ہے۔

قافیہ شعر کے لیے ضروری ہے یا نہیں

قافیہ بھی ہمارے ہاں شعر کے لیے ایسا ہی ضروری سمجھا گیا ہے جیسے کہ وزن۔ مگر درحقیقت وہ بھی نظم ہی کے لیے ضروری ہے نہ شعر کے لیے، اساس میں لکھا ہے کہ یونانیوں کے ہاں قافیہ بھی (مثل وزن کے) ضروری نہ تھا اور جثونی نام ایک پارسی گو شاعر کا ذکر کیا ہے۔ جس نے ایک کتاب میں اشعار غیر مقفے جمع کیے ہیں، یورپ میں بھی آج کل بلینک ورس یعنی غیر مقفے نظم کا بہ نسبت مقفے کے زیادہ رواج ہے اگرچہ قافیہ بھی وزن کی طرح شعر کا حسن بڑھا دیتا ہے۔ جس سے اس کا سننا کانوں کو نہایت خوشگوار معلوم ہوتا ہے اور اس کے پڑھنے سے زبان زیادہ لذت پاتی ہے۔ مگر قافیہ اور خاص کر ایسا جیسا کہ شعرائے عجم نے اس کو نہایت سخت قیدوں سے جکڑ

بند کر دیا ہے اور پھر اس پر ردیف اضافہ فرمائی ہے۔ شاعر کو بلاشبہ اس کے فرائض ادا کرنے سے باز رکھتا ہے۔ جس طرح صنائع لفظی کی پابندی معنی کا خون کر دیتی ہے، اسی طرح بلکہ اس سے بہت زیادہ قافیہ کی قید ادائے مطلب میں دخل انداز ہوتی ہے۔ شاعر کو بجائے اس کے کہ اول اپنے ذہن میں ایک خیال کو ترتیب دے کر اس کے الفاظ مہیا کرے سب سے پہلے قافیہ تجویز کرنا پڑتا ہے اور پھر اس کے مناسب کوئی خیال ترتیب دے کر اس کے ادا کرنے کے لیے ایسے الفاظ مہیا کیے جاتے ہیں جن کا سب سے اخیر جزو قافیہ مجوزہ قرار پا سکے۔ کیونکہ ایسا نہ کرے تو ممکن ہے کہ خیال کی ترتیب کے بعد کوئی مناسب قافیہ بہم نہ پہنچے اور اس خیال سے دست بردار ہونا پڑے۔ پس در حقیقت شاعر خود کوئی خیال نہیں باندھتا بلکہ قافیہ جس خیال کے باندھنے کی اسے اجازت دیتا ہے اس کو باندھ دیتا ہے۔ اکثر غزل اور قصیدہ میں اول اخیر مصرع جس میں قافیہ ہوتا ہے اندھا دھند کسی نہ کسی مضمون کا گھڑ لیا جاتا ہے اور پھر اس کے مناسب پہلا مصرع اس پر لگایا جاتا ہے۔ سچ یہ ہے کہ شعر کو زیادہ خوشنما بنانے کے لیے اس میں ایسی قید لگائی جس سے شعر کی اصلیت باقی نہ رہے بعینہ ایسی بات ہے کہ لباس کو زیادہ خوشنما بنانے کے لیے ایسی قطع رکھی جائے جس سے لباس کی علت غائی یعنی آسائش اور پردہ دونوں فوت ہو جائیں۔ الغرض وزن اور قافیہ جن پر

ہماری موجودہ شاعری کا دارومدار ہے اور جس کے سوا اس میں کوئی خصوصیت ایسی نہیں پائی جاتی جس کے سبب سے شعر پر شعر کا اطلاق کیا جا سکے یہ دونوں شعر کی ماہیت سے خارج ہیں۔ اسی لیے زمانہ حال کے محقق شعر کا مقابل جیسا کہ عموماً خیال کیا جاتا ہے نثر کو نہیں ٹھہراتے بلکہ علم و حکمت کو ٹھہراتے ہیں۔ وہ کہتے ہیں کہ جس طرح حکمت کا کام براہ راست یہ کہ ہدایت کرے۔ تحقیقات میں مدد پہنچائے اور حقائق کو روشن کرے عام اس سے کہ کوئی اس سے محظوظ یا متعجب یا متاثر ہو یا نہ ہو۔ اسی طرح شعر کا کام براہ راست یہ ہے کہ فی الفور لذت یا تعجب یا اثر پیدا کر دے عام اس سے کہ حکمت کا کوئی مقصد اس سے حاصل ہو یا نہ ہو اور عام اس سے کہ نظم میں ہو یا نثر میں۔

شعر کی ماہیت

شعر کی بہت سی تعریفیں کی گئی ہیں۔ مگر کوئی تعریف ایسی نہیں جو اس کے تمام افراد کو جامع اور مانع ہو دخول غیر سے۔ البتہ لارڈ مکالے نے جو کچھ شعر کی نسبت لکھا ہے گو اس کو شعر کی تعریف نہیں کہا جا سکتا لیکن جو کچھ شعر سے آج کل مراد لی جاتی ہے اس کے قریب قریب ذہن کو پہنچا دیتا ہے۔ وہ کہتے ہیں کہ :

''شاعری جیسا کہ دو ہزار برس پہلے[9] کہا گیا تھا ایک قسم کی نقالی ہے جو اکثر اعتبارات سے مصوری، بت تراشی اور ناٹک سے مشابہ ہے مگر مصور بت تراش اور ناٹک کرنے والے کی نقل شاعر کی نسبت کسی قدر کامل تر ہوتی ہے شاعر کی کہ کسی چیز سے بنی ہوئی ہے؟ الفاظ کے پرزوں سے، اور الفاظ ایسی چیز ہیں کہ اگر ہومر اور ڈینٹے جیسے صناع بھی ان کو استعمال کریں تو بھی سامعین کے متخیلہ میں اشیائے خارجی کا ایسا صحیح اور ٹھیک نقشہ اتار سکتے جیسا موقلم اور چھینی کے کام دیکھ کر بارے میں خیال اترتا ہے۔ لیکن شاعر کا میدان وسیع اس قدر ہے کہ بت تراشی، مصوری اور ناٹک یہ تینوں رن اس کی وسعت کو نہیں پہنچ سکتے۔ بت تراش فقط صورت کی نقل اتار سکتا ہے۔ مصور صورت کے ساتھ رنگ کو بھی جھلکا دیتا ہے اور ناٹک کرنے والا بشرطیکہ شاعر نے اس کے لیے الفاظ مہیا کر دیے ہوں صورت اور رنگ کے ساتھ حرکت بھی پیدا کر دیتا ہے۔ مگر شاعری باوجودیکہ اشیائے خارجی کی نقل میں تینو فنون کا کام دے سکتی ہے اس کو تینوں سے اس بات کی فوقیت ہے کہ انسان کا بطون صرف شاعری ہی کی قلمرو ہے۔ نہ وہاں مصوری کی رسائی ہے نہ بت تراشی کی اور نہ ناٹک کی مصوری اور ناٹک وغیرہ انسان کے خصائل یا جذبات اس قدر ظاہر کر سکتے ہیں جس قدر کہ چہرہ یا

---

[9] یہ ارسطو کے قول کی طرف اشارہ ہے۔

رنگ اور حرکت سے ظاہر ہو سکتے ہیں اور یہ بھی ہمیشہ ادھورے اور نظر فریب نمونے ان کیفیات کے ہوتے ہیں جو فی الواقع انسان کے بطون میں موجود ہیں۔ مگر نفس انسانی کی باریک گہری اور بوقلموں کی کیفیات صرف الفاظ ہی کے ذریعہ سے ظاہر ہو سکتی ہے۔ شاعری کائنات کی تمام اشیائے خارجی اور ذہنی کا نقشہ اتار سکتی ہے۔ عالم محسوسات، دولت کے انقلابات، سیرت انسانی، معاشرت نوع انسانی تمام چیزیں جن کا تصور مختلف اشیا کے اجزا کو ایک دوسرے سے ملا کر کیا جا سکتا ہے۔ سب شاعری کی سلطنت میں محصور ہیں۔ شاعری ایک سلطنت ہے جس کی قلمرو اسی قدر وسیع ہے جس قدر خیال کی قلمرو۔''

ایک اور محقق نے شعر کی تعریف اس طرح کی ہے کہ :

''جو خیال ایک معمولی اور نرالے طور پر لفظوں کے ذریعہ سے اس لیے ادا کیا جائے کہ سامع کا دل اس کو سن کر خوش یا متاثر ہو وہ شعر ہے خواہ نظم میں ہو اور خواہ نثر میں۔''

مذکورہ بالا تقریروں کا مطلب زیادہ دل نشین کرنے کے لیے ہم اس مقام پر چند مثالیں ذکر کرنی مناسب سمجھتے ہیں۔

(۱) فردوسی کہتا ہے :

بمالید چاچی کمال رابدست

بہ چرم گوزن اندر آورد شست

ستوں کرد چپ راو خم کرد راست

خروش از خم چرخ چاچی بخاست

ان دونوں شعروں میں رستم کی وہ حالت دکھائی ہے کہ وہ اشکبوس کشانی سے لڑنے کے لیے پیادہ میدان کارزار میں گیا ہے اور اس پر وار کرنے کے لیے کمان میں تیر جوڑا ہے۔ ظاہر ہے کہ ان شعروں کے مضمون کو اگر ایک غیر شاعر معمولی طور پر بیان کرتا تو صرف اس قدر کہنا کافی تھا کہ رستم نے کمان کے چلہ میں تیر جوڑا لیکن اس بیان میں اس حالت کی جبکہ وہ تیر چلانے کے لیے کمان تانے کھڑا تھا نقل مطلق نہیں پائی جاتی۔ البتہ جو اسلوب فردوسی نے اس کے بیان میں اختیار کیا ہے اس میں جہاں تک کہ الفاظ مساعدت کر سکتے تھے اس حالت کی کافی طور پر نقل اتاری گئی ہے لیکن چونکہ ایک ایسی حالت ہے جو آنکھ سے محسوس ہو سکتی ہے اس لیے اس کو ایک بت تراش یا ایک مصور فردوسی کی نسبت زیادہ واضح اور زیادہ نمودار صورت میں ظاہر کر سکتا ہے۔

(۲) سعدی شیرازی

چناں قحط سالے شد اندر دمشق

کہ یاراں فراموش کردند عشق

اس شعر میں دمشق کے کسی قحط کا وہ عالم بیان کیا ہے جو وہاں کے باشندوں پر طاری تھا۔ اس مضمون کو ایک غیر شاعر اس سے زیادہ بیان نہیں کر سکتا کہ خلقت بھوکی پیاسی مر رہی تھی یا اناج اور پانی نایاب تھا یا اسی قسم کی معمولی باتیں جو قحط کے زمانہ میں عموماً پیش آتی ہیں لیکن منتہائے سختی قحط کی تصویر جن لفظوں میں کہ سعدی نے کھینچی ہے ایسے معمولی بیانات سے ہرگز نہیں کھینچ سکتی۔ اور چونکہ یہ ایک ایسی کیفیت ہے جو محسوس نہیں ہو سکتی اس لیے شاعر کے سوا مصور اور بت تراش دونوں اس کی نقل اتارنے سے عاجز ہیں۔ البتہ ایکٹر ایسا تماشا دکھانے سے کسی قدر عہدہ برآ ہو سکتا ہے۔ بشرطیکہ شاعر نے اس کے کافی الفاظ مہیا کر دیئے ہوں۔

(۳) ابن دراج اندلسی ایک قصیدہ میں اپنے شیر خوار بچہ کی وہ حالت جب کہ وہ خود گھر والوں سے رخصت ہو کر کہیں دور جانے والا ہے اور بچہ اس کے منہ کو تک رہا ہے، بیان کرتا ہے:

عیی بمرجوع الخطاب و لحظہ

بموقع اھوا الفوس خبیر

یعنی وہ بات کا جواب دینے سے تو عاجز ہے مگر اس کی آنکھ ان اداؤں سے واقف ہے جو دلوں کو اپنی طرف کھینچتی ہے۔ اس شعر میں استاد نے ایک محض وجدانی کیفیت کی تصویر کھینچی ہے جس کی محاکات زمانہ حال کے مصور، بت تراش اور ایکٹر بھی بلاشبہ کسی قدر کرسکتے ہیں۔ لیکن نہ ایسی جیسی کہ شاعر نے کی ہے۔ نیز شاعر کے سوا کسی کو یہ اسلوب بیان ہرگز نہیں سوجھ سکتا۔ کیونکہ جس مطلب کو اس نے اس پیرائے میں بیان کیا ہے اس کا ماحصل صرف اس قدر ہے کہ رخصت ہوتے وقت جو وہ میری طرف دیکھتا تھا اس پر بے اختیار پیار آتا تھا۔ اس معمولی بات کو وہ اس طرح ادا کرتا ہے کہ وہ شیر خوار بچہ جس کے منہ میں بول تک نہ تھا اس کی آنکھ ایک ایسے بھید سے واقف تھی جس سے اکثر بڑے بڑے عاقل اور دانش مند واقف نہیں ہوتے۔ یعنی یہ کہ کس طرح اوروں کے دلوں کو اپنی طرف کھینچتے ہیں۔

(۴) نظیر نیشاپوری

بہ زیر شاخ گل افعی گزیدہ بلبل را
نواگران نخوردہ گزند راچہ خبر

فصل بہار میں پھولوں کے کھلنے یا ہوا میں اعتدال پیدا ہونے یا بدن میں دوران خون کے تیز ہو جانے سے جا نشاط اور امنگ بلبل کے دل میں پیدا ہو جاتی ہے اور جس کو شعرا

گل و گلشن کے عشق سے تعبیر کرتے ہیں اور جس کے جوش اور دلوں میں وہ دن بھر چھپتا رہتا ہے۔ اس حالت اور کیفیت کو شاعر نے افعی کے کاٹے کی لہر سے تعبیر کیا ہے۔ گو یہ تمثیل بھی اسی حالت کی اصل حقیقت ظاہر کرنے سے قاصر ہو مگر جس قدر کہ اس حالت کا تصور ان لفظوں کے ذریعہ سے پیدا ہوتا ہے اتنا تھی تصویر یا ناٹک کے ذریعہ سے نہیں ہو سکتا۔ گویا اس کیفیت کا ظاہر کرنا مصوری، بت تراشی اور ناٹک کی دسترس سے باہر ہے۔

شاعری کے لیے کیا کیا شرطیں ضروری ہیں؟

امید ہے کہ ان مثالوں سے شاعر اور غیر شاعر کے کلام میں اور نیز شعر اور مصوری میں جو فرق ہے وہ بخوبی ظاہر ہو گیا ہو گا۔ اب ہم کو یہ بتانا ہے کہ شاعری میں کمال حاصل کرنے کے لیے کون سی شرطیں ضروری ہیں اور شاعر میں وہ کون سی خاصیت ہے جو اس کو غیر شاعر سے تمیز دیتی ہے۔

تخیل

سب سے مقدم اور ضروری چیز جو کہ شاعر کو غیر شاعر سے تمیز دیتی ہے قوتِ متخیلہ یا تخیل ہے جس کو انگریزی میں امیجینیشن کہتے ہیں۔ یہ قوت جس قدر شاعر میں اعلیٰ درجہ کی ہوگی، اسی قدر اس کی شاعری اعلیٰ درجہ کی ہوگی اور جس قدر یہ ادنیٰ درجہ کی ہوگی اسی قدر اس کی شاعری ادنیٰ درجہ کی ہوگی۔ یہ وہ ملکہ ہے جس کو شاعر ماں کے پیٹ سے اپنے ساتھ لے کر نکلتا ہے اور جو اکتساب سے حاصل نہیں ہو سکتا۔ اگر شاعر کی ذات میں یہ ملکہ موجود ہے اور باقی شرطوں میں جو کہ کمال شاعری کے لیے ضروری ہیں کچھ کمی ہے تو اس کمی کا تدارک اس ملکہ سے کر سکتا ہے لیکن اگر یہ ملکہ فطری کسی میں موجود نہیں ہے تو اور ضروری شرطوں کا کتنا ہی بڑا مجموعہ اس کے قبضہ میں ہو وہ ہر گز شاعر کہلانے کا مستحق نہیں ہے۔ یہ وہ طاقت ہے جو شاعر کو وقت اور زمانہ کی قید سے آزاد کرتی ہے اور ماضی اور مستقبل اس کے لیے زمانہ حال میں کھینچ لاتی ہے وہ (شاعر) آدم اور جنت کی سر گزشت اور حشر و نشر کا بیان اس طرح کرتا ہے کہ گویا اس نے تمام واقعات اپنی آنکھ سے دیکھے ہیں اور ہر شخص اس سے ہی متاثر ہوتا ہے جیسا کہ ایک واقعی بیان سے ہونا چاہیے اس میں یہ طاقت ہوتی ہے کہ وہ جن اور پری، عنقا اور آب حیواں جیسی فرضی اور معدوم چیزوں کو ایسے معقول اوصاف کے ساتھ متصف

کر سکتا ہے کہ ان کی تصویر آنکھوں کے سامنے پھر جاتی ہے۔ جو نتیجے وہ نکالتا ہے گو وہ منطق کے قاعدوں پر منطبق نہیں ہوتے لیکن جب دل اپنی معمولی حالت سے کسی قدر بلند ہو جاتا ہے تو وہ بالکل ٹھیک معلوم ہوتے ہیں۔ مثلاً فیضی کہتا ہے :

سخت ست سیاہی شب من
لختے ز شب ست کوکب من

اس منطق قاعدہ سے یہ اعتراض ہو سکتا ہے کہ رات کی تاریکی سب کے لئے یکساں ہوتی ہے پھر ایک خاص شخص کی رات سب سے زیادہ تاریک کیونکر ہو سکتی ہے اور تمام کواکب ایسے اجرام ہیں جن کا وجود بغیر روشنی کے تصور میں نہیں آ سکتا پھر ایک خاص کوکب ایسا مظلم اور سیاہ کیونکر ہو سکتا ہے کہ اس کو کالی رات کا ایک ٹکڑا کہا جا سکے مگر جس عالم میں شاعر اپنے تئیں دکھانا چاہتا ہے وہاں یہ سب ناممکن باتیں ممکن بلکہ موجود نظر آتی ہیں۔ یہی وہ ملکہ ہے جس سے بعض اوقات شاعر کا ایک لفظ جادو کی فوج سامنے کھڑی کر دیتا ہے اور کبھی وہ ایک ایسے خیال کو جو کئی جلدوں میں بیان ہو سکے ایک لفظ میں ادا کر دیتا ہے۔

تخیل کی تعریف

تخیل یا امیجنیشن کی تعریف کرنی بھی ایسی ہی مشکل ہے جیسی کہ شعر کی تعریف، مگر من وجہ اس کی ماہیت کا خیال ان لفظوں سے دل میں پیدا ہو سکتا ہے۔ یعنی وہ ایک ایسی قوت ہے کہ معلومات کا ذخیرہ جو تجربہ یا مشاہدہ کے ذریعہ سے ذہن میں پہلے سے مہیا ہوتا ہے یہ اس کو مکرر ترتیب دے کر ایک نئی صورت بخشتی ہے اور پھر اس کو الفاظ کے ایسے دلکش پیرایہ میں جلوہ گر کرتی ہے جو معمولی پیرایوں سے بالکل یا کسی قدر الگ ہوتا ہے۔ اس تقریر سے ظاہر ہے کہ تخیل کا عمل اور تصرف جس طرح خیالات میں ہوتا ہے اسی طرح الفاظ میں بھی ہوتا ہے۔ ہم دیکھتے ہیں کہ بعض اوقات شاعر کا طریقہ بیان ایسا نرالا اور عجیب ہوتا ہے کہ غیر شاعر کا ذہن کبھی وہاں تک نہیں پہنچ سکتا۔ اس سے صاف معلوم ہوتا ہے کہ وہی ایک چیز ہے جو کبھی تصورات اور خیالات میں تصرف کرتی ہے اور کبھی الفاظ و عبارات میں، اگرچہ اس قوت کا ہر ایک شاعر کی ذات میں موجود ہونا نہایت ضروری ہے۔ لیکن ہمارے نزدیک اس کا عمل شاعر کے ہر ایک کلام یکساں نہیں ہوتا بلکہ کہیں زیادہ ہوتا ہے کہیں کم ہوتا ہے اور کہیں محض خیالات میں ہوتا ہے کہیں محض الفاظ میں۔ یہاں چند مثالیں بیان کرنی مناسب معلوم ہوتی ہیں۔

(۱) غالب دہلوی

اور بازار سے لے آئے اگر ٹوٹ گیا

جامِ جم سے یہ مرا جامِ سفال اچھا ہے

شاعر کے ذہن میں پہلے سے اپنی اپنی جگہ یہ باتیں ترتیب وار موجود تھیں کہ مٹی کا کوزہ ایک نہایت کم قیمت اور ارزاں چیز ہے جو بازار میں ہر وقت مل سکتی ہے اور جامِ جمشید ایک ایسی چیز تھی جس کا بدل دنیا میں موجود نہ تھا۔ اس کو یہ بھی معلوم تھا کہ تمام عالم کے نزدیک جامِ سفال میں کوئی ایسی خوبی نہیں ہے جس کی وجہ سے وہ جامِ جم جیسی چیز سے فائق اور افضل سمجھا جائے۔ نیز یہ بھی معلوم تھا کہ جامِ جم میں شراب پی جاتی تھی اور مٹی کے کوزہ میں بھی شراب پی جا سکتی ہے۔ اب قوت متخیلہ نے اس تمام معلومات کو ایک نئے ڈھنگ سے ترتیب دے کر ایسی صورت میں جلوہ گر کر دیا کہ جامِ سفال کے آگے جامِ جم کی کچھ حقیقت نہ رہی اور پھر اس صورت موجودہ فی الذہن کو بیان کا ایک دلفریب پیرایہ دے کر اس قابل کر دیا کہ زبان اس کو پڑھ کر متلذذ اور کان اس کو سن کر محظوظ اور دل اس کو سمجھ کر متاثر ہو سکے۔ اس مثال میں وہ قوت جس نے شاعر کی معلومات سابقہ کو دوبارہ ترتیب دے کر ایک نئی صورت بخشی ہے وہ تخیل یا امیجینیشن ہے اور اس نئی صورت موجودہ فی الذہن نے جب الفاظ کا لباس پہن

کر عالمِ محسوسات میں قدم رکھا ہے اس کا نام شعر ہے۔ نیز اس مثال میں امیجینیشن کا عمل خیالات اور الفاظ دونوں کے لحاظ سے بمرتبہ غایت اعلیٰ درجہ میں واقعہ ہوا ہے۔ کہ باوجود کمال سادگی اور بے ساختگی کے نہایت بلند اور نہایت تعجب انگیز ہے۔

(۲) غالب کا اسی زمیں میں دوسرا شعر یہ ہے :

ان کے آنے سے جو آ جاتی ہے رونق منہ پر

وہ سمجھتے ہیں کہ بیمار کا حال اچھا ہے

شاعر کہ یہ بات معلوم تھی کہ دوست کے ملنے سے خوشی ہوتی ہے اور بگڑی ہوئی طبیعت بحال ہو جاتی ہے۔ نیز یہ بھی معلوم تھا کہ دوست کو جب تک عاشق اپنی حالتِ زار اور اس کی جدائی کا صدمہ نہ جتائے دوست عاشق کی محبت اور عشق کا پورا پورا یقین نہیں کر سکتا۔ یہ بھی معلوم تھا کہ بعضی خوشی سے دفعتہً ایسی بشاشت ہو سکتی ہے کہ رنج اور غم اور تکلیف کا مطلق اثر چہرے پر باقی نہ رہے۔ اب امیجینیشن نے اس تمام معلومات میں اپنا تصرف کر کے ایک نئی ترتیب پیدا کر دی یعنی یہ کہ عاشق کسی طرح اپنی جدائی کے زمانہ کی تکلیفیں معشوق پر ظاہر نہیں کر سکتا۔ کیونکہ جب تکلیف کا وقت ہوتا ہے، اس وقت معشوق نہیں ہوتا اور جب معشوق ہوتا ہے اس وقت تکلیف

نہیں رہتی۔ اس مثال میں بھی امیجینیشن کا عمل معنی اور لفظاً دونوں طرح بدرجہ غایت لطیف اور حیرت انگیز واقع ہوا ہے۔ جیساکہ ہر صاحبِ ذوق سلیم پر ظاہر ہے۔

(۳) خواجہ حافظ کہتے ہیں۔

صبا بلطف بگو آں غزالِ رعنا را

کہ سر بکوہ و بیاباں تو دادہٗ مارا

اس شعر کا خلاصہ مطلب اس سے زیادہ نہیں ہے کہ ہم صرف معشوق کی بدولت پہاڑوں اور جنگلوں میں مارے مارے پھرتے ہیں۔ ظاہر ہے کہ اس میں امیجینیشن کا عمل خیالات میں اگر ہو تو نہایت خفیف اور مختصر ہو گا مگر الفاظ میں اس نے وہ کرشمہ دکھایا ہے جس نے شعر کو بلاغت کے اعلیٰ درجہ پر پہنچا دیا ہے۔ اسی قسم کے کلام کی نسبت کہا گیا ہے۔ 'عبارتے کہ بمعنی برابری دارد۔' اول تو صبا کی طرف خطاب کرنا جس میں یہ اشارہ ہے کہ کوئی ذریعہ دوست تک پیغام پہنچانے کا نظر نہیں آتا۔ ناچار صبا کو یہ سمجھ کر پیغامبر بنایا ہے کہ وہ ایک جگہ سے دوسری جگہ جاتی ہے شاید دوست تک بھی اس کا گزر ہو جائے۔ گویا شوق نے ایسا از خود رفتہ کر دیا ہے کہ جو چیز پیغامبر ہونے کی قابلیت نہیں رکھتی اس کے ہاتھ پیغام بھیجتا ہے اور جواب کا امیدوار ہے۔ پھر معشوق حقیقی کو جس کی ذات بے نشان ہے بطور استعارہ کے غزال رعنا کی

مناسبت سے کوہ و بیابان میں پھرنے سے تعبیر کرنا، جس سے بہتر استعارہ نہیں ہو سکتا، اور پھر اس کی طلب کو غزالِ رعنا کی مناسبت سے کوہ و بیاباں میں پھرنے سے تعبیر کرنا، اور پھر باوجود ضمیر متصل کے جو کہ 'دادہ' میں موجود تھی۔ ضمیر مخاطب منفصل یعنی لفظ 'تو' اضافہ کرنا جس سے پایا جائے کہ تیرے سوا کوئی شے ہماری اس سرگشتگی کا باعث نہیں ہے اور چونکہ پیغام شکایت آمیز تھا اس لیے صبا سے یہ درخواست کرنی کہ بلطف بگو یعنی نرمی اور ادب سے یہ پیغام دینا تاکہ شکایت ناگوار نہ گزرے۔ یہ تمام باتیں ایسی ہیں۔ جنھوں نے ایک معمولی بات کو اس قدر بلند کر دیا ہے کہ اعلیٰ درجہ کے باریک خیالات بھی اس سے زیادہ بلندی پر نہیں دکھائے جاسکتے۔

دوسری شرط کائنات کا مطالعہ کرنا

اگرچہ قوتِ متخیلہ اس حالت میں بھی جب کہ شاعر کی معلومات کا دائرہ نہایت تنگ اور محدود ہو اسی معمولی ذخیرہ سے کچھ نہ کچھ نتائج نکال سکتی ہے لیکن شاعری میں کمال حاصل کرنے کے لئے یہ بھی ضروری ہے کہ نسخہ کائنات اور اس میں سے خاص کر نسخہ فطرتِ انسانی کا مطالعہ نہایت غور سے کیا جائے۔ انسان کی مختلف حالتیں جو زندگی میں اس کو پیش آتی ہیں ان کو تعمق کی نگاہ سے دیکھنا۔ جو امور مشاہدہ میں آئیں

ان کے ترتیب دینے کی عادت ڈالنی، کائنات میں گہری نظر سے وہ خواص اور کیفیات مشاہدہ کرنے جو عام آنکھوں سے مخفی ہوں اور فکر میں مشق مہارت سے یہ طاقت پیدا کرنی کہ وہ مختلف چیزوں سے متحد اور متحد چیزوں سے مختلف خاصیتیں فوراً اخذ کر سکے اور اس سرمایہ کو اپنی یاد کے خزانہ میں محفوظ رکھے۔

مختلف چیزوں سے متحد خاصیت اخذ کرنے کی مثال ایسی ہے جیسے مرزا غالب کہتے ہیں۔

بوئے گل نالہ دل دودِ چراغ محفل

جو تری بزم سے نکلا سو پریشان نکلا

دوسری مثال

بگذرز سعادت و نحوست کہ مرا

ناہید بغمزہ کشت و مریخ بقہر

ناہید یعنی زہرہ کو سعد اور مریخ کو نحس مانا گیا ہے۔ پس دونوں باعتبار ذات اور صفات کے مختلف ہیں۔ مگر شاعر کہتا ہے کہ ان کی سعادت و نحوست کے اختلاف کو رہنے دو۔ مجھ پر تو ان کا اثر یکساں ہی ہوتا ہے۔ مریخ قہر سے قتل کرتا ہے تو زہرہ غمزہ سے۔

اور متحد اشیاء سے مختلف خاصیتیں استنباط کرنے کی مثال میر ممنون کا یہ شعر ہے۔

تفاوت قامتِ یار و قیامت میں ہے کیا ممنوں
وہی فتنہ ہے لیکن یاں ذرا سانچے میں ڈھلتا ہے۔

یعنی قامتِ معشوق اور قیامتِ فتنہ ہونے میں تو دونوں متحد ہیں۔ مگر فرق ہے کہ فتنہ قیامت سانچہ میں ڈھلا ہوا نہیں ہے اور قامتِ معشوق سانچہ میں ڈھلا ہوا ہے۔

غرضیکہ یہ تمام باتیں جو اوپر ذکر کی گئیں ایسی ضروری ہیں کہ کوئی شاعر ان سے استغنا کا دعویٰ نہیں کر سکتا۔ کیونکہ ان کے بغیر قوتِ متخیلہ کو اپنی اصلی غذا جس سے وہ نشوو نما پاتی ہیں نہیں پہنچتی۔ بلکہ اس کی طاقت آدھی سے بھی کم رہ جاتی ہے۔

قوت متخیلہ کوئی شے بغیر مادہ کے پیدا نہیں کر سکتی بلکہ جو مصالح اس کو خارج سے ملتا ہے اس میں وہ اپنا تصرف کر کے ایک نئی شکل تراش لیتی ہے۔ جتنے بڑے بڑے نامور شاعر دنیا میں گزرے ہیں وہ کائنات یا فطرتِ انسانی کے مطالعہ میں ضرور مستغرق رہے ہیں۔ جب رفتہ رفتہ اس مطالعہ کی عادت ہو جاتی ہے تو ہر ایک چیز کو غور سے دیکھنے کا ملکہ ہو جاتا ہے اور مشاہدوں کے خزانے گنجینۂ خیال میں خود بخود جمع ہونے لگتے ہیں۔

سر والٹر اسکوٹ کی شاعری

سر والٹر اسکوٹ جو انگلستان کا ایک مشہور شاعر ہے اس کی نسبت لکھا ہے کہ اس کی خاص خاص نظموں میں دو خاصیتیں ایسی ہیں جن کو سب نے تسلیم کیا ہے، ایک اصلیت سے تجاوز نہ کرنا۔ دوسرے ایک ایک مطلب کو نئے نئے اسلوب سے ادا کرنا۔ جہاں کہیں اس نے کسی باغ یا جنگل یا پہاڑ کی فضا کا بیان کیا ہے اس سے معلوم ہوتا ہے کہ اس موقع کی روح میں جو خاصیتیں تھیں سر والٹر نے وہ سب انتخاب کرلی تھیں۔ سر والٹر کی نظم پڑھ کر آنکھوں کے سامنے بالکل وہی سماں بندھ جاتا ہے جو پہلے خود اس موقع کے دیکھنے سے معلوم ہوا تھا اور اب دھیان سے اتر گیا تھا۔ ظاہراً اس نے ان بیانات میں قوت متخیلہ پر ایسا بھروسہ نہیں کیا کہ اصلیت کو چھوڑ کر محض تخیل پر ہی قناعت کرلیتا۔ کہتے ہیں کہ جب وہ روکبی کا قصہ لکھ رہا تھا ایک شخص نے اس کو دیکھا کہ پاکٹ بک میں چھوٹے چھوٹے خودرو پھول پتے اور میوے جو وہاں اگ رہے تھے ان کو نوٹ کر رہا ہے۔ ایک دوست نے اس سے کہا کہ اس دردِ سر سے کیا فائدہ؟ کیا عام پھول کافی نہ تھے جو چھوٹے چھوٹے پھولوں کو ملاحظہ کرنے کی ضرورت پڑی۔ سر والٹر نے کہا تمام کائنات میں دو چیزیں بھی ایسی نہیں جو بالکل یکساں ہوں۔ پس جو شخص محض اپنے تخیل پر بھروسہ کر کے مذکورہ بالا مطالعہ سے چشم پوشی یا

غفلت کرے گا اس کو بہت جلد معلوم ہو جائے گا کہ اس کے دماغ میں چند معمولی تشبیہیں یا تمثیلوں کا ایک نہایت محدود ذخیرہ ہے جن کو برتتے برتتے خود اس کا جی اکتا جائے گا اور سامعین کو سنتے سنتے نفرت ہو جائے گی۔ جو شخص شعر کی تربیت میں اصلیت کو ہاتھ سے نہیں دیتا اور محض ہوا پر اپنی عمارت کی بنیاد نہیں رکھتا وہ اس بات پر قدرت رکھتا ہے کہ ایک مطلب کو جتنے اسلوبوں میں چاہے بیان کرے۔ اس کا تخیل اسی قدر وسیع ہو گا جس قدر کہ اس کا مطالعہ وسیع ہے۔

تیسری شرط تفحصِ الفاظ

کائنات کے مطالعہ کی عادت ڈالنے کے بعد دوسرا نہایت ضروری مطالعہ یا تفحص ان الفاظ کا ہے۔ جن کے ذریعہ سے شاعر کا اپنے خیالات مخاطب کے روبرو پیش کرتے ہیں۔ یہ دوسرا مطالعہ بھی ویسا ہی ضروری اور اہم ہے جیسا کہ پہلا۔ شعر کی ترتیب کے وقت اول متناسب الفاظ کا انتخاب کرنا اور پھر ان کو ایسے طور پر ترتیب دینا کہ شعر سے معنی مقصود کے سمجھنے میں مخاطب کو کچھ تردد باقی نہ رہے اور خیال کی تصویر ہو بہو آنکھوں کے سامنے پھر جائے اور باوجود اس کے اس ترتیب میں ایک جادو مخفی ہو جو مخاطب کو مسخر کر لے۔ اس مرحلہ کا طے کرنا جس قدر دشوار ہے اسی قدر ضروری بھی

ہے۔ کیونکہ اگر شعر میں یہ بات نہیں ہے تو اس کے کہنے سے نہ کہنا بہتر ہے۔ اگرچہ شاعر کے متخیلہ کو الفاظ کی ترتیب میں بھی ویسا ہی دخل ہے جیسا کہ خیالات کی ترتیب میں۔ لیکن اگر شاعر زبان کے ضروری حصہ پر حاوی نہیں ہے اور ترتیب شعر کے وقت صبر و استقلال کے ساتھ ساتھ الفاظ کا تتبع اور تفحص نہیں کرتا تو محض قوت متخیلہ کچھ کام نہیں آ سکتی۔

جن لوگوں کو یہ قدرت ہوتی ہے کہ شعر کے ذریعہ سے اپنے ہم جنسوں کے دل میں اثر پیدا کر سکتے ہیں۔ ان کو ایک ایک لفظ کی قدر و قیمت معلوم ہوتی ہے۔ وہ خوب جانتے ہیں کہ فلاں لفظ جمہور کے جذبات پر کیا اثر رکھتا ہے اور اس کے اختیار کرنے یا ترک کرنے سے کیا خاصیت بیان میں پیدا ہوتی ہے۔ نظم الفاظ میں اگر بال برابر بھی کمی رہ جاتی ہے تو وہ فوراً سمجھ جاتے ہیں کہ ہمارے شعر میں کون سی بات کی کسر ہے۔ جس طرح ناقص سانچے میں ڈھلی ہوئی چیز فوراً چغلی کھاتی ہے اسی طرح ان کے شعر میں اگر تاؤ بھاؤ میں بھی فرق رہ جاتا ہے معاً ان کی نظر میں کھٹک جاتا ہے۔ اگرچہ وزن اور قافیہ کی قید ناقص اور کامل دونوں قسم کے شاعروں کو اکثر اوقات ایسے لفظ کے استعمال پر مجبور کرتی ہے جو خیال کو بخوبی ادا کرنے سے قاصر ہے۔ مگر فرق صرف اس قدر ہے کہ ناقص شاعر تھوڑی سے جستجو کے بعد اسی لفظ پر قناعت کر لیتا ہے۔ اور کامل جب تک

زبان کے تمام کنوئیں نہیں جھانک لیتا تب تک اس لفظ پر قانع نہیں ہوتا۔ شاعر کو جب تک الفاظ پر کامل حکومت اور ان کی تلاش و جستجو میں نہایت صبر و استقلال حاصل نہ ہو ممکن نہیں کہ وہ جمہور کے دلوں پر بالاستقلال حکومت کر سکے۔ ایک حکیم شاعر کا قول ہے کہ "شعر شاعر کے دماغ سے ہتھیار بند نہیں کودتا بلکہ خیال کی ابتدائی ناہمواری سے لے کر انتہا کی تنقیح و تہذیب تک بہت سے مرحلے طے کرنے ہوتے ہیں جو کہ اب سامعین کو شاید محسوس نہ ہوں لیکن شاعر کو ضرور پیش آتے ہیں۔"

اس بحث کے متعلق چند امور ہیں جن کو فکر شعر کے وقت ضرور ملحوظ رکھنا چاہیے۔ اول خیالات کو صبر و تحمل کے ساتھ الفاظ کا لباس پہنانا، پھر ان کو جانچنا اور تولنا اور ادائے معنی کے لحاظ سے ان میں جو قصور رہ جائے اس کو رفع کرنا، الفاظ کو ایسی ترتیب سے منتظم کرنا کہ صورۃً اگرچہ نثر سے متمیز ہو مگر معنی اسی قدر ادا کرے جیسے کہ نثر میں ادا ہو سکتے۔ شاعر بشرطیکہ شاعر ہو۔ اول تو وہ ان باتوں کا لحاظ وقت پر ضرور کرتا ہے۔ اور اگر کسی وجہ سے بالفعل اس کو زیادہ غور کرنے کا موقع نہیں ملتا تو پھر جب کبھی وہ اپنے کلام کو اطمینان کے وقت دیکھتا ہے، اس کو ضرور کانٹ چھانٹ کرنی پڑتی ہے۔ یہی وجہ ہے کہ اکثر بڑے بڑے شاعروں کا کلام مختلف نسخوں میں مختلف الفاظ کے ساتھ پایا جاتا ہے۔

آمد اور آورد میں فرق

اکثر لوگوں کی یہ رائے ہے کہ جو شعر شاعر کی زبان یا قلم سے فوراً بے ساختہ ٹپک پڑتا ہے وہ اس شعر سے زیادہ لطیف اور بامزہ ہوتا ہے۔ جو بہت دیر میں غور و فکر کے بعد مرتب کیا گیا ہو۔ پہلی صورت کا نام انہوں نے آمد رکھا ہے اور دوسرے کا آورد۔ بعضے اس موقع پر یہ مثال دیتے ہیں کہ جو شیرہ انگور سے خود بخود ٹپکتا ہے وہ اس شیرہ سے زیادہ لطیف و بامزہ ہوتا ہے جو انگور سے نچوڑ کر نکالا جائے۔ مگر ہم اس رائے کو تسلیم نہیں کرتے۔ اول تو یہ مثال جو اس موقع پر دی جاتی ہے اسی سے اس رائے کے خلاف ثابت ہوتا ہے جو شیرہ انگور سے خود بخود اس کے پک جانے کے بعد ٹپکتا ہے وہ یقیناً اس شیرہ کی نسبت بہت دیر میں تیار ہوتا ہے جو کچے یا اَدھ کچرے انگور سے نچوڑ کر نکالا جاتا ہے۔ مستثنیٰ حالتوں کے سوا ہمیشہ وہی شعر زیادہ مقبول، زیادہ لطیف، زیادہ بامزہ زیادہ سنجیدہ اور زیادہ موثر ہوتا ہے جو کمال غور و فکر کے بعد مرتب کیا گیا ہو۔ یہ ممکن ہے کہ شاعر کسی موقع پر پاکیزہ خیالات جو اس کے حافظہ میں پہلے سے ترتیب وار محفوظ ہوں مناسب الفاظ میں جو حسنِ اتفاق سے فی الفور اس کے ذہن میں آ جائیں ادا کر دے۔ لیکن اول تو ایسے اتفاقات شاذ و نادر ظہور میں آتے ہیں۔ والنادر

کالمعدوم۔ دوسرے ان خیالات کو جو مدت سے انگور کے شیرہ کی طرح اس کے ذہن میں پک رہے تھے، کیونکر کہا جا سکتا ہے کہ وہ جھٹ پٹ بغیر غور و فکر کے سر انجام ہو گئے ہیں۔ شعر میں دو چیزیں ہوتی ہیں، ایک خیال، دوسرے الفاظ۔ خیال تو ممکن ہے کہ شاعر کے ذہن میں فوراً ترتیب پا جائے مگر اس کے لئے الفاظِ مناسب کا لباس تیار کرنے میں ضرور دیر لگے گی، یہ ممکن ہے کہ ایک مستری مکان کا نہایت عمدہ اور نرالا نقشہ ذہن میں تجویز کر لے۔ مگر یہ ممکن نہیں کہ اس نقشہ پر مکان بھی ایک چشم زدن میں تیار ہو۔

وزن اور قافیہ کی اوگھٹ گھاٹی سے صحیح سلامت نکل جانا اور مناسب الفاظ کے تفحص سے عہدہ بر آ ہونا کوئی آسان کام نہیں ہے۔ اگر ایک دن کا کام ایک گھنٹے میں کیا جائے گا تو وہ کام نہ ہو گا، بیگار ہو گی۔

روما کے مشہور شاعر ورجل کے حال میں لکھا ہے کہ صبح کو اپنے اشعار لکھواتا تھا اور دن بھر ان پر غور کرتا تھا اور ان کو چھانٹتا تھا اور یہ کہا کرتا تھا کہ "ریچھنی بھی اسی طرح اپنے بد صورت بچوں کو چاٹ چاٹ کر خوبصورت بناتی ہے۔"

ایرسٹو شاعر جس کے کلام میں مشہور ہے کہ کمال بے ساختگی اور آمد معلوم ہوتی ہے اس کے مسودے اب تک فریرا علاقہ اٹلی میں محفوظ ہیں۔ ان مسودوں کے دیکھنے

والے کہتے ہیں کہ جو اشعار اس کے نہایت صاف اور سادے معلوم ہوتے ہیں وہ آٹھ آٹھ دفعہ کاٹ چھانٹ کرنے کے بعد لکھے گئے ہیں۔

ملٹن بھی اس بات کو تسلیم کرتا ہے کہ نہایت سخت محنت اور جانفشانی سے نظم لکھی جاتی ہے اور نظم کی ایک ایک بیت مین اس کے سڈول ہونے سے پہلے کتنی ہی تبدیلیاں پے در پے کرنی پڑتی ہیں۔

ایک فارسی گو شاعر بھی فکر شعر کی حالت اس طرح بیان کرتا ہے :

برائے پاکی لفظے شبے بروز آرد

کہ مرغ و ماہی باشند خفتہ ، او بیدار

سچ یہ ہے کہ کوئی نظم جس نے کہ استقلال کے ساتھ جمہور کے دل پر اثر کیا ہو۔ خواہ طویل ہو خواہ مختصر ، ایسی نہیں ہے جو بے تکلف لکھ کر پھینک دی گئی ہو۔ جس قدر کسی نظم میں زیادہ بے ساختگی اور آمد معلوم ہو اسی قدر جاننا چاہیے کہ اس پر زیادہ محنت زیادہ غور اور زیادہ حک و اصلاح کی گئی ہوگی۔

ابن رشیق اپنی کتاب 'عمدہ' میں لکھتے ہیں کہ :

''جب شعر سرانجام ہو جائے تو اس پر بار بار نظر ڈالنی چاہیے اور جہاں تک ہو سکے اس میں خوب تنقیح و تہذیب کرنی چاہیے۔ پھر بھی اگر شعر میں جودت اور خوبی نہ پیدا ہو تو اس کے دور کرنے میں پس و پیش نہ کرنا چاہیے جیسا کہ اکثر شعرا کیا کرتے ہیں۔ انسان اپنے کلام پر اس لئے کہ وہ اس کی مجازی اولاد ہوتی ہے مفتون اور فریفتہ ہوتا ہے۔ پس اگر اس کے دور کرنے میں مضائقہ کیا جائے گا تو ایک بُرے شعر کے سبب سارا کلام درجہ بلاغت سے گر جائے گا۔''

انشا پردازی کا مدار زیادہ تر الفاظ پر ہے نہ معانی پر

ابن خلدون اسی الفاظ کی بحث کے متعلق کہتے ہیں کہ :

''انشا پردازی کا ہنر نظم میں ہو یا نثر میں، محض الفاظ میں ہے معانی میں ہر گز نہیں۔ معانی صرف الفاظ کے تابع ہیں اور اصل الفاظ ہیں۔ معانی ہر شخص کے ذہن میں موجود ہیں۔ پس ان کے لیے کسی ہنر کے اکتساب کرنے کی ضرورت نہیں ہے۔ اگر ضرورت ہے تو صرف اس بات کی کہ ان معانی کو کس طرح الفاظ میں ادا کیا جائے۔ وہ کہتے ہیں کہ الفاظ کو ایسا سمجھو جیسے پیالہ۔ اور معانی کو ایسا سمجھو جیسے پانی۔ پانی کو چاہو سونے کے پیالہ میں بھر لو اور چاہو چاند کے پیالہ میں اور چاہو کانچ یا بلور یا سیپ کے

پیالہ میں اور چاہو مٹی کے پیالہ میں۔ پانی کی ذات میں کچھ فرق نہیں آتا۔ مگر سونے یا چاندی وغیرہ کے پیالہ میں اس کی قدر بڑھ جاتی ہے اور مٹی کے پیالہ میں کم ہو جاتی ہے۔ اسی طرح معانی کی قدر ایک فصیح اور ماہر کے بیان میں زیادہ ہو جاتی ہے اور غیر فصیح کے بیان میں گھٹ جاتی ہے۔''

مگر ہم ان کی جناب میں عرض کرتے ہیں کہ حضرت اگر پانی کھاری یا گدلا یا بوجھل یا اوھن ہو گا یا ایسی حالت میں پلایا جائے گا جب کہ اس کی پیاس مطلق نہ ہو تو خواہ سونے چاندی کے پیالہ میں پلائیے خواہ بلور اور پھٹک کے پیالہ میں وہ ہرگز خوشگوار نہیں ہو سکتا اور ہرگز اس کی قدر نہیں بڑھ سکتی۔

ہم یہ بات تسلیم کرتے ہیں کہ شاعری کا مدار جس قدر الفاظ پر ہے اس قدر معانی پر نہیں۔ معانی کیسے ہی بلند اور لطیف ہوں اگر عمدہ الفاظ میں بیان کئے جائیں گے ہرگز دلوں میں گھر نہیں سکتے اور ایک بتنذل مضمون پاکیزہ الفاظ میں ادا ہونے سے قابل تحسین ہو سکتا ہے۔ لیکن معانی سے یہ سمجھ کر وہ ہر شخص کے ذہن میں موجود ہیں اور ان کے لیے کسی ہنر کے اکتساب کی ضرورت نہیں بالکل قطع نظر کرنا ٹھیک نہیں معلوم ہوتا اگر شاعر کے ذہن میں صرف وہی چند محدود خیالات جمع ہیں جو کو اگلے شعرا باندھ گئے ہیں۔ یا صرف وہی معمولی باتیں اس کو بھی معلوم ہیں جیسی کہ عام لوگوں کو

معلوم ہوتی ہیں اور اس نے شاعری کی تکمیل کے لیے اپنی معلومات کو وسعت نہیں دی اور صحیفہ فطرت کے مطالعہ کی عادت نہیں ڈالی اور قوت متخیلہ کے لیے زیادہ مصالح جمع نہیں کیا گیا گو زبان پر اس کو کیسی ہی قدرت اور الفاظ پر کیسا ہی قبضہ حاصل ہو اس کو دو مشکلوں میں ایک مشکل ضرور پیش آئے گی۔ یا تو اس کو وہی خیالات جو اگلے شعرا باندھ چکے ہیں۔ تھوڑے تھوڑے تغیر کے ساتھ انہیں کے اسلوب پر بار بار باندھنے پڑیں گے یا ایک بتندل اور پامال مضمون کے لیے نئے نئے اسلوب بیان ڈھونڈھنے پڑیں گے۔ جن کا مقبول ہونا نہایت مشتبہ ہے اور نا مقبول ہونا قرین قیاس۔

شعر میں کس قسم کی باتیں بیان کرنی چاہییں

اس کے سوا معنی کے متعلق ایک اور کمال حاصل کرنے کی ضرورت ہے جس کو الفاظ سے کچھ تعلق نہیں۔ صرف نیچر کا مطالعہ اور معلومات کا ذخیرہ جمع کر لینا ہی شاعر کا کام نہیں ہے بلکہ ہر ایک شئے کی روح میں جو خاصیتیں ہیں ان کا انتخاب کرنا اور ان کی تصوری کھینچنا شاعر کا کام ہے۔ شاعر مثلاً نباتات اور پھول اور پھل کو اس نظر سے نہیں دیکھتا جس نظر سے کہ ایک محقق علم نباتات دیکھتا ہے یا وہ ایک واقعہ تاریخی پر

اس حیثیت سے نظر نہیں ڈالتا جس حیثیت سے کہ ایک مورخ نظر ڈالتا ہے۔ وہ ہر ایک شے میں صرف وہ خاصیتیں چُن لیتا ہے جن پر قوت متخیلہ کا عمل چل سکے اور جو عام نظروں سے مخفی ہوں۔ جس طرح ایک نیاریا ریت میں سے چاندی کے ذرے نکال لیتا ہے جو کسی کو نہیں سوجھتے اسی طرح شاعر ہر ایک چیز اور ہر ایک واقعہ میں سے صرف ذوقیات لے لیتا ہے۔ جن میں اس کے سوا کسی کا حصہ نہیں اور باقی کو چھوڑ دیتا ہے۔ مثلاً سکندر کے مرنے کا حال اور اس کے اخیر وقت کے واقعات مؤرخین نے جو کچھ لکھے ہوں سو لکھے ہوں مگر ایک مورلسٹ شاعر ان سے صرف یہ نتیجہ نکالتا ہے کہ :

سکندر کہ بر عالمے حکم داشت
درآں دم کہ بگذشت و عالم گذاشت
میسر نبودش کزو عالمے
ستانند و مہلت وہندش دمے

یا فصل بہار میں بلبل ہزار داستان کے غیر معمولی چہچہے دیکھ کر ایک خواص حیوانات کا محقق اس کے جو کچھ اسباب قرار دے سو دے مگر ایک متصوف شاعر اس کے یہ معنے بتاتا ہے :

بلبلے برگِ گل خوش رنگ در منقار داشت

وندر آں برگ و نوا خوش نالہ ہائے زار داشت

گفتمش در عین وصل ایں نالہ و فریاد چیست

گفت مارا جلوہ معشوق بر ایں کار داشت

پس یہ کہنا کہ شاعری کا کمال محض الفاظ میں ہے معانی میں ہرگز نہیں کسی طرح ٹھیک نہیں سمجھا جا سکتا۔

اعلیٰ طبقہ کے شعرا کا کلام یاد ہونا چاہیے

ابن رشیق کہتے ہیں کہ شاعر کو اعلیٰ طبقہ کے شعرا کا کلام یاد ہونا چاہیے تاکہ وہ اپنے شعر کی بنیاد اسی منوال پر رکھے۔ جو شخص اساتذہ کے کلام سے خالی الذہن ہوگا، اگر وہ محض طبیعت کی اپج سے کچھ لکھ بھی لے گا تو اس کو شعر نہیں بلکہ نظم ساقط از اعتبار یا ٹکسال باہر کہیں گے۔ پس جب اس کا حافظہ بُلغار کے کلام سے پُر ہو جائے اور ان کی روش ذہن کی لوح پر نقش ہو جائے تب فکر شعر کی طرف متوجہ ہونا چاہیے۔ اب جس قدر مشق زیادہ ہوگی اسی قدر ملکہ شاعری مستحکم ہوگا۔

ابن رشیق نے یہ ہدایت خاص عربی زبان کی نسبت کی ہے۔ شاید عربی زبان کے لیے یہ ہدایت مناسب ہو کیونکہ وہاں ایک مدت دراز سے شاعری کا دور دورہ چلا آتا تھا۔ ہزار برس سے زیادہ گزر چکے تھے کہ ہر عہد اور ہر طبقہ میں ایک سے ایک بہتر و برتر شاعر نظر آتا تھا۔ زبان میں بے انتہا وسعت پیدا ہو گئی تھی۔ ہر مطلب کے ادا کرنے کے لیے صدہا اسلوب اور پیرائے لٹریچر میں موجود تھے۔ شاید وہاں یہ بات ممکن ہو کہ ہر مطلب کے ادا کرنے کے لیے قدما کا اسلوب اختیار کیا جائے اور نئے اسلوب پیدا کرنے کی ضرورت نہ ہو لیکن ایک ایسی نامکمل زبان جیسی کہ اردو ہے. جس کی شاعری ابھی تک محض طفولیت کی حالت میں ہے۔ جس کے لٹریچر کی عمر اگر انصاف سے دیکھا جائے تو پچاس ساٹھ برس سے زیادہ نہیں۔ جس کا لغت آج تک مدون نہیں ہوا۔ جس کی گرائمر آج تک اطمینان کے قابل نہیں بنی۔ جس کے لائق مصنف اور شاعر انگلیوں پر گنے جا سکتے ہیں۔ ایسی زبان میں اگر اساتذہ کے تتبع پر ہی تکیہ کر لیا جائے تو جس طرح ابابیل کا گھونسلا ابتدائے آفرینش سے ایک ہی حالت پر چلا آتا ہے اور اسی حالت پر چلا جائے گا۔ اسی طرح اردو شاعری جس گہوارہ میں اس نے آنکھیں کھولی ہیں، اسی گہوارے میں ہمیشہ جھولتی رہے گی۔

اس کے بعد ابن رشیق کہتے ہیں کہ ''بعضوں کی رائے یہ ہے کہ ایک بار اساتذہ کے کلام پر تفصیلی نظر ڈال کر اس کو صفحہ خاطر سے محو کر دینا چاہیے۔ کیونکہ اس کا بعینہ ذہن میں محفوظ رہنا ویسی ترکیبوں اور اسلوبوں کے استعمال کرنے سے ہمیشہ مانع ہو گا۔ لیکن جب وہ کلام صفحہ خاطر سے محو ہو جائے گا تو بسبب اس رنگ کے جو کلام بلغار کی سیر کرنے سے طبیعت پر خود بخود چڑھ گیا ہے۔ اس میں ایک ایسا ملکہ پیدا ہو جائے گا کہ ویسی ہی ترکیبیں اور اسلوب جیسے کہ اساتذہ کے کلام میں واقع ہوئے ہیں۔ دوسرے لفظوں میں خود بخود بغیر اس تصور کے کہ یہ ترکیب فلاں ترکیب پر بنی ہے اور یہ اسلوب فلاں اسلوب کا چربہ ہے۔ جیسی ضرورت پڑے گی بنتا چلا جائے گا۔''

ہمارے نزدیک یہ رائے بہ نسبت پہلی رائے کہ زیادہ وقعت کا قابل ہے۔ اس میں اس فائدہ کے سوا جو صاحب رائے نے بیان کیا ہے بڑا فائدہ یہ ہے کہ اساتذہ کا کلام جب تک صفحہ خاطر سے محو نہ ہو جائے طبیعت انہی اسلوبوں اور پیرایوں میں مقید اور محصور رہتی ہے جو ان کے کلام کو بار بار پڑھنے اور یاد کرنے سے بمنزلہ طبیعت ثانی کے ہو جاتے ہیں اور جن کے سبب سے سلسلہ بیان میں نئے اسلوب اور نئے پیرائے ابداع کرنے کا ملکہ پیدا نہیں ہوتا اور اس لیے فن شعر کو کچھ ترقی نہیں ہوتی۔

تخیل کو قوت ممیزہ کا محکوم رکھنا چاہیے

الغرض شاعر کی ذات میں جیسا کہ اوپر بیان ہوا تین وصف مستحق ہونے ضروری ہیں۔ ایک وہبی یعنی تخیل یا امیجینیشن اور دو کسبی یعنی صحیفہ فطرت کے مطالعہ کی عادت اور الفاظ پر قدرت۔ اب تخیل کی نسبت اتنا جان لینا اور ضرور ہے کہ اس کو جہاں تک ممکن ہو اعتدال پر رکھنا اور طبیعت پر غالب نہ ہونے دینا چاہیے۔ کیونکہ جب اس کا غلبہ طبیعت پر زیادہ ہو جاتا ہے اور وہ قوت ممیزہ کے قابو سے جو کہ اس کی روک ٹوک کرنے والی ہے باہر ہو جاتا ہے تو اس کی یہ حالت شاعر کے حق میں نہایت خطرناک ہے۔ قوت متخیلہ ہمیشہ خلاقی اور بلند پروازی کی طرف مائل رہتی ہے مگر قوتِ ممیزہ اس کی پرواز کو محدود کرتی ہے۔ اس کی خلاقی کی مزاحم ہوتی ہے اور اس کو ایک قدم بے قاعدہ چلنے نہیں دیتی۔ قوت متخیلہ کیسی ہی دلیر اور بلند پرواز ہو جب تک کہ وہ قوت ممیزہ کی محکوم ہے شاعری کو اس سے کچھ نقصان نہیں پہنچتا بلکہ جس قدر اس کی پرواز بلند ہو گی اسی قدر شاعری اعلیٰ درجہ کو پہنچے گی۔

دنیا میں جتنے بڑے بڑے شاعر ہوئے ہیں ان میں قوت متخیلہ کی بلند پروازی اور قوت ممیزہ کی حکومت دونوں ساتھ ساتھ پائی جاتی ہیں۔ ان کا تخیل نہ خیالات میں بے اعتدالی کرنے پاتا ہے نہ الفاظ میں کجروی مگر دوسری صورت میں جب کہ تخیل قوت ممیزہ پر

غالب آجائے۔ شاعر کے لیے اس کی پروازایسی ہی خطرناک ہے جیسے سوار کے لیے نہایت چالاک گھوڑا جس کے منہ میں لگام نہ ہو۔ ہزاروں ہونہار شاعروں کو اس قوت کی آزادی اور مطلق العنانی نے گمراہ کر دیا ہے اور بعضے جو گمراہ ہو کر پھر راہ راست پر آئے ہیں وہ اس وقت تک نہیں آئے جب تک کہ قوت ممیزہ کو اس پر حاکم نہیں بنایا۔ قوت متخیلہ کی دلیری اور بلند پروازی زیادہ تر اس وقت بڑھتی ہے جب کہ شاعر کے ذہن میں اس کو اپنی غذا یعنی حقائق و واقعات کا ذخیرہ جس میں وہ تصرف کر سکے نہیں ملتا۔ جس طرح انسان بھوک کی شدت میں جب معمولی غذا نہیں پاتا تو مجبوراً بناس پتی سے اپنا دوزخ بھر کر صحت خراب کر لیتا اور اکثر ہلاک ہو جاتا ہے اسی طرح جب قوت متخیلہ کو اس کی معتاد غذا نہیں ملتی تو وہ غیر معتاد غذا پر ہاتھ ڈالتی ہے۔ خیالات دور از کار جن میں اصلیت کا نام و نشان نہیں ہوتا تراش کر بہ تکلف ان کو شعر کا لباس پہناتی ہے۔ اور قوت ممیزہ کو اپنے کام میں خلل انداز سمجھ کر اس کی اطاعت سے باہر ہو جاتی ہے اور آخر کار شاعر کو مہمل گو اور کوہ کندن و کاہ بر آوردن کا مصداق بنا دیتی ہے۔

شاعر کے لیے نیچر کا خزانہ ہر وقت کھلا ہوا ہے اور قوت متخیلہ کے لیے اس کی اصلی غذا کی کچھ کمی نہیں ہے۔ پس بجائے اس کے کہ وہ گھر میں بیٹھ کر کاغذ کی پھول پنکھڑیاں بنائے اس کو چاہیے کہ پہاڑوں اور جنگلوں میں اور خود اپنی ذات میں قدرت حق کا تماشا

دیکھے۔ جہاں بھانت بھانت کے اصلی پھول اور پنکھڑیوں کے لازوال خزانے موجود ہیں۔ ورنہ اس کی نسبت کہا جائے گا :

جا نتا قدرت کو ہے اک کھیل تو
کھیل قدرت کے تجھے دکھلائیں کیا

شعر میں کیا کیا خوبیاں ہونی چاہییں؟

یہاں تک ان خاصیتوں کا بیان ہوا جن کے بغیر شاعر کمال کے درجہ کو نہیں پہنچتا۔ اب وہ خصوصیتیں بیان کرنی ہیں جو دنیا کے تمام مقبول شاعروں کے کلام میں عموماً پائی جاتی ہیں۔ ملٹن نے ان کو چند مختصر لفظوں میں بیان کیا ہے۔ وہ کہتا ہے کہ 'شعر کی خوبی یہ ہے کہ سادہ ہو، جوش بھرا ہوا ہو اور اصلیت پر مبنی ہو۔'

ایک یورپین محقق ان لفظوں کی شرح اس طرح کرتا ہے۔

''سادگی سے صرف لفظوں ہی کی سادگی مراد نہیں ہے بلکہ خیالات بھی ایسے نازک اور دقیق نہ ہونے چاہییں۔ جن کے سمجھنے کی عام ذہنوں میں گنجائش نہ ہو۔ محسوسات کے شارعِ عام پر چلنا۔ بے تکلفی کے سیدھے رستے سے ادھر اُدھر نہ ہونا اور فکر کو جولانیوں سے باز رکھنا اسی کا نام سادگی ہے۔ علم کا رستہ اس کے طالب علموں کے

لیے ایسا صاف نہیں ہو سکتا جیسا کہ شعر کا رستہ اس کے سامعین کے لیے صاف ہونا چاہیے۔ طالب علم کو پستی اور بلندی، غار اور ٹیلے، کنکر اور پتھر، موجیں اور گرداب طے کر کے منزل پر پہنچنا ہوتا ہے۔ لیکن شعر پڑھنے یا سننے والے کو ایسی ہموار اور صاف سڑک ملنی چاہیے جس پر وہ آرام سے چلا جائے۔ ندی، نالے اس کے ادھر اُدھر چل رہے ہوں اور پھل پھول درخت اور مکان اس کی منزل ہلکی کرنے کے لیے ہر جگہ موجود ہوں۔ دنیا میں جو شاعر مقبول ہوئے ہیں ان کا کلام ہمیشہ ایسا ہی دیکھا گیا ہے اور ایسا ہی سنا گیا ہے۔ اس کی ہر ذہن سے مصالحت اور ہر دل میں گنجائش ہوتی ہے۔ ہومر نے اپنے کلام میں ہر جگہ نیچر کا ایسا نقشہ کھینچا ہے کہ اس کو جوان، بوڑھے اور وہ قومیں جو ایک دوسرے سے قطبوں کے فاصلے پر رہتی ہیں برابر سمجھ سکتی اور یکساں مزا لے سکتی ہیں۔ عالم محسوسات کے چپے چپے پر جہاں جہاں کہ اس کا کلام پہنچا ہے اس کی روشنی سورج کی طرح پھیلی ہوئی ہے۔ وہ آباد اور ویرانہ کو برابر روشن کرتا ہے اور فاضل و جاہل پر یکساں اثر ڈالتا ہے۔ شکسپئیر کا بھی ایسا ہی حال ہے جیسا ہومر کا۔ یہ دونوں برخلاف عام شاعروں کے مستثنیات کو نہیں لیتے بلکہ عام شق اختیار

کرتے ہیں۔ یہ خاص خاص صورتیں اور نادر اتفاقات[10] دکھا کر لوگوں کو اپنی خاص لیاقت پر فریفتہ کرنا نہیں چاہتے۔''

دوسری بات جو ملٹن نے کہی ہے وہ یہ ہے کہ :

''شعر اصلیت پر مبنی ہو۔ اس سے یہ غرض ہے کہ خیال کی بنیاد ایسی چیز پر ہونی چاہیے جو درحقیقت کچھ وجود رکھتی ہو نہ یہ کہ سارا مضمون ایک خواب کا تماشا ہو کہ ابھی تو سب کچھ تھا اور آنکھ کھلی تو کچھ نہ تھا۔ یہ بات جیسی مضمون میں ہونی ضرور ہے ایسی ہی

---

10 مستثنیٰ صورتوں پر شعر کی بنیاد رکھنے کی مثال ایسی ہے جیسے مومن کا یہ شعر :

رہتے ہیں جمع کوچہ جاناں خاص و عام
آباد ایک گھر ہے جہانِ خراب میں

یعنی شاعر نے معشوق کے چند خریدار جن کو بمقابلہ تمام بنی نوع کے مستثنیات میں شمار کرنا چاہیئے اس کے کوچہ میں جمع دیکھ کر یہ حکم لگایا ہے کہ سارا جہان اس کے کوچہ میں مجتمع رہتا ہے۔ اگرچہ اس کے طرز بیان سے شاعر کا لطفِ طبع ضرور ثابت ہوتا ہے لیکن اثر کچھ نہیں، بخلاف اس کے یہی شاعر دوسری جگہ دوسری جگہ کہتا ہے :

ایک ہم ہیں کہ ہوئے ایسے پشیمان کہ بس
ایک وہ ہیں کہ جنھیں شاہ کے ارمان ہوں گے

اس میں اس نے ایسی عام شق اختیار کی ہے جس میں استثنا کو بہت ہی کم دخل ہے۔ کیونکہ ہوا و ہوس کا انجام ہمیشہ پشیمانی ہوتی ہے اور اس کی ابتدا شوق اور ارمان سے بھری ہوئی ہوتی ہے۔ پس ہر شخص کا دل اس بات کو فوراً قبول کرلیتا ہے اور اس لیئے اس زیادہ متاثر ہوتا ہے۔

الفاظ میں بھی ہونی چاہیے۔ مثلاً ایسی تشبیہات استعمال نہ کی جائیں جن کا وجود عالم بالا پر ہو۔''

تیسری بات یہ تھی کہ:

''شعر جوش سے بھرا ہوا ہو۔ اس سے صرف یہی مراد نہیں کہ شاعر نے جوش کی حالت میں شعر کہا یا شعر کے بیان سے اس کا جوش ظاہر ہوتا ہو۔ بلکہ اس کے ساتھ یہ بھی ضرور ہے کہ ان کے دل ٹٹولے جائیں اور ان کے دلوں کو جذب کرنے کے لیے مقناطیسی کشش بیان میں رکھی جائے۔''

جس مقناطیسی کشش کا ذکر اس محقق نے ملٹن کے الفاظ کی شرح میں کیا ہے۔ لارڈ مکالے کہتے ہیں کہ وہ خود ملٹن ہی کے بیان میں پائی جاتی ہے۔ وہ لکھتے ہیں:

''یہ جو مشہور ہے کہ شعر میں جادو کا سا اثر ہوتا ہے۔ عموماً یہ فقرہ کچھ معنی نہیں رکھتا۔ مگر جب ملٹن کے کلام پر لگایا جاتا ہے تو بہت ہی ٹھیک بیٹھتا ہے۔ اس کا شعر افسوں کی طرح اثر کرتا ہے حالانکہ بادی النظر میں اس کے الفاظ میں اوروں کے الفاظ سے کچھ زیادہ نظر نہیں آتا۔ مگر وہ منتر کے الفاظ ہیں کو جونہی تلفظ میں آئے فوراً ماضی، حال اور دور، نزدیک ہو گیا۔ معاً حافظہ کے قبرستان نے اپنے سارے مردے اٹھا بٹھائے۔ لیکن جہاں فقرہ کی ترتیب بدلی یا کسی لفظ کی جگہ اس کا مترادف رکھ دیا۔ اسی

وقت سارا اثر کافور ہو گیا۔ جو شخص اس کے کلام مین ایسی تبدیلی کے بعد وہی طلسم کھڑا کرنا چاہے وہ اپنے تئیں ایسی ہی غلطی میں پائے گا جیسا الف لیلہ میں قاسم نے اپنے تئیں پایا تھا کہ وہ ایک دروازے پر کھڑا ہوا پکار پکار کر کہہ رہا تھا۔ 'کھل گیہوں' 'کھل جو' مگر دروازہ ہرگز نہ کھلتا تھا جب تک یہ نہ کہا جاوے 'کھل جا سم سم۔'[11]

ملٹن کی تینوں شرحوں کی شرح اگرچہ کسی قدر اوپر بیان ہو چکی ہے لیکن ہمارے نزدیک ابھی اس میں کسی قدر اور تشریح کی ضرورت ہے۔

سادگی سے کیا مراد ہے؟

سادگی ایک اضافی امر ہے۔ وہی شعر جو ایک حکیم کی نظر میں محض سادہ اور سمپل معلوم ہوتا ہے اور جس کے معنی اس کے ذہن میں بمجرد سننے کے متبادر ہو جاتے ہیں اور جو

---

[11] الف لیلہ میں قاسم اور علی بابا دونوں بھائیوں کے قصے میں ذکر ہے کہ کسی پہاڑ میں ایک غار تھا قزاق لوگ اِدھر اُدھر لوٹ مار کر جو لاتے تھے اس میں جمع کر دیا کرتے تھے۔ غار کا دروازہ ہمیشہ کھل سم سم کہنے پر کھل جایا کرتا تھا اور بند ہو سم سم پر بند ہو جاتا تھا۔ ایک بار علی بابا نے چھپ کر قزاقوں کو دروازہ کھولتے اور بند کرتے دیکھ لیا۔ جب وہ چلے گئے تو اسی ترکیب سے اس نے دروازہ کھولا اور بہت سا مال و اسباب وہاں سے گدھوں پر لاد کر لے آیا۔ قاسم کو خبر ہوئی تو وہ بھی اس سے دروازہ کھولنے کا منتر سیکھ کر وہاں پہنچا۔ قاسم اندر گیا تو وہ منتر یاد تھا۔ جب مال لے کر باہر آنا چاہا تو سم سم بھول گیا۔ اس کی جگہ کھل جا یا کھل گیہوں کہنے لگا دروازہ نہ کھلا یہاں تک کہ قزاق آپہنچے اور قاسم کو قتل کر ڈالا۔

خوبی اس میں شاعر نے رکھ ہے اس کو فوراً درک کر لیتا ہے۔ ایک عام آدمی اس کو سمجھنے اور اس کی کوبی دریافت کرنے سے قاصر ہوتا ہے۔ اسی طرح ایک عامیانہ شعر جس کو سن کر ایک پست خیال جاہل اُچھل پڑتا ہے اور وجد کرنے لگتا ہے۔ ایک علی دماغ حکیم اسی کو سن کر ناک چڑھا لیتا ہے۔ اور اس کو محض ایک سخیف اور رکیک و سُبک تک بندی کے سوا اور کچھ نہیں سمجھتا۔ ہمارے نزدیک ایسی سادگی پر جو سخاوت و رکاکت کے ذریعے پہنچ جائے، سادگی کی اطلاق کرنا گویا سادگی کا نام بدنام کرنا ہے۔ ایسے کلام کو سادہ نہیں بلکہ عامیانہ کلام کہا جائے گا۔ لیکن ایسا کلام جو اعلی و اوسط درجہ کے آدمیوں کے نزدیک سادہ اور سمپل ہو اور ادنی درجے کے لوگ اس کی اصل خوبی سمجھنے سے قاصر ہوں ایسے کلام کو سادگی کی حد میں داخل رکھنا چاہیے۔ یہ سچ ہے کہ جو عمدہ کلام ایسا صاف اور عام فہم ہو کہ اس کو اعلیٰ سے لے کر ادنیٰ تک ہر طبقہ اور ہر درجہ کے لوگ برابر سمجھ سکیں اور اس سے یکساں لذت اور حظ اٹھائیں۔ وہ اس بات کا زیادہ مستحق ہے کہ اس کو سادہ اور سمپل کہا جائے۔ مگر کوئی ایسی نظم جس کا ہر شعر عام فہم و خاص پسند ہو خواہ اس کا لکھنے والا ہومر یا شکسپیئر ہو نہ آج تک سر انجام ہوئی اور نہ ہو سکتی ہے۔ اگر ایسا ہوتا تو شکسپئیر کے ورکس پر شرحیں لکھنے کی کیوں ضرورت ہوتی۔

ہمارے نزدیک کلام کی سادگی کا معیار یہ ہونا چاہیے کہ خیال کیسا ہی بلند اور دقیق ہو مگر پیچیدہ اور ناہموار نہ ہو اور الفاظ جہاں تک ممکن ہو تحاور اور روزمرہ کی بول چال کے قریب قریب ہوں۔ جس قدر شعر کی ترکیب معمولی بول چال سے بعید ہوگی اسی قدر سادگی کے زیور سے معطل سمجھی جائے گی۔ تُحاور اور روزمرہ کی بول چال سے نہ تو عوام الناس اور سُوقیوں کی بول چال مراد ہے اور نہ علما و فضلا کی بلکہ وہ الفاظ و محاورات مراد ہیں جو خاص و عام دونوں کی بول چال میں عامۃ الورود ہیں لیکن اردو زبان میں سادگی کا ایسا التزام ہر قسم کے کلام میں نبھ نہیں سکتا ہے۔ اگر کچھ نبھ سکتا ہے تو محض عشقیہ اور بعض متاخرین نے خاص ان دو صنفوں میں کیا ہے۔ قصیدہ میں سودااور ذوق جیسے مشتاق شاعروں سے بھی ایسی سادگی نبھ نہیں سکی۔ میر انیس باوجودیکہ زبان کی شستگی اور صفائی پر نہایت دلدادہ ہیں۔ مگر طرز جدید کے مرثیہ میں ان کو بھی کثرت سے عربی و فارسی الفاظ استعمال کرنے اور ہمیشہ کے لیے اپنے روزمرہ مین داخل کرنے پڑتے ہیں۔ خصوصاً اس زمانہ میں کہ روز بروز لوگوں کی معلومات اور اطلاع بڑھتی جاتی ہے اور شاعری میں خیالات جدید اضافہ ہوتے جاتے ہیں۔ جن کے لیے اردو معنی میں الفاظ بہم نہیں پہنچتے۔ ممکن نہیں کہ اردو کے محدود روزمرہ میں ہر قسم کے خیالات ادا کیئے جائیں۔

اصلیت سے کیا مراد ہے؟

اصلیت پر مبنی ہونے سے یہ مراد نہیں ہے کہ ہر شعر کا مضمون حقیقت نفس الامری پر مبنی ہونا چاہیے۔ بلکہ یہ مراد ہے کہ جس بات پر شعر کی بنیاد رکھی گئی ہے وہ نفس الامر میں یا لوگوں کے عقیدہ میں یا محض شاعر کے عندیہ میں فی الواقع موجود ہو یا ایسا معلوم ہوتا ہو کہ اس کے عندیہ میں فی الواقع موجود ہے، نیز اصلیت پر مبنی ہونے سے یہ بھی مقصود نہیں ہے کہ بیان میں اصلیت سے سر مو تجاوز نہ ہو۔ بلکہ یہ مطلب ہے کہ زیادہ تر اصلیت ہونی ضروری ہے۔ اس پر اگر شاعر نے اپنی طرف سے فی الجملہ کمی بیشی کر دی تو کچھ مضائقہ نہیں ہے۔

پہلی صورت کی مثال جس میں شعر کی بنا محض حقائق نفس الامریہ پر ہو ایسی ہے جیسے شیخ تیسری صورت کی مثال جس میں شاعر محض اپنے عندیہ پر شعر کی بنیاد رکھتا ہے ایسی ہے جیسے شیخ شیرازی بہار کی تعریف میں کہتے ہیں:

آدمی زادہ اگر در طرب آید چہ رجب

سرو در باغ برقص آمدہ و بید و چنار

باش تا غنچہ سیراب دہن باز کند

بامداواں چو سرِ نافہ آہوئے تتار

ژالہ بر لالہ فرود آمدہ ہنگامِ سحر

راست چوں عارضِ گل بوئے عرق کردہ یار

باد بوئے سمن آوردو گُل و سُنگل و بید

درِ دُکاں بچہ رونق بکشاید عطار

خیری و خطمی و نیلوفر دبستاں افروز

نقشہائے کہ درو خیرہ بماند ابصار

ارغواں ریختہ بر درگہ خضرائے چمن

ہچنانست کہ بر تختہ دیبا دینا

ایں ہنوز اول آثار جہاں افروزیست

باش تا خیمہ زند دولتِ نیساں دایار

شاخہا دختر دوشیزہ باغند ہنوز

باش تا حاملہ گردند بہ الوان ثمار

دوسری صورت کی مثال جس میں شعر کی بنیاد سامعین کے عقیدہ پر رکھی جاتی ہے، ایسی ہے جیسے مثلاً میر انیس ماتم سید الشہدا میں لکھتے ہیں :

تھراتے ہیں لوح و قلم و عرشِ معظم
کرسی پہ یہ صدمہ ہے کہ ہل جاتی ہے ہر دم
باندھے ہیں ملائک کی صفیں حلقہ ماتم
ڈر ہے نہ الٹ جائے کہیں دفترِ عالم

ہاتھوں سے عطارد کا قلم چھوٹ پڑا ہے
ہر فرد پہ اک غم کا فلک ٹوٹ پڑا ہے

منہ ڈھانپے ہے رونے کے لیے چرخ پہ مہتاب
سر کھولے ہے خورشید فلک چشم ہے پُر آب
تاروں پہ بھی طاری ہے غم ایسا کہ نہیں ناب
سیاروں پہ ثابت ہے کہ راحت ہوئی نایاب

قتل پسر سید لولاک کا دن ہے
یہ خاتمہ پنجتن پاک کا دن ہے

تیسری صورت کی مثال، جس میں شاعر محض اپنے عندیے پر شعر کی بنیاد رکھتا ہے، ایسی ہے جیسے شیخ شیرازی معشوق کی طرف خطاب کر کے کہتے ہیں :

عقل من پروانہ گشت و ہم ندید
چوں تو شمعے در ہزاراں انجمن

اسی صورت کی دوسری مثال شیرازکی فصل بہار کے بیان میں :

ریح ریحا فست یا بُوئے بہشت
خاک شیراز ست یا مشکِ ختن

چوتھی صورت کی مثال جس میں سامعین کو یہ معلوم ہو کہ گویا شاعر کے عندیہ میں اسی طرح ہے جس طرح وہ بیان کرتا ہے ایسی ہے جیسے نظیری اپنی بڑائی اور زمانہ کی ناقدر دانی کے بیان میں کہتا ہے :

تو نظیری ز فلک آمدہ بودی چو مسیح
باز پس رفتی و کس قدر تو شناخت دریغ

عرفی اپنی بڑائی اس طرح کرتا ہے :

سر بر زدہ ام بامہ کنعاں ز یکے جیب

معشوق تماشا طلب و آئینہ گیرم

ایسی خود ستائی اور فخر کو اصلیت پر مبنی ٹھہرانے سے شاید ناظرین کو بادی النظر میں استعجاب ہوگا۔ لیکن غور کرنے سے معلوم ہوگا کہ گو ایسے مضامین مبالغہ سے خالی نہیں ہوتے مگر ان میں کم و بیش راستی کی جھلک ضرور ہوتی ہے اور اگر فرض کرلیا جائے کہ ایسے مضامین میں راستی مطلق نہیں ہوتی تو بھی اس میں کچھ شک نہیں کہ بعض شعرا کے فخر و مباہات میں ایسا جوش ہوتا ہے جس سے صاف پایا جاتا ہے کہ وہ لوگ فی الواقع شعر لکھتے وقت اپنے تئیں ایسا ہی سمجھتے تھے اور صرف ان کا ایسا سمجھنا اس بات کے لیے کافی ہے کہ ان کے فخریہ اشعار کو اصلیت پر مبنی سمجھا جائے۔ کیونکہ اصلیت کے معنی جو کچھ ہم سمجھتے ہیں وہ یہ ہیں کہ شاعر کے بیان کو کوئی منشا یا محکی عنہ نفس الامر میں یا صرف شاعر کے ذہن میں موجود ہو۔

پانچویں صورت کی مثال جس میں اصلیت پر شاعر نے کسی قدر اضافہ کر دیا ہو جیسے شیخ شیرازی ترکان خاتون کرمانی کی مدح میں کہتے ہیں :

منشور در نواحی و مشہور در جہاں

آوازہ تعبد و خوف و رجائے تو

شکرت مسافراں کہ بہ آفاق می برند

گر بر فلک رسد نہ رسد بر عطائے تو

تیغ مبارزاں نہ کند در دیارِ خصم

چنداں اثر کہ ہمت کشور کشائے تو

نیز شیخ، ابو بکر سعد کی تعریف میں کہتے ہیں :

بہ تیغ و طعن گر فتند جنگ جویاں ملک

تو بر و بحر گر فتی بعدل و ہمت و رائے

دو خصلت اند نگہبان ملک و یاورِ دیں

بگوشِ جانِ تو پندارم ایں دو گفت خدائے

یکے کہ گردن زور آوراں بقہر بزن

دوم کہ از درِ بیچا گاں بلطف درائے

بچشم عقل مرا ایں خلق بادشاہانند

کہ سایہ بر سر ایشاں فگندہ چو ہمائے

چونکہ شیخ کے ان دونوں ممدوحوں کا حال معلوم ہے کہ وہ اوصاف مذکور کے ساتھ کسی نہ کسی قدر متصف تھے۔ اس لیے شیخ کے ان مدحیہ اشعار کو اصلیت پر مبنی سمجھا جائے گا لیکن اگر یہ اوصاف کسی ایسے ممدوح کے حق میں بیان کئے جائیں جو بالکل ان سے معرا

ہو جیسا کہ ہمارے شعرا کے قصائد میں عموماً دیکھا جاتا ہے تو کہا جائے گا کہ شعر اصلیت پر مبنی نہیں۔

ان پانچ صورتوں کے سوا اور کوئی صورت ایسی نہیں نکل سکتی جن میں شعر کو کھینچ تان کر کسی طرح اصلیت پر مبنی قرار دیا جائے اور ایسے کلام کی ہماری شاعری میں کچھ کمی نہیں ہے، نہ متاخرین کے بلکی متقدمین کے کلام میں بھی ایسی مثالیں دفتر دفتر موجود ہیں۔ یہاں صرف نمونے کے طور پر ایک دو مثالیں لکھی جاتی ہیں :

(۱) نظیری نیشا پوری باوجودیکہ ایک نہایت معقول و سنجیدہ شاعر ہے۔ شاہزادہ مراد کی مدح میں کہتا ہے :

توئی کہ بودہ و نا بودہ جہاں از تست
سخن درست بگفتیم ہر چہ بادہ باد

(۲) عرفی حکیم ابوالفتح کے گھوڑے کی تعریف میں کہتا ہے :

آن سبک سیر کہ چوں گرم عنانش سازی
از ازل سوئے ابد وز ابد آید بہ ازل
قطرہ کش دم رفتن چکد از پیشانی
شبنم آساش شیندگہ رجعت بہ کفل

جوش سے کیا مراد ہے؟

جوش سے یہ مراد ہے کہ مضمون ایسے بے ساختہ الفاظ اور موئثر پیرائے میں بیان کیا جائے جس سے معلوم ہو کہ شاعر نے اپنے ارادہ سے یہ مضمون نہیں باندھا بلکہ خود مضمون نے شاعر کو مجبور کر کے اپنے تئیں اسے سے بندھوایا ہے۔

ایسا جوش شاعر کے ہر قسم کے بیان میں عام اس سے کہ وہ خود اپنی حالت بیان کرئے یا دوسرے کی اور خوشی کا بیان کرئے یا غم کا، اور تعریف کرئے یا مذمت یا نہ تعریف کرئے نہ مذمت، غرضیکہ اصناف مضامین میں جو کہ شعر کے پیرایہ میں بیان کئے جا سکتے ہیں پایا جانا ممکن ہے۔ شاعر کی ذات میں ہر چیز سے متاثر ہونے ہر شخص کی خوشی یا غم میں شریک ہونے اور ہر ایک کے جذبات سے متکئیف ہو جانے کا ایک خداداد ملکہ ہوتا ہے۔ وہ بے زبان بلکہ بے جان چیزوں کو حالت ان کی زبانِ حال سے ایسی بیان کر سکتا ہے کہ اگر ان میں گویائی ہوتی تو وہ بھی اپنی حالت اس سے زیادہ بیان نہ کر سکتیں۔ خاقانی نوشیرواں کی بارگاہ کے ان کھنڈروں کی زبان حال سے جو مدائن میں اس نے اپنی آنکھ سے دیکھے ان کی تباہی و بربادی کو اس طرح بیان کرتا ہے:

ما بارگہ دادیم، ایں رفت ستم برما

برقصرِ ستمگاراں آیا چہ رود خذلاں

یعنی ہم جو کبھی نوشیرواں کے عدل و انصاف کی بارگاہ تھے، جب گردش روزگار نے ہمیں اس حال کو پہنچا دیا تو ظالموں کے محلوں پر کیا نوبت گزرتی ہوگی۔

فردوسی اس گفتگو کو جو یزدجرد نے سعد وقاص کے ایلچی سے کی تھی، اس طرح بیان کرتا ہے:

زمشیر شتر خوردن و سوسمار

عرب را بجائے رسید ست کار

کہ ملک عجم را کنند آرزو

تفو بر تو اے چرخِ گردان تفو

فردوسی نے اس موقع پر جیسا کہ اس کے بیان سے ظاہر ہے بالکل یزدجرد کا جامہ پہن لیا ہے اور اس کے غصہ اور جوش کی نقل کو بالکل اصلی کر دکھایا ہے۔

جوش سے یہ مراد نہیں ہے کہ مضمون خواہ مخواہ نہایت زور دار اور جوشیلے لفظوں میں ادا کیا جائے، ممکن ہے کہ الفاظ نرم ملائم اور دھیمے ہوں۔ مگر ان میں غایت درجہ کا جوش چھپا ہوا۔ خواجہ حافظ کہتے ہیں :

شنیدہ ام سخنے خوش کہ پیر کنعاں گفت

فراق یار نہ آں می کند کہ بتو گفت

میر تقی کہتے ہیں :

ہمارے آگے ترا جب کسی نے نام لیا

دلِ ستم زدہ کو ہم نے تھام تھام لیا

مگر ایسے دھیمے الفاظ میں وہی لوگ جوش کو قائم رکھ سکتے ہیں جو میٹھی چُھری سے تیز خنجر کا کام لینا جانتے ہیں اور اس جوش کا پورا پورا اندازہ کرنا ان لوگوں کا کام ہے جو صاحبِ ذوق ہیں اور جن پر بے محل ہزاروں آہیں اور نالے اتنا اثر نہیں کرتے جتنا کہ بر محل کسی کا ایک ٹھنڈا سانس بھرنا۔

عبرانی اور عربی شاعری میں سب سے زیادہ جوش تھا

عبرانیوں کی شاعری سب سے زیادہ جوشیلی مانی گئی ہے۔ ایک یورپین محقق کا قول ہے کہ ''عبرانی شاعروں کے کلام میں اس قدر جوش ہے کہ ان کا شعر سن کر یہ معلوم ہوتا ہے گویا صحرا میں ایک تناور درخت جل رہا ہے یا ایک شخص پر وحی نازل ہو رہی ہے۔''

عرب کی شاعری بظاہر عبرانی شاعری پر مبنی معلوم ہوتی ہے کیونکہ اس میں بھی بے انتہا جوش پایا جاتا ہے۔ اسی لئے جیسا کہ یورپ کے مؤرخ لکھتے ہیں۔ عرب یونانیوں کی شاعری سے نفرت کرتے تھے۔ کیونکہ ان کو یونانی شاعری اپنی شاعری کے آگے پھیکی، ٹھنڈی اور آورد سے بھری ہوئی معلوم ہوتی تھی۔ یونانیوں کی جتنی کتابیں انہوں نے ترجمہ کیں، ان میں ایک بھی دیوانِ شعر ترجمہ نہیں ہوا۔ وہ ہومر، سفوکلیز اور پنڈار کو اپنے شعرا کے برابر نہیں سمجھتے تھے یہاں ہم نمونہ کے طور پر ایک مختصر عربی نظم کا ماحصل اردو میں لکھ کر ناظرین کو دکھاتے ہیں تاکہ ان کو معلوم ہو کہ عرب شعر میں کس قدر جوش ظاہر کرتے تھے۔ مگرچوں کہ اردو میں عربی زبان کی خوبی باقی رہنی ناممکن ہے۔ اس لیے یہ ایک ناقص نمونہ عربی اشعار کا ہوگا۔

بشامہ بن حزن نہشفی جو ایک اسلامی شاعر ہے، فخریہ اشعار میں کہتا ہے۔

''ہم نہشل کے پوتے، نہشل کے پوتے ہونے پر فخر کرتے ہیں اور نہشل ہمارا دادا ہونے پر فخر کرتا ہے۔''

''عزت اور برتری کی کسی حد تک گھوڑے دوڑائے جائیں۔ سب سے آگے بڑھنے والے جب پاؤ گے تو بنی نہشل ہی کے گھوڑے پاؤ گے۔''

''ہم میں سے کوئی سردار جب تک کہ کوئی لڑکا اپنا جانشین بننے کے لائق نہیں چھوڑتا دنیا سے نہیں اٹھتا۔''

''لڑائی کے دن ہم اپنی جانیں سستی کر دیتے ہیں مگر امن کے زمانے میں اگر ان کی قیمت پوچھیئے تو انمول ہیں۔''

''ہماری مانگوں کے بال (عطریات کے استعمال سے) سفید ہیں۔ ہماری دیگیں مہمانوں کے لیے گرم ہیں۔ ہمارا مال ہمارے مقتولوں کے خون بہا کے لیے وقت ہے۔''

''میں اس قوم سے ہوں جس کے بزرگوں نے دشمنوں کے اتنا کہنے پر کہ کہاں ہیں قوم کے حمایتی' اپنے کو نیست و نابود کر دیا۔''

''اگر ہزار میں ہمارا ایک موجود ہو تو بھی جب یہ کہا جائے گا کہ "کون ہے شہسوار، تو اس کی اپنے ہی پر نگاہ پڑے گی۔''

''ہمارے لوگوں پر کیسی ہی سخت مصیبت پڑے ان کو اوروں کی طرح اپنے مقتولوں پر روتا نہ پاؤ گے۔''

''ہم اکثر ہولناک موقعوں میں گھس جاتے ہیں مگر حمیت اور تلواریں جنھوں نے ہم سے قول ہارا ہے ہماری سب مشکلیں آسان کر دیتی ہیں۔''

عرب کی شاعری میں زیادہ جوش ہونے کا سبب کچھ تو ان کے گرم خون کی جبلی خاصیت تھی اور زیادہ تر یہ بات تھی کہ ان کی شاعری کا مدار محض واقعات اور دل کے سچے حالات اور واردات پر تھا۔ عشقیہ اشعار زیادہ وہی لوگ تھے جو فی الواقع کسی کے ساتھ عاشقانہ دل بستگی رکھتے تھے۔ رزمیہ اشعار وہی لوگ پڑھتے تھے جو فی الواقع حرب و کارزار کے مرد میدان تھے۔ فخریہ اشعار میں وہ وہی واقعات بیان کرتے تھے جو ان سے یا ان کے بزرگوں سے یا ان کے قبیلہ کے لوگوں سے علی الاعلان ظاہر ہوتے تھے اور جن کے سبب سے ان کی بہادری یا فیاضی یا فصاحت ضرب المثل ہو جاتی تھی۔ ان کی مرثیہ گوئی کوئی محض تقلیدی نہیں ہوتی تھی۔ بلکہ جس شخص کے دل پر کسی دوست یا عزیز یا بزرگ یا نامور آدمی کی موت سے چوٹ لگتی تھی وہ اس کا مرثیہ لکھتا تھا اور صحیح اپنے دل کی واردات کا نقشہ کھینتا تھا۔ محبت، عداوت، ہمدردی، صبر، استقلال، غصہ، انتقال، جوانی، بڑھاپا، دنیا کی بے ثباتی، خدا کی عظمت و جلالات، ظالم کی مذت،

مظلوم کی فریادرسی، صلہ رحم یا قطع رحم، غرضیکہ جس مضمون کا جوش اس کے دل میں اٹھتا تھا۔ اس کو بغیر ساختگی اور تصنع کے بیان کرتے تھے مگر افسوس ہے کہ خلافت عباسیہ کے زمانہ سے یہ سچا جوش کم ہونا شروع ہوا۔ اور آخر کار شعر کے تمام اصناف میں تقلید پھیل گئی۔ شعر بجائے اس کے کو خود شاعر کے جذبات کا آئینہ دار ہو وہ قدما کی طرز وروش بلکہ انہی کے جذبات کا آئینہ اور انہیں کے خیالات کا آرگن بن گیا۔ قدما سچ مچ اپنے اور اپنے بڑون کے کارہائے نمایاں پر فخر کرتے تھے۔ متاخرین جھوٹی خود ستائیاں کر کے ان کا منہ چڑانے لگے اور ان کا نم سنت شعر رکھا۔ قدما سچ مچ کسی نہ کسی اصلی معشوقہ کی محبت میں اپنے دل کے جذبات اور واردات بیان کرتے تھے اور اسی لیے ان کے ہاں صدہا اصلی نام ان کی معاشیق کے موجود ہیں جیسے لیلیٰ، سلمیٰ، سعاد، سعدیٰ، عذرا، غرہ، خولہ، ثیبھنہ، ععیزہ، فاطمہ، زینب، وغیرہ وغیرہ۔ مگر متاخرین نے، شیر خوار بچوں کی طرح کہ روتے ہیں مگر نہیں جانتے کہ کیوں روتے ہیں، محض تقلیداً فرضی ناموں سے لو لگا کر ان کی جدائی اور شوق و آرزو کا دکھڑا رونا شروع کیا۔ رفتہ رفتہ عرب سے یہ رنگ ایران میں اور وہاں سے ہندوستان میں پہونچا۔ اور آخر کار مسلمانوں کی شاعری کا حال اس ویران بستی کا سا ہو گیا جو کبھی آدمیوں سے معمور تھی مگر اب وہاں سُونے مکانوں کے سوا کچھ نظر نہیں آتا۔

اب ہم چند مثالیں ایسے اشعار کی لکھتے ہیں جن میں ملٹن کی تینوں شرطیں یا ان میں سے ایک یا دو شرط پائی جائے یا بالکل کوئی شرط نہ پائی جائے۔

(۱) ابن یحییٰ بن زیادہ مکروہات دنیوی کو خوشی سے قبول کرنے کے باب میں کہتے ہیں:

ولما رایت الشیب لاح بیاصہ

بمفرق رامی قلت للشیب مرحبا

ولو خفت انی ان کففت تحیتی

تنکب محض مدت ان یتنکبا

ولکن اذا ما ھل کرہ فامحت

بہ النفس یوما۔ کان للکرہ اذھبا

یعنی جب میں نے دیکھا کہ بڑھاپا میرے سر کے بالوں میں نمودار ہوا تو میں نے اس کو خیر مقدم کہا۔ اگر یہ امید ہوتی کہ وہ ایسا نہ کرنے سے ٹل جائے گا تو میں اس کے ٹالنے کی کوشش کرتا۔ مگر بات یہ ہے کہ مصیبت کے دفع کرنے کی تدبیر سے بہتر نہیں کہ اس کو بہ کشادہ پیشانی قبول کیا جائے۔

(۲) متمم بن نویرہ اپنے بھائی مالک کے مرثیہ میں لکھتے ہیں :

لقد لامنی عند الصبور علی البکا

رفیقے الذراف الدموع السوافک

فقال اتبکی کل قبر رایتہ

القبر ثوی بین اللوی والد کادک

فقلت لہ ان الشجا یبعث الشجا

فدعنی فھذا کلہ قبر مالک

یعنی میں جو قبرستان کو دیکھ کر رونے لگا تو میرے رفیق نے میرے آنسو جاری دیکھ کر مجھ کو ملامت کی کہ جو قبر (یہاں سے بہت دور) مقام لوی اور دکادک کے بیچ میں واقع ہے۔ (یعنی قبر مالک) اس کے لیے تو ہر قبر کو دیکھ کر رو پڑتا ہے۔ میں نے کہا (اے عزیز) مصیبت، مصیبت کو یاد دلاتی ہے۔ پس مجھ کو رونے دے میرے نزدیک یہ سب مالک ہی کی قبریں ہیں۔

(۳) ناصر خسرو دنیا کی حقیقت بیان کرتا ہے :

ناصر خسرو براہے می گذشت

مست ولا معقل نہ چوں میخوارگاں

دید کورے چند مبرز روبرو

باگ برزد، گفت کاسے نظارگاں

(۴) نظامی مناجات میں کہتے ہیں :

پردہ برانداز دبروں آئے فرد

در منم آن پردہ بہم در نورد

(٦) خواجہ حافظ اپنی ایک خاص وجدانی حالت کو جس سے بے درد لوگ نا محرم ہیں۔ اس طرح بیان کرتے ہیں :

شبے نایک و تیم موج و گردابے بے چنین حائل

کجا دانند حال ما سبکساران ساحل ہا

(۷) شیخ ابراہیم ذوق اس بات کو کہ مرنے کے بعد بھی اگر راحت نہ ملی تو دل کو تسلی کی پھر کوئی صورت نہیں یوں بیان کرتے ہیں :

اب تو گھبرا کے یہ کہتے ہیں کہ مر جائیں گے

مر کے بھی چین نہ پایا تو کدھر جائیں گے

(۸) مرزا غالب انسان کے لاشے اور ہیچ ہونے کو اس طرح ادا کرتے ہیں :

خوشی جینے کی کیا مرنے کا غم کیا

ہماری زندگی کیا اور ہم کیا

(۹) میر تقی فرط محبت و دل بستگی کی اس طرح تصویر کھینچتے ہیں :

جب ترا نام لیجیئے تب چشم بھر آئے

اس طرح کے جینے کو کہاں سے جگر آئے

(۱۰) خواجہ میر درد اپنی شہرت اور مقبولیت کا محض بے اصل و بے بنیاد ہونا اس طرح ظاہر کرتے ہیں :

تہمتیں چند اپنے ذمے دھر چلے

کس لیے آئے تھے ہم کیا کر چلے

ان تمام مثالوں میں جیسا کہ ظاہر ہے بیان کی سادگی، اصلیت اور جوش تینوں باتیں بوجہ احسن پائی جاتی ہیں۔

(۱۱) نظیری اس حالت کو جب کہ اس نے سفر حج کا ارادہ کیا ہے اور تعلقات دنیوی سے آزاد ہونے اور خدا کی طرف رجوع کرنے کا شوق اس کے دل میں موجزن ہے اس طرح بیان کرتا ہے۔

سگ آستانم اما ہمہ سب قلاوہ خایم

کہ سر شکار دارم نہ ہوائے پاسبانی

عجب ا نبوہ باشد خضرے بہ جستجویم

کہ فتادہ ام بہ ظلمت چو زلالِ زندگانی

پہلے شعر میں اپنے تئیں بلحاظ اس کے کہ تعلقات میں پھنسا ہوا ہے سگِ آستاں قرار دیا ہے جو کہ رات بھر اپنے مالک کے مکان کی پاسبانی کرتا ہے بلحاظ اس ے کہ تعلقات کو ترک کر کے رجوع الی اللہ کرنا چاہتا ہے، اپنے کو شکاری کتے سے تشبیہ دی ہے جو رات بھر شکار کے شوق میں اپنے گلے کے پٹے کو چباتا ہے کہ اس کو کاٹ کر شکار کی تلاش میں جنگل کی راہ لے، دوسرے شعر میں اس نے یہ مضمون ادا کیا ہے کہ انسان جس میں یہ قابلیت ہے کہ ترقی کر کے ملائے اعلیٰ تک پہنچ جائے، اس کا دنیوی تعلقات میں آلودہ رہنا ایسا ہے کہ گویا آبِ حیات ظلمات میں چھپا ہوا ہے اور چونکہ جاذبہ لطف الٰہی ہر وقت انسان کی گھات میں ہے کہ اس کو اپنی طرف کھینچ کر تعلقات کی تلاش میں گئے تھے اس لیے جذبہ الٰہی کو خضر سے اور آپ کو آبِ حیات سے تشبیہ دے کر کہتا ہے کہ تعجب ہے اگر خضر میری تلاش میں نہ ہو کیونکہ میں آبِ حیات کی طرح ظلمات میں پڑا ہوں۔

ان دونوں شعروں میں اصلیت اور غایت درجہ کا جوش دونوں باتیں کمال خوبی کے ساتھ پائی جاتی ہیں۔ اگرچہ ایسے بلیغ اشعار کی نسبت یہ کہنا بے دردی ہے کہ ان میں کسی

چیز کی کسر ہے اور نہ کسی خوبی میں کمی ہے۔ لیکن جو معنی سادگی کے اوپر بیان کیے گئے ہیں ان کے لحاظ سے کہا جا سکتا ہے کہ ان میں سادگی ایسی نہیں پائی جاتی کہ عام اہلِ زبان یا زباں داں اس کو اچھی طرح سمجھ سکیں۔

(۱۲) مومن اس مضمون کو کہ اہل دنیا کا ایک نہ ایک بل میں بتلا رہنا ایک ضروری بات ہے اور اس لیے جب کبھی میں ایک بلا سے محفوظ ہوتا ہوں تو دوسری بلا کا منتظر رہتا ہوں۔ اس طرح بیان کرتے ہیں :

ڈرتا ہوں آسمان سے بجلی نہ گر پڑے
صیاد کی نگاہ سوئے آشیاں نہیں

اس شعر میں اصلیت اور جوش دونوں باتیں پائی جاتی ہیں۔ مگر تیسری چیز یعنی سادگی جس سے الفاظ اور خیال دونوں کی سادگی مراد ہے البتہ نہیں پائی جاتی کیونکہ جب تک یہ جملہ کہ 'اہل دنیا کا ایک نہ ایک بلا میں بتلا میں رہنا ضروری ہے۔' شعر میں اضافہ نہ کیا جائے۔ عام ذہن معنی مقصود کی طرف انتقال نہیں کر سکتے۔ لیکن اس میں شاعر نے ایک لطافت رکھی ہے جو سادگی کا نعم البدل ہو سکتی ہے۔ مگر بیان زیادہ صاف ہوتا تو وہ لطافت باقی نہ رہتی۔ اس نے یہ جملہ گویا قصداً حذف کر دیا ہے اور یہ جتانا چاہتا ہے کہ یہ بات ایسی بدیہی ہے کہ اس کے ذکر کرنے کی ضرورت نہیں۔

(۱۳) آتش کہتے ہیں :

فرصت اک دم عہد طفلی میں نہ رونے سے ملی

پرورش پایا ہوا ہوں دامنِ سیلاب کا

جامہ سخن ہو گیا راہ عدم میں نذرِ کور

بوجھ اٹھایا تھا مگر ٹھگ کے لیے اسباب کا

ساحلِ مقصود دیکھا میں نے جا کر گور میں

ڈوبنا کشتی تن کو مژدہ تھا پایاب کا

ان تینوں شعروں میں شاید مشکل سے کسی نہ کسی قسم کی اصلیت تو نکل آئے لیکن جیسا کہ ظاہر ہے نہ بیان میں سادگی ہے نہ جوش۔

(۱۴) نظیری کہتا ہے :

رہ نداد آں قدرم بر سر خوانِ تو فلک

کز نمکدانِ تو بر لب زنم انگشت نمک

رستخیزیکہ شود زیر و زبر وضع جہاں

چند رختم بسما باشد و بختم بہ سمک

پہلے شعر کا مطلب یہ ہے کہ خوانِ نعمت الٰہی سے مجھ کو اتنا بھی حصہ نہ ملا کہ نمک دانی سے نمک تو انگلی پر لگا کر چکھ لیتا۔

دوسرے شعر میں وہ یہ ظاہر کرتا ہے کہ میں باعتبار اپنی قابلیت اور استعداد کے جوہر علوی ہوں مگر میرا نصیب اپنی پستی کے سبب تحت الثریٰ میں پڑا ہوا ہوں پس کہتا ہے کہ کاش ایسی رستخیز یعنی انقلاب برپا ہو جس سے جہاں زیر و زبر ہو جائے اور میرا نصیب پستی سے بلندی پر پہنچ جائے۔ ان دونوں شعروں میں اصلیت سے جوش بخوبی پایا جاتا ہے لیکن بیان کسی قدر اذہان سے بالاتر ہے۔

(۱۵) آتش کہتے ہیں :

تری تقلید سے کبکِ دری نے ٹھوکریں کھائیں
چلا جب جانور انساں کی چال، اس کا چلن بگڑا
نہیں بے وجہ ہنسنا اس قدر زخمِ شہیداں کا
تری تلوار کا منھ کچھ نہ کچھ اے تیغ زن بگڑا
امانت کی طرح رکھا زمیں نے روز محشر تک
نہ ایک مُو کم ہوا اپنا نہ اک تارِ کفن بگڑا

یہ تینوں شعر صاف ہیں مگر ان میں سادگی بیان کے سوا جیسا کہ ظاہر ہے نہ اصلیت ہے نہ جوش۔

(١٦) ذوق کہتے ہیں :

کیا جانے اسے وہم ہے کیا میری طرف سے
جو خواب میں بھی رات کو تنہا نہیں آتا
ہم رونے پہ آجائیں تو دریا ہی بہائیں
شبنم کی طرح سے ہمیں رونا نہیں آتا

اس شعروں میں بھی سادگی کے سوا نہ اصلیت ہے نہ جوش۔

اب صرف دو احتمال باقی رہ گئے ہیں ایک یہ کہ کلام میں صرف جوش پایا جائے اور سادگی و اصلیت نہ پائی جائے۔ دوسرے یہ کہ سادگی اور جوش پایا جائے۔ اصلیت نہ پائی جائے لیکن جوش کے لیے اصلیت کا ہونا ایسا ضروری ہے کہ بغیر اس کے ہر گز کلام میں جو جوش متحقق نہیں ہو سکتا۔ پس یہ دونوں صورتیں ممکن الوقوع نہیں۔

رہا وہ کلام جس میں نہ سادگی نہ جوش نہ اصلیت تینوں چیزیں نہ پائی جائیں سو ایسے کلام سے ہمارے شعرا کے دیوان بھرے پڑے ہیں لیکن ہماری شاعری زیادہ تر اب دو قسم کے مضامین پر منحصر ہے۔ عشقیہ یا مدحیہ۔ عشقیہ مضامین میں اکثر غزل، مثنوی اور

قصائد کی تشبیب میں باندھے جاتے ہیں اور مدحیہ مضامین زیادہ تر قصائد میں۔ سو ان تینوں صنفوں میں شاعر کا کام یہ سمجھا جاتا ہے کہ جو مضامین قدیم سے بندھتے چلے آتے ہیں اور جو بندھتے بندھتے بمنزلہ اصول مسلمہ کے ہو گئے ہیں۔ انہیں کو ہمیشہ بہ ادنیٰ تغیر باندھتا رہے اور ان سے سرِ مو تجاوز نہ کرے۔ مثلاً غزل میں ہمیشہ معشوق کو بے وفا، بے مروت، بے مہر، بے رحم، ظالم، قاتل، صیاد، جلاد، ہرجائی، اپنوں سے نفرت کرنے والا، اوروں سے ملنے والا، سچی محبت پر یقین نہ لانے والا، اہل ہوس کو عاشق صادق جاننے والا، بدگمان، بدخو، بدزبان، بدچلن، غرضیکہ ایک حسن و جمال یا ناز و ادا و دیگر حرکات مہر انگیز کے سوا اور تمام ایسی برائیوں کے ساتھ اس کو موصوف کرنا جو ایک انسان دوسرے انسان کے ساتھ کر سکتا ہے۔ اور اپنے تئیں غم زدہ، مصیبت زدہ، فلک زدہ، ضعیف، بیمار، بدبخت، آوارہ، بدنام، مردود خلائق، آوارگی پسند، بدنامی کا خواہاں، حسنِ قبول سے نفور، خوشی اور عافیت سے کنارہ کرنے والا، مےخوار، بد مست، مدہوش، خود فراموش، وفا دار، جفا کیش، کہیں آزاد طبع اور کہیں گرفتاری کا آرزومند، کہیں صابر اور کہیں بیقرار، کہیں دیوانہ اور کہیں ہوشیار، کہیں غیور اور کہیں چکنا گھڑا، رشک کا پتلا، رقیبوں کا دشمن، سارے جہان سے بدگمان، آسمان کا شاکی، زمین سے نالاں، زمانہ کے ہاتھ سے تنگ، غرضیکہ ایک عشق اور وفاداری کے

سوا اپنے تئیں ان تمام صفات سے متصف کرنا جو عموماً انسان کے لیے قابل افسوس خیال کی جاتی ہیں یا مثلاً آسمان اور زمانہ یا نصیب اور ستارہ کی شکایت کرنا یا زاہد و واعظ و صوفی کو لتاڑنا اور بادہ کش و بادہ فروش اور ساقی و خمار کے تعریف کرنی اور ان سے حسنِ عقیدت ظاہر کرنا، ایمان و اسلام و زہد و طاعت سے نفرت اور کفر و بے دینی و گناہ و معصیت سے رغبت ظاہر کرنی، کبھی کبھی مال و جاہ و منصب دنیوی کو حقیر ٹھہرانا اور فقر و عشق و آزادگی وغیرہ علم و عقل و سلطنت وغیرہ پر ترجیح دینی۔ اسی طرح کے اور چند مضامین ہیں جو غزل کے لیے بمنزلہ ارکان و عناصر ہوئے گئے ہیں۔ غزل کے ساتھ جو الفاظ مخصوص ہیں وہ بھی ایک نہایت تنگ دائرہ میں محدود ہیں۔ مثلاً معشوق کی صورت کو حور، پری، چاند، سورج، گل، لالہ، باغ اور جنت وغیرہ سے اس کی آنکھ کو نرگس، آہو، بادام، ساحر، مست، بیمار وغیرہ سے، زلف کو سنبل، مشک، عنبر، کافر، جادوگر، رات، ظلمات، دام، زنجیر، کمند وغیرہ سے، نگاہ و مژہ و غمزہ و ادا کو تیر و سنان و شمشیر وغیرہ سے ابرو کو کمان سے، زقن کو کوئیں سے، دانتوں کو موتیوں سے، ہونٹوں کو لعل، یاقوت، گلبرگ، نبات، آبِ حیات وغیرہ سے، منہ کو غنچہ سے، کمر کو بال سے یا دونوں کو عدم سے، قد کو سرو، صنوبر، شمشاد، قیامت وغیرہ سے، رفتار کو فتنہ، قیامت، بلا، آفت، آشوب وغیرہ سے اور اسی طرح اور بعض اعضا جو چند خاص

خاص چیزوں سے تشبیہ دینا، معشوق کے سامان و آرائش میں سے مشاطہ، شانہ، آئینہ، حنا، سرمہ، کاجل، غازہ، مسی، پان، کبھی قبا، بند قبا، کلاہ، چیرہ، دستار اور کبھی برقع، نقاب، محرم، چادر، چوٹی، چوڑیاں اور خاص خاص زیوروں کا ذکر کرنا اور ان کو خاص خاص چیزوں سے تشبیہ دینا۔

باغ میں سے چند چیزوں کو انتخاب کرلینا، جیسے سرو، قمری، گل، بلبل، صیاد، گلچیں، باغباں، آشیانہ، قفس، دام، دانہ، یاسمین، نسرین، نسترن، ارغوان، سوسن، خار، گلبن وغیرہ۔

صحرا میں سے وادی، چشمہ، آب رواں، سبزہ، تشنہ، سیراب، سراب، صرصر، گرد باد، سموم، نخل، چنار، خارِ مغیلاں، رہزن، رہنما، خضر، قافلہ، جرس، آواز درا، محمل، لیلیٰ، مجنون، وحشت، جنون وغیرہ۔

دریا میں سے کشتی، ناخدا، موج، گرداب، ساحل، حباب، قطرہ، ماہی، نہنگ، غوطہ، شناوری وغیرہ۔

محفل میں سے شمع، پروانہ، شراب، کباب، پیالہ، مینا، صراحی، خُم، جرعہ، نشہ، خمار، صبوحی، ساقی، دور، نغمہ، مطرب، چنگ، ارغنوں، مضراب، پردہ ساز، رقص، وجد، سماع وغیرہ۔

سامانِ غم میں سے نالہ ، آہ ، فغان ، قلق ، اضطراب ، درد ، رشک ، ضبط ، شوق ، جدائی ، یاد ، تمنا ، حسرت ، ارمان ، حرماں ، رنج ، غم ، الم ، سوز ، داغ ، زخم ، خلش ، تپش ، کاہش وغیرہ ، یہ اور اسی قسم کے چند اور الفاظ ہیں جن پر بالفعل اردو زبان کی غزل گوئی کا دارو مدار ہے ۔

قصیدہ میں بھی صرف چند معمولی سر کل ہیں جن میں ہمیشہ ہمارے شعرا شبدیز فکر کو کاوے دیتے رہتے ہیں ۔ اگر کسی نے زیادہ شاعری کے جوہر دکھانے چاہے تو وہ مدح سے پہلے ایک تمہید لکھتا ہے جس میں یا تو فصل بہار کا ذکر ہوتا ہے ۔ (اگرچہ اس وقت خزاں ہی کا موسم ہو) مگر اس ذکر میں اس ناپاک دنیا کی فصل بہار سے کچھ بحث نہیں ہوتی بلکہ ایک اور عالم سے بحث ہوتی ہے اور جو عالم امکان سے بالاتر ہے یا زمانہ ، آسمان ، نصیب یا قسمت کی شکایت ہوتی ہے جس کو درحقیقت خدا کی شکایت سمجھنا چاہیے ، جو زمانہ وغیرہ کی آڑ میں خوب دل کھول کر کی جاتی ہے ۔ اس میں بھی شاعر اپنے واقعی مصائب بیان نہیں کرتا اور ممدوح کو اپنے اوپر رحم دلانے کی باتیں کہتا ہے بلکہ جس قسم کے مصائب اگلے زمانے کے شعرا نے اپنی نسبت بیان کیے تھے اور جیسے بہتان انہوں نے آسمان و زمانہ وغیرہ پر باندھے تھے ، یہ بھی بہ ادنیٰ تغیر ویسے ہی مصائب بیان کرتا ہے اور اسی قسم کے بہتان باندھتا ہے یا ایک فرضی معشوق

کے حسن و جمال کی تعریف، اس کے جور و ظلم کی شکایت اور اپنے شوق و انتظار کا مسلسل یا غیر مسلسل بیان اس طرح کیا جاتا ہے جیسا کہ عشقیہ مثنویوں یا غزلوں میں ہوتا ہے یا فخر و خودستائی میں تمام تمہید ختم کردی جاتی ہے۔

اس کے بعد مدح شروع ہوتی ہے۔ مدح میں اکثر ایک نام کے سوا کوئی خصوصیت ایسی مذکور نہیں ہوتی جو ممدوح کی ذات کے ساتھ مختص ہو بلکہ ایسے حاوی الفاظ میں مدح کی جاتی ہے کہ اگر بالفرض مداح اس علت میں کہ فلاں شخص کی مدح کیوں کی؟ عدالت میں ماخوذ ہو جائے تو قصیدہ میں کوئی لفظ ایسا نہ ملے جس سے اس کا جرم ثابت ہو سکے۔ مدح میں زیادہ تر وہی معمولی محامد بیان ہوتے ہیں جو قدیم سے شعرا باندھتے چلے آئے ہیں۔ اور ہر ایک خوبی کے بیان میں ایسا مبالغہ کیا جاتا ہے کہ قصیدہ کا مصداق نفس الامر میں کوئی انسان قرار نہیں پا سکتا۔ ممدوح کی ذات میں جو واقعی خوبیاں ہوتی ہیں ان سے اصلا تعرض نہیں کیا جا سکتا۔ بلکہ بجائے ان کے ایسی محال باتیں بیان کی جاتی ہیں جو کسی متنفس پر صادق نہ آ سکیں۔ ممدوح کی طرف اکثر وہ خوبیاں منسوب کی جاتی ہیں جن کی اضداد اس کی ذات میں موجود ہیں۔ مثلاً ایک جاہل کو علم و فضل کے ساتھ، ایک ظالم کو عدل و انصاف کے ساتھ اور ایک احمق اور غافل کو دانشمندی اور بیدار مغزی کے ساتھ، ایک عاجز بے دست و پا کو قدرت و مکنت کے ساتھ، ایک ایسے شخص کو جس کی

ران نے کبھی گھوڑے کی پیٹھ کو مس نہیں کیا شہسواری اور فروسیت کے ساتھ۔ غرضیکہ کوئی بات ایسی نہیں کی جاتی جس پر ممدوح فخر کر سکے یا جس سے لوگوں کے دل میں عظمت اور محبت پیدا ہو اور اس کے محاسن و تاثر زمانہ میں یادگار رہیں۔

ہماری مثنویوں کا یہ حال ہے کہ ان میں معمولی حمد و نعت وغیرہ کے بعد اکثر پہلے کسی بادشاہ زادہ یا وزیر زادہ یا امیر زادہ یا سوداگر بچہ کے حسن و جمال وغیرہ کی تعریف ہوتی ہے۔ پھر اس کو کسی پری یا شہزادی یا وزیر زادی یا اور کسی کے ساتھ لگا مارا جاتا ہے۔ وہ اول اس کے فراق میں شہر شہر اور جنگل جنگل مارا مارا پھرتا ہے پھر آخر کار وہ وصل سے کامیاب ہوتا ہے۔ یہ کامیابی ایسی ضروری ہے کہ اس کی نسبت پہلے ہی سے پیشین گوئی کی جا سکتی ہے۔

جو لوگ فی الواقع مسلم الثبوت شاعر ہیں، یا اپنے تئیں ایسا سمجھتے ہیں، وہ تو جب مثنوی لکھیں گے ضرور اسی قسم کے لکھیں گے۔ البتہ جو لوگ اس درجہ کے شاعر نہیں ہیں ان کی مثنویاں، تاریخی، مذہبی یا اخلاقی مضامین پر بھی دیکھی گئی ہیں۔ لیکن اول تو یہ مضامین خود روکھے پھیکے ہوتے ہیں اور پھر ان کے لکھنے والے نہ تو بیان میں کچھ گرمی پیدا کرنی چاہتے ہیں اور نہ پیدا کر سکتے ہیں۔ لہٰذا ان مثنویوں کو کوئی آنکھ اٹھا کر نہیں دیکھتا۔ پس ہمارے ہاں وہی مثنویاں رونق پاتی ہیں جن کی بنیاد عشق پر رکھی گئی ہو۔

اگرچہ قصہ کی بنیاد عشق یا بہادری پر رکھنے کا دستور قدیم سے چلا آتا ہے اور آج کل کے شائستہ قصے بھی جب تک ان میں عشق یا بہادری کا رنگ نہیں بھرا جاتا، زیادہ مقبول نہیں ہوتے۔ لیکن ہماری مثنویوں میں اور ان میں بہت بڑا فرق ہے۔ ہمارے ہاں جس قسم کے واقعات اور دو چار استاد باندھ گئے ہیں انہیں واقعات کو بہ ادنی تغیر باندھتے چلے جاتے ہیں۔ بیاں کے اسلوب اور تشبیہات اور معشوق کے سراپا اور قصہ کے آغاز و انجام وغیرہ میں زیادہ تر انہیں کی تقلید کی جاتی ہے۔ نتیجہ ہمیشہ شد آید قدیم کے موافق جدائی کے بعد وصال اور مصیبت کے بعد راحت کا مترتب کیا جاتا ہے۔ طالب و مطلوب کے دل پر جو حالات و واردات ایک دوسرے کی محبت میں فی الواقع گزرگے ہیں یا گزر سکتے ہیں ان سے بہت کم تعرض کیا جاتا ہے۔ عشقیہ مضامین سے اخلاقی نتائج نکالنے کا بھی بھول کر بھی خیال نہیں کیا جاتا۔ بیان میں اثر مطلق نہیں ہوتا۔ کیونکہ شاعر اس خیال سے کہ قدیم مثنویوں سے اپنی مثنوی میں کچھ جدت پیدا کرے، ہمہ تن صنائع لفظی کے سر انجام کرنے میں منہمک ہوتا ہے۔ اس لیے اس کے کلام میں اثر پیدا کرنے کی فرصت ہی نہیں ملتی۔

بخلاف شائستہ ملکوں کے کہ وہاں اکثر ہر قصہ یا مثنوی میں ایک اچھوتی اور نرالی بات پیدا کی جاتی ہے۔ عقل و عادت کے خلاف باتیں جن پر اکثر ہماری مثنویوں یا قصوں کی بنیاد

رکھی جاتی ہے ان میں بہت کم ہوتی ہے۔ ان کے قصے برائے نام فرضی سمجھے جاتے ہیں ورنہ ان میں تمام واقعات اور تمام واردات ایسے بیان ہوتے ہیں جو رات دن لوگوں پر گزرتے ہیں اور پھر ان سے وہ ایسے اخلاقی، سوشل یا پولیٹکل نتائج نکالتے ہیں، جن سے قوم کے اخلاق، معاشرت یا تمدن پر نہایت عمدہ اثر ہوتا ہے۔ ہمارے ملک کی مثنویوں کی طرح ان کے مطالعہ سے صرف عوام الناس اور بازاری لوگ ہی محظوظ نہیں ہوتے بلکہ فضلا و حکما کی سوسائٹی میں بھی ان کی قدر کی جاتی ہے۔ ان کے قصوں کا خاتمہ ہمیشہ کامیابی اور خوشی ہی پر نہیں ہوتا بلکہ عادت الٰہی کے موافق کبھی کامیابی اور کبھی ناکامی پر کبھی خوشی اور کبھی اندوہ و غم پر ہوتا ہے۔ الغرض جب کہ ہماری موجودہ شاعری کا مدار من کل الوجوہ یعنی نہ صرف الفاظ و عبارات میں بلکہ خیالات و مضامین میں بھی محض قوم کی تقلید پر ہے اور جب کہ ہمارے ہاں یہ بات بالاتفاق تسلیم کی گئی ہے کہ "احسن اشعرا کذبہ تو ہم کو اپنی شاعری کی موجودہ حالت میں اصلیت کے پیدا نہیں ہو سکتا۔ رہی سادگی سو وہ موجودہ حالت میں اکثر بہ مجبوری چھوڑنی پڑتی ہے کیونکہ جو معمولی خیالات اور مضامین زیادہ تر ہمارے شعرا کے زیر مشق رہتے ہیں ان کو قدما سادگی اور صفائی کے ہر اسلوب اور ہر پیرایہ میں ادا کر چکے ہیں اب

تاوقتیکہ طرز بیان میں کسی قدر پیچیدگی یا خیال میں کوئی بھونڈا اضافہ یا تبدیلی پیدا نہ کی جائے اس وقت تک آسانی سے کسی معمولی مضمون میں جدت نہیں دکھائی جا سکتی۔ اگرچہ ہمارے بعض شعرا ایسے بھی گزرے ہیں جنھوں نے سادگی بیان کو سب چیزوں سے مقدم سمجھا ہے، جیسے میر، اثر اور مصحفی وغیرہ۔ لیکن چونکہ انھوں نے قدما کے خیالات و مضامین سے بہت کم تجاوز کیا ہے، اس لیے ان کے دیوان زیادہ تر بھرتی اور پُر کن اشعار سے بھرے ہوئے ہیں۔ میر کی نسبت مولانا آزردہ دہلوی اپنے تذکرہ میں لکھتے ہیں کہ 'پستش بغایت پست و بلندش بغایت بلند'۔ ان لوگوں کو جو اعلیٰ درجہ کا استاد مانا گیا ہے اس کا سبب یہی ہے کہ ان کے کلام میں وہی معمولی خیالات جو متعدد صدیوں سے برابر بندھتے چلے آئے تھے۔ باوجود غایت درجہ کی سادگی اور صفائی کے اکثر جگہ ایسے نرالے اسلوبوں میں بیان ہوئے ہیں جو فی الواقع بے مثل و عدیم النظیر ہیں۔ میر کے دیوان میں ایک غزل ہے خاک میں، چاک میں، بلاک میں، مولانا آزردہ کے مکان پر ان کے چند احباب جن میں مومن اور شیفتہ بھی تھے، ایک روز جمع تھے، میر کی اس غزل کا یہ شعر پڑھا گیا:

اب کے جنوں میں فاصلہ شاید نہ کچھ رہے
دامن کے چاک اور گریبان کے چاک میں

شعر کی بے انتہا تعریف ہوئی اور سب کو یہ خیال ہوا کہ اس قافیہ کو ہر شخص اپنے اپنے سلیقہ اور فکر کے موافق باندھ کر دکھائے۔ سب قلم دوات اور کاغذ لے الگ الگ بیٹھ گئے اور فکر کرنے لگے، اسی وقت ایک اور دوست وارد ہوئے مولانا سے پوچھا کہ حضرت کس فکر میں بیٹھے ہیں۔ مولانا نے کہا قل ہو اللہ کا جواب لکھ رہا ہوں۔

ظاہر ہے کہ جوش جنوں میں گریبان یا دامن یا دونوں کو چاک کرنا ایک نہایت بتذل اور پامال مضمون ہے جس کو قدیم زمانے سے لوگ برابر باندھتے چلے آئے ہیں۔ ایسے چیتھڑے ہوئے مضمون کو میر نے باوجود غایت درجہ کی سادگی کے ایک ایسے اچھوتے، نرالے اور دلکش اسلوب میں بیان کیا ہے اس سے بہتر اسلوب تصور میں نہیں آسکتا۔ اس اسلوب میں بڑی خوبی یہ ہے کہ سیدھا سادہ ہے نیچرل ہے اور باوجود اس کے بالکل انوکھا ہے۔

یہاں تک کہ ان تین شرطوں کی شرح جن کو ملٹن نے شعر کے لیے ضروری قرار دیا ہے یعنی سادگی۔ اصلیت اور جوش ہمارے نزدیک بقدر ضرورت بیان ہو گئی ہے۔ ملٹن سے پہلے ہمارے قدما نے بھی عمدہ شعر کی تعریف میں کچھ کچھ کہا ہے، اصمعی نے اس کی یہ تعریف کی ہے کہ ''اس کے معنی لفظوں سے پہلے ذہن میں آجائیں'' یعنی سریع الفہم ہو۔ گویا اصمعی نے ملٹن کی تین شرطوں میں سے صرف ایک شرط یعنی

سادگی پر شعر کی عمدگی کا مدار رکھا ہے۔ یہ تعریف جامع تو ہے لیکن مانع نہیں ہے۔ یعنی کوئی عمدہ شعر سادگی سے خالی تو نہیں ہو سکتا مگر یہ ضروری نہیں کہ جس شعر میں سادگی ہو وہ اعلیٰ درجہ کا بھی ہو۔ خلیل ابن احمد کے نزدیک عمدہ شعر کا معیار یہ ہے کہ "سامع کو اس کے شروع ہوتے ہی یہ معلوم ہو جائے کہ اس کا فلاں قافیہ ہوگا۔" یہ تعریف نہ جامع ہے نہ مانع۔ ممکن ہے کہ شعر ادنیٰ درجہ کا ہو اور اس میں یہ بات پائی جائے اور ممکن ہے کہ شعر اعلیٰ درجہ کا ہو اور اس میں یہ بات نہ پائی جائے۔ صاحبِ عقد الفرید لکھتے ہیں کہ اس باب میں سب سے بہتر زہیر بن ابی سلمیٰ کا قول ہے:

وان احسن بیت انت قائلہ

بیت یقال اذا اشدتہ صدقا

(یعنی سب سے بہتر شعر جو تم کہہ سکتے ہو وہ ہے کہ جب پڑھا جائے تو وہ لوگ کہیں کہ سچ کہا ہے) اس قول میں بھی گویا ملٹن کی تین شرطوں میں سے صرف ایک شرط یعنی اصلیت کو ضروری بتایا گیا ہے۔ لیکن صرف یہ ایک شرط کافی نہیں ہے۔ اگرچہ اعلیٰ درجہ کے شعر میں یہ خاصیت ہوتی ضرور ہے مگر یہ ضروری نہیں کہ جس میں یہ خاصیت پائی جائے وہ اعلیٰ ہی درجہ کا شعر ہو۔ اس سے زیادہ اور کون سا شعر سچا ہو سکتا ہے:

چشمان تو زیر ابرو انند

دندان توجملہ دردہانند

حالانکہ اس کو ادنیٰ درجہ کا شعر بھی بمشکل کہا جاسکتا ہے۔

ہمارے نزدیک اس باب میں سب سے عمدہ ابن رشیق کا قول ہے۔ وہ کہتے ہیں:

فازاقیل اطمع الناس طُرا

واذاریم اعجزامعجزینا

(یعنی جب پڑھا جائے تو ہر شخص کو یہ خیال ہو کہ میں بھی ایسا کہہ سکتا ہوں مگر جب ویسا کہنے کا ارادہ کیا جائے تو معجز بیان عاجز ہو جائیں)۔

حق یہ ہے کہ ابن رشیق نے جس لطافت اور خوبی سے عمدہ شعر کی تعریف کی ہے اس سے بہتر تصور میں نہیں آسکتی۔ گویا جس رتبہ اور پایہ کا شعر اس کی تعریف میں انشا کیا ہے۔

ابن رشیق اور ملٹن کے بیان میں جو نازک فرق ہے اس کو غور سے سمجھنا چاہیے۔ ابن رشیق کی تعریف سے یہ مفہوم ہوتا ہے کہ عمدہ شعر کا سر انجام ہونا زیادہ تر حسن اتفاق پر موقوف ہے۔ شاعر کے قصد و ارادہ کو اس میں چنداں دخل نہیں ہے۔ وہ شاعر کو عمدہ شعر کہنے کا طریقہ نہیں بتاتا بلکہ یہ بتاتا ہے کہ شاعر کے کون سے شعر کو عمدہ شعر

سمجھنا چاہیے۔ بخلاف ملٹن کے کہ اس کے بیان میں دونوں پہلو موجود ہیں اس سے عمدہ شعر کی پہچان اور عمدہ شعر کہنے کے ارکان دونوں باتیں معلوم ہوتی ہیں۔ اگرچہ یہ ضروری نہیں کہ ملٹن کی تینوں شرطیں ملحوظ رکھنے سے ہمیشہ ویسے ہی سہل ممتنع اشعار سر انجام ہوں گے جن کا معیار ابن رشیق نے بتایا ہے۔ لیکن یہ ضرور کہ جو شاعر اس کی شرطوں کو ملحوظ رکھے گا اس کے کلام میں جا بجا وہ بجلیاں کوندتی نظر آئیں گی۔

یہ بات یاد رکھنی چاہیے کہ دنیا میں جتنے شاعر استاد مانے گئے ہیں۔ یا جن کو استاد ماننا چاہیے ان ایک بھی ایسا نہ نکلے گا جس کا کلام اول سے آخر تک حسنِ لطافت کے اعلی درجہ پر واقع ہوا ہو۔ کیونکہ یہ خاصیت صرف خدا کے کلام میں ہو سکتی ہے جیسا کہ وہ خود فرماتا ہے 'و لو کان من عند غیر اللہ لوجد وافیہ اختلافًا کثیرا۔' شاعر کی معراج کمال یہ ہے کہ اس عام کلام ہموار اور اصول کے موافق ہو اور کہیں کہیں اس میں ایسا حیرت انگیز جلوہ نظر آئے جس سے شاعر کا کمال خاص و عام کے دلوں پر نقش ہو جائے البتہ اتنی بات ضرور ہے کہ اس کے عام اشعار میں بھی خاص خاص اشخاص کے دل پر خاص خاص حالتوں میں تقریباً ویسا ہی اثر کریں جیسا کہ اس کا خاص کلام ہر شخص کے دل پر ہر حالت میں اثر کرتا ہے اور یہ بات اسی شاعر کے کلام میں پائی جا سکتی ہے جس کا کلام سادہ اور نیچرل ہو۔ اگرچہ مقتضائے مقام یہ ہے کہ اس بحث کو زیادہ بسط

کے ساتھ بیان کیا جائے اور جس قدر کہ بیان کیا گیا ہے وہ ہمارے نزدیک کافی مقدار سے بہت کم ہے لیکن اس وقت بضرورت صرف اسی قدر بیان پر اکتفا کیا جاتا ہے۔ اگر وقت نے مساعدت کی تو پھر کسی موقع پر اسی بحث کو زیادہ وضاحت کے ساتھ لکھا جائے گا۔

زمانہ کی رفتار کے موافق اردو شاعری میں ترقی کیونکر ہو سکتی ہے؟

یہاں تک شعر و شاعری کی حقیقت اور وہ شرطیں جن پر شاعر کی خوبی اور شاعر کا کمال منحصر ہے کسی قدر تفصیل کے ساتھ بیان کی گئی۔ اب ہم اپنے ہم وطنوں کو جو زمانہ کی رفتار کے موافق شاعری میں ترقی کرنے کا خیال رکھتے ہیں، اپنی سمجھ اور رائے کے موافق چند مشورے دیتے ہیں۔ ظاہر ہے کہ جن ذریعوں سے ایشیا کی شاعری ہمیشہ ترقی پاتی رہی ہے وہ اردو کی شاعری کے لیے فی زمانہ مفقود ہیں اور ہر گز امید نہیں ہے کہ کبھی زمانہ آئندہ میں ایسے ذریعے مہیا ہو سکیں۔ بقول شخصے "وہ منڈھی ہی جاتی رہی۔ جہاں اتیت رہتے تھے۔" یہ بھی ظاہر ہے کہ وہ قدرتی سرچشمہ جو ہمیشہ ہر قوم کی ترقی کا منبع رہا ہے۔ یعنی سلف ہلپ اور اپنی ذات پر بھروسہ کرنا اس کی سوتیں بھی ہماری قوم

میں مدت سے بند ہیں۔ پس ایسی حالت میں اردو شاعری کی ترقی کا خیال پکانا گویا زمانہ ناساز گار سے مقابلہ کرنا ہے۔ خصوصاً ایسے زمانہ میں جگ کہ اردو سے نہایت اعلی اور اشرف زبانوں کی شاعری بھی معرضِ زوال میں ہو۔ سائنس اس کی جڑ کاٹ رہا ہو اور سویلزیشن اس کا طلسم توڑ رہی ہو اور اس کے جادو کو حرف غلط کی طرح مٹا رہی ہو لیکن چونکہ یاس اور امید دونوں حالتوں میں اخیر وقت تک ہاتھ پاؤں مارنا جان دار کا طبعی اقتضا ہے۔ مذبوح کی حرکت اور مدقوق کی امید دمِ واپسیں تک باقی رہتی ہے۔ اس لیے جو کچھ ہم لکھنا چاہتے ہیں اس سے یہ بتا دینا مقصود نہیں ہے کہ کچھ ہوگا بلکہ یہ ظاہر کرنا ہے کہ کاش ایسا ہوتا۔

شاعری کے لیے سبق استعداد ضروری ہے

سب سے پہلے تو ہم اس بات کی اصلاح دیتے ہیں کہ شاعری کے کوچہ میں اسی شخص کو قدم رکھنا چاہیے جس کی فطرت میں یہ ملکہ ودیعت کیا گیا ہو ورنہ تمام کاوش اور تمام کوشش رائیگاں جائے گی۔ یوں تو ہر فن اور ہر پیشہ میں کمال حاصل کرنے کے لئے مناسب فطرت کی ضرورت ہے۔ لیکن شاعری میں جیسا کہ اوپر بیان ہو چکا ہے اس کی سب سے زیادہ ضرورت ہے۔ جب تک شاعر کی فکر میں اتنی بھی اپج نہ ہو جتنی کہ ایک

بئے میں گھونسلا بنانے کی اور مکڑی میں جالا پورنے کی ہوتی ہے۔ اس کو ہرگز مناسب نہیں کہ اس خیال خام میں اپنا وقت ضائع کرئے۔ بلکہ خدا کا شکر کرنا چاہیے کہ اس کے دماغ میں یہ خلل نہیں ہے۔

شاعری کی ابتدا بعینہ ایسی ہوتی ہے جیسی شطرنج کی ابتدا ہوتی ہے جس کی طبیعت کو شطرنج سے لگاؤ ہوتا ہے اس کو دو ہی چار دن میں باریک اور گہری چالیں سوجھنے لگتی ہیں اور شطرنج میں اس کو ایسا مزہ آنے لگتا ہے کہ کھانا پینا اور سونا سب بھول جاتا ہے اور روز بروز اس کی چال بڑھتی جاتی ہے مگر جن کی طبیعت کو اس سے لگاؤ نہیں ہوتا ان کا حال بر عکس ہوتا ہے۔ وہ اگر تمام عمر شطرنج کھیلیں ان کی چال اس درجہ سے کبھی آگے نہیں بڑھتی جو ابتدائی چند روزہ مشق سے ان کو حاصل ہوئی تھی۔ یہی حال شاعری کا ہے جن لوگوں کی فطرت میں اس کا ملکہ ہوتا ہے، ان کی طبیعت ابتدا ہی سے راہ دینے لگتی ہے۔ اگر وہ کسی وجہ سے اس کی طرف متوجہ نہیں ہوتے تو طبیعت کا اقتضا ان کو جبراً اس کی طرف کھینچ کر لاتا ہے ہو جب اس کی طرف توجہ کرتے ہیں تو ان کو کچھ نہ کچھ کامیابی ضرور ہوتی ہے اور اس لیے ان کا دل روز بروز بڑھتا جاتا ہے۔ ان کو اپنی وقتِ ممیزہ پر پورا بھروسہ ہوتا ہے وہ اپنے کلام کی برائی اور بھلائی کا بغیر اس کے کہ کسی سے مشورہ یا صلاح لیں آپ اندازہ کرسکتے ہیں۔ ان کی طبیعت میں ہر

حالت اور ہر واقعہ سے خواہ وہ حالت اور واقعہ خود ان پر گزرے یا زید و عمر پر یا ایک چیونٹی پر متاثر ہونے کی قابلیت ہوتی ہے۔ اور اس قابلیت سے اگر وہ چاہیں تو بہت کچھ فائدہ اٹھا سکتے ہیں۔ ان کو خارج سے اپنی شاعری کا مصالح فراہم کرنے کی صرف اسی قدر ضرورت ہوتی ہے جس قدر کہ بئے کو اپنے گھونسلے کے لیے پھونس اور تنکوں کے باہر سے لانے کی ضرورت ہوتی ہے ورنہ وہ سلیقہ جو الفاظ و خیالات کی ترتیب و انتخاب کے لیے درکار ہے وہ اپنی ذات میں اسی طرح پاتے ہیں جس طرح کہ بیا گھونسلا بنانے کا ہنر اور سلیقہ اپنی ذات میں پاتا ہے۔ وہ اساتذہ کے کلام سے صرف یہی فائدہ نہیں اٹھاتے کہ جو کچھ انہوں نے لکھا یا باندھا ہے اس سے مطلع ہو جاتے ہیں بلکہ ان کے ایک ایک مصرع اور ایک ایک لفظ سے بعض اوقات ان کو وہ سبق حاصل ہوتا ہے جو ایک نامور شاعر مہینوں میں کسی استاد سے حاصل نہیں کر سکتا۔ پس ہمارے ملک میں جو شاعری کے لیے ایک استاد قرار دینے کا دستور اور اصلاح کے لیے ہمیشہ اس کو اپنا کلام دکھانے کا قاعدہ قدیم سے چلا آتا ہے اس سے شاگردوں کے حق میں کوئی متعد بہ فائدہ مرتب ہونے کی امید نہیں ہے۔ استاد شاگرد کے کلام میں اس سے زیادہ اور کیا کر سکتا ہے کہ کوئی گریمر کی غلطی بتا دے یا کسی عروضی یا لغزش کی اصلاح کر دے لیکن اس سے نفس شعر میں کچھ ترقی نہیں ہو سکتی۔ رہی یہ بات کہ استاد

شاگرد کے پست کلام کو بلند کر دے یا شاگرد کو اپنا ہمسر بنانے کی طاقت ہوتی تو ملا نظامی صاحبزادہ کو یہ نصیحت نہ کرتے :

در شعر مجو بلند نامی

کایں ختم شد است بر نظامی

اور اگر کمال شاعری کے لیے کسی کا تلمذ اختیار کرنا ضروری ہوتا تو سنائی، نظامی، سعدی، خسرو اور حافظ کے ضرور استاد ایسے استاد نکلتے جن کی شہرت شاگردوں سے زیادہ نہیں تو ان کے برابر یا ان سے کمتر تو ہوتی۔

شاعر بننے کے لیے سب سے اول سبق استعداد اور پھر نیچر کا مطالعہ اور اس کے بعد کثرت سے اساتذہ کا کلام دیکھا اور ان کے برگزیدہ کلام کا اتباع کرنا اور اگر میسر آئے تو ان لوگوں کی صحبت سے مستفید ہونا جو شعر کا صحیح مذاق رکھتے ہوں۔ (عام اس سے کہ شاعر ہوں یا نہ ہوں) صرف اس قدر کافی ہے اور بس۔ البتہ ان لوگوں کو جو مستند زبان پر کافی عبور نہیں رکھتے ممکن ہے کہ محاورات کے استعمال میں شبہات واقع ہوں لیکن ان شبہات کا رفع ہونا کسی مشاق و ماہر استاد پر موقوف نہیں ہے بلکہ وہ ہر صاحبِ زبان سے یہاں تک کہ ایک دوا ایک ماما، ایک کنجڑن بلکہ ایک حلال خوری سے بھی رفع ہو سکتے ہیں۔

جھوٹ اور مبالغہ سے بچنا چاہیے

دوسری نہایت ضروری بات یہ ہے کہ شعر میں جہاں تک ممکن ہو حقیقت اور راستی کا سر رشتہ ہاتھ سے دینا نہیں چاہیے۔ اگرچہ ہم نے جو اصلیت کی شرح اوپر بیان کی ہے اس میں دائرہ بیان کو زیادہ وسیع کر دیا ہے اور اصلیت کے لیے بہت سے پہلو نکالے ہیں لیکن زمانہ کا اقتضا یہ ہے کہ جھوٹ، مبالغہ، بہتان، افترا، صریح، خوشامد، ادعائے بے معنی، تعلی بے جا، الزام لایعنی، شکوہ بے محل اور اسی قسم کی باتیں جو صدق و راستی کی منافی ہیں اور جو ہماری شاعری کے اقوام میں داخل ہو گئی ہیں۔ ان سے جہاں تک ممکن ہو قاطبتہ احتراز کیا جائے۔ یہ سچ ہے کہ ہماری شاعری میں خلفائے عباسیہ کے زمانہ سے لے کر آج تک جھوٹ اور مبالغہ برابر ترقی کرتا چلا آیا ہے اور شاعری کے لیے جھوٹ بولنا جائز ہی نہیں رکھا گیا بلکہ اس کو شاعری کا زیور سمجھا گیا ہے۔ لیکن اس میں بھی شک نہیں کہ جب سے ہماری شاعری میں جھوٹ اور مبالغہ داخل ہوا، اسی وقت سے اس کا تنزل شروع ہوا۔ عرب، عربا اور صدر اول کے شعرا جھوٹ سے نفرت کرتے تھے اور اس کو عیوب شاعری میں سے سمجھتے تھے۔

زہیر ابن ابی سلمیٰ جو صدر اول کا شاعر ہے اس کا قول ہے کہ 'احسن القول ما صدقہ الفعل۔' یعنی سب سے بہتر کلام وہ ہے جس پر کام گواہی دیں اور اسی شاعر کا یہ مشہور شعر ہے:

وان اشعر بیت انت قائلہ

بیت یقال اذا اشدتہ صدقا

اسی زہیر کی نسبت حضرت عمر فاروق رضی اللہ تعالیٰ عنہ کہا کرتے تھے 'انہ اشعر الشعرآ لانہ لایمدح الا مستحقا' (یعنی وہ افضل ترین شعرا میں ہے کیونکہ وہ اسی کی مدح کرتا ہے جو مستحق مدح ہو)۔

ایک بار بنی تمیم نے سلامتہ بن جنزل سے جو ایک جاہل شاعر تھا درخواست کی کہ مجد نا بشعرک (یعنی تو اپنے مدحیہ اشعار سے ہماری عزت بڑھا) اس نے کہا افعلوا حتی اقول (یعنی تم کچھ کر کے دکھاؤ تاکہ میں اس کو بیان کروں)۔

صاحب عقد الفرید لکھتے ہیں کہ 'شعرائے عرب اپنی مدح سے ممدوحوں کی عزت بڑھا دیتے تھے اور ہجو سے لوگوں کو ذلیل و رسوا کر دیتے تھے۔' اس کا سبب اس کے سوا اور کچھ نہ تھا کہ وہ ان کی واقعی خوبیاں یا واقعی برائیاں بیان کرتے تھے۔ ورنہ جھوٹی مدح اور جھوٹی ہجو سے کوئی شخص عزیز یا ذلیل نہیں ہو سکتا۔

معاویہ بن ابی سفیان کہتے ہیں کہ 'شعر وہ چیز ہے جس کے پڑھنے سے بخیل فیاض، نامرد بہادر اور نااہل بیٹا اہل اور فرماں بردار ہو جاتا ہے۔'

ظاہر ہے کہ اس تعریف کا مصداق اگر کوئی ہو سکتا ہے تو وہ ہی ہو سکتا ہے جو جھوٹ اور مبالغہ سے پاک ہو۔

ابو نواش نے خلیفہ کی مدح میں یہ شعر کہہ دیا تھا:

واخفت احل الشرک حتی انہ

انتخافک المطف التی لم تخلق

(یعنی تو نے اہل شرک کو ایسا ڈرایا ہے کہ جو نطفے ہنوز قرار نہیں پائے وہ صلب پدری میں تجھ سے خوف کھاتے ہیں۔) اس پر لوگوں نے یہ اعتراض کیا کہ جو نطفے ہنوز قرار نہیں پائے وہ کیونکر خوف کھا سکتے ہیں اور ابو نواس کی طرف سے سوا اس کے کہ بعضوں نے تاویل سے اس کو صحیح قرار دیا اور کوئی کچھ جواب نہ دے سکا۔

سچا شعر کہنے کی صلاح کچھ اس لیے نہیں دی جاتی کہ جھوٹ بولنا گناہ ہے نہیں بلکہ اس لیے دی جاتی ہے کہ تاثیر جو شعر کی علت غائی ہے وہ جھوٹ میں بالکل باقی نہیں رہتی، اس کے سوا علوم و معارف کی ترقی جو آج کل دنیا میں ہو رہی ہے وہ جھوٹی شاعری کو

برباد کرنے والی ہے۔ جن ڈھکوسلوں پر پرانے مذاق کے لوگ ابھی تک سر دُھنتے ہیں کوئی دن جاتا ہے کہ وہ دیوانوں کی ہُو سمجھیں گے۔

نیچرل شاعری

اس مقام پر مناسب معلوم ہوتا ہے کہ آج کل شاعری کا لفظ اکثر لوگوں کی زبان پر جاری ہے اس کی کسی قدر شرح کی جائے۔ بعض حضرات تو نیچرل شاعری اس شاعری کو سمجھتے ہیں جو نیچریوں سے منسوب ہو یا جس میں نیچریوں کے مذہبی خیالات کا بیان ہو۔ بعضے یہ خیال کرتے ہیں کہ نیچرل شاعری وہ ہے جس میں خاص مسلمانوں کی یا مطلقاً کسی قوم کی ترقی یا تنزلی کا ذکر کیا جائے۔ مگر نیچرل شاعری سے یہ دونوں معنے کچھ علاقہ نہیں رکھتے، نیچرل شاعری سے وہ شاعری مراد ہے جو لفظاً نیچرل کے موافق ہونے سے یہ غرض ہے کہ شعر کے الفاظ اور ان کی ترکیب و بندش تا بمقدور اس زبان کی معمولی بول چال کے موافق ہو، جس میں وہ شعر کہا گیا ہے۔ کیونکہ ہر زبان کی معمولی بول چال اور روزمرہ اس ملک والوں کے حق میں جہاں وہ زبان بولی جاتی ہے نیچر یا سیکنڈ نیچر کا حکم رکھتے ہیں۔ پس شعر کا بیان جس قدر کہ بے ضرورت معمولی بول چال اور روزمرہ سے بعید ہوگا اسی قدر اَن نیچرل سمجھ جائے گا۔ معنے نیچرل کے موافق

ہونے سے یہ مطلب ہے کہ شعر میں ایسی باتیں بیان کی جائیں جیسی کہ ہمیشہ دنیا میں ہوا کرتی ہیں یا ہونی چاہییں۔ پس جس شعر کا مضمون اس کے خلاف ہو گا وہ اَن نیچرل سمجھا جائے گا۔ مثلاً :

میر حسن :

کوئی رکھ کے زیر زنخداں چھڑی
رہی نرگس آسا کھڑی کی کھڑی
رہی کوئی انگلی کو دانتوں میں داب
کسی نے کہا گھر ہوا یہ خراب

ان دونوں شعروں کو نیچرل کہا جائے گا کیونکہ بیان بھی بول چال کے موافق ہے اور مضمون بھی ایسا ہے کہ جس موقع پر وہ لایا گیا ہے وہاں ہمیشہ ایسا ہی واقعہ ہوا کرتا ہے یا

مثلاً :

ذوق :

رہتا ہے اپنا عشق میں یوں دل سے مشورہ
جس طرح آشنا سے کرے آشنا صلاح

اس شعر کو بھی نیچرل کہا جائے گا۔ کیونکہ عشق میں اور ہر ایک مشکل کے وقت انسان اپنے دل سے ایس طرح مشورہ کیا کرتا ہے یا مثلاً :

ظفر :

ترے رخسار و گیسو سے بتا تشبیہ دوں کیونکر
نہ ہے لالہ میں رنگ ایسا نہ ہے سنبل میں بُو ایسی

اس شعر کو بھی نیچرل کہا جائے گا کیونکہ عاشق کو فی الواقع کوئی رنگ اور کوئی بُو معشوق کے رنگ و بُو سے بہتر یا اس کے برابر نہیں معلوم ہو رہی یا مثلاً :

مومن :

تم مرے پاس ہوتے ہو گویا
جب کوئی دوسرا نہیں ہوتا

یہ بھی نیچرل شعر سمجھا جائے گا کیونکہ جس سے تعلق خاطر بڑھ جاتا ہے اس کا تصور تنہائی میں ہمیشہ پیش نظر رہتا ہے یا مثلاً :

داغ :

طبیعت کوئی دن میں بھر جائے گی
چڑھی ہے یہ اندھی اُتر جائے گی

رہیں گی دم مرگ تک خواہشیں
یہ نیت کوئی آج بھر جائے گی

ان دونوں شعروں کا مضمون گو ایک دوسرے کی ضد معلوم ہوتا ہے، مگر دونوں اپنی اپنی جگہ نیچرل کے مطابق ہیں۔ فی الواقع ہوا و ہوس کا بھوت بڑے زور و شور کے ساتھ سر پر چڑھتا ہے مگر بہت جلد اتر جاتا ہے اور فی الواقع دنیا کی خواہشوں سے کبھی نیت سیر نہیں ہوتی یا مثلاً :

غالب :

رنج سے خوگر ہوا انساں تو مٹ جاتا ہے رنج
مشکلیں اتنی پڑیں مجھ پر کہ آساں ہو گئیں

یہ شعر بھی نیچرل ہے اور فطرت انسانی کی کسی قدر گہری اور پوشیدہ خاصیت کا پتہ دیتا ہے۔ جس کے بیان کرنے کے بعد کوئی شخص اس سے انکار نہیں کر سکتا۔

اوپر کے تمام اشعار جیسا کہ ظاہر ہے ایسے ہیں جن کو لفظاً اور معنیً دونوں حیثیتوں سے نیچرل کہنا چاہیے۔ اب ہم چند مثالیں ایسی دیتے ہیں جن کو لفظاً یا دونوں حیثیتوں سے نیچرل نہیں کہا جا سکتا۔ مثلاً :

ناسخ :

کبھی ہے دھیان عارض کا کبھی یادِ مژہ دل کو
کبھی ہیں خار پہلو میں کبھی گلزار پہلو میں

اس شعر کو صرف لفظاً نیچرل کہا جا سکتا ہے لیکن معنی نہیں کہا جا سکتا۔ معشوق کے تصور سے بلا شبہ عاشق کو فرحت بھی ہو سکتی ہے اور رنج بھی۔ لیکن جب فرحت ہو تو عارض اور مژگاں دونوں کے تصور سے فرحت ہونی چاہیے، جب رنج ہو تو دونوں کے تصور سے رنج ہونا چاہیے۔ یہ نہیں ہو سکتا کہ پیکاں جو خار سے مشابہ ہیں ان کے تصور سے پہلو میں خار ہوں اور عارض جو گل سے مشابہ ہے اس کے تصور سے پہلو میں گلزار ہو یا مثلاً :

غالب :

عرض کیجیے جوہر اندیشہ کی گرمی کہاں
کچھ خیال آیا تھا وحشت کا کہ صحرا جل گیا

جوہر اندیشہ میں کیسی ہی گرمی ہو یہ کسی طرح ممکن نہیں کہ اس میں صحرا نوردی کا خیال آنے سے خود صحرا جل اٹھے یا مثلاً :

امیر :

کیا نزاکت ہے جو توڑا شاخ گل سے کوئی پھول

آتش گل سے پڑے چھالے تمہارے ہاتھ میں

نزاکت کسی درجہ کی کیوں نہ ہو یہ ممکن نہیں کہ آتش گل یعنی خود گل کے چھونے سے ہاتھ میں چھالے پڑجائیں۔ یا مثلاً :

ذوق :

دفن ہے جس جا پہ کشتہ سرد مہری کا تری

بیشتر ہوتا ہے پیدا واں شجر کافور کا

سرد مہری میں اتنی ٹھنڈک ہو سکتی ہے جتنی کہ لفظ سرد میں پھر اس کے کشتہ کی خاک میں اتنا اثر ہونا کہ اس سے شجر کافور پیدا ہو۔ محض الفاظ ہی الفاظ ہیں جن میں معنی کا بالکل نام و نشان نہیں۔

ہر زبان میں نیچرل شاعری ہمیشہ قدما کے حصے میں رہی ہے۔ اگر قدما کے اول طبقہ میں شاعری کی قبولیت کا درجہ حاصل نہیں ہوتا۔ انہیں کا دوسرا طبقہ اس کو سڈول بناتا ہے اور سانچے میں ڈھال کر اس کو خوشنما اور دلربا صورت میں ظاہر کرتا ہے مگر اس کی نیچرل حالت کو اس کی خوشنمائی اور دلربائی میں بھی بدستور قائم رکھتا ہے۔ ان کے بعد متاخرین کا دور شروع ہوتا ہے۔ اگر یہ لوگ قدما کی تقلید سے قدم باہر نہیں رکھتے اور خیالات کے اسی دائرہ میں محدود رہتے ہیں جو قدما نے ظاہر کئے تھے اور نیچر کے اس

منظر سے جو قدما کے پیش نظر تھا آنکھ اٹھا کر دوسرے طرف نہیں دیکھتے تو ان کی شاعری رفتہ رفتہ نیچرل حالت سے تنزل کرتی ہے۔ یہاں تک کہ وہ نیچر کی راہ راست سے بہت دور جا پڑتے ہیں۔ اس کی مثال ایسی سمجھنی چاہیے کہ ایک باورچی نے ایسے مقام پر جہاں لوگ سالم، کچے اور الونے ماش یا مونگ پانی میں بھیگے ہوئے کھاتے تھے انہیں پانی میں ابال کر اور نمک ڈال کر لوگوں کو کھلایا۔ انہوں نے اپنی معمولی غذا سے اسی کو بہت غنیمت سمجھا۔ دوسرے باورچی نے ماش مونگ دلوا کر دل کو دھو کر اور مناسب مصالح اور گھی ڈال کر کھانا تیار کیا۔ اب تیسرے باورچی کو اگر وہ دال ہی پکانے میں اپنی استادی ظاہر کرنا چاہتا ہے اس کے سوا اور کوئی موقع تنوع پیدا کرنے کا باقی نہیں رہا کہ وہ مقدار مناسب سے زیادہ مرچیں اور کھٹائی اور گھی ڈال کر لوگوں کو اپنی چٹ پٹی ہانڈی پر فریفتہ کرئے۔

اسی مطلب کو ہم دوسری طرح پر دل نشین کرنے میں کوشش کرتے ہیں۔ فرض کرو کہ فارسی زبان میں جس پر اردو شاعری کی بنیاد رکھی گئی ہے۔ جنھوں نے اول غزل لکھی ہوگی۔ ضرور ہے کہ انہوں نے عشق و محبت کے اسباب اور دواعی محض نیچرل اور سیدھے سادے طور پر معشوق کی صورت حسن و جمال اور نگاہ اور نازو انداز وغیرہ کو قرار دیا ہوگا۔ ان کے بعد لوگوں نے انہیں باتوں کو مجاز اور استعارہ کے پیرایہ میں بیان

کیا۔ مثلاً نگاہ و ابرو یا غمزہ و ناز و ادا کو مجازاً تیغ و شمشیر کے ساتھ تعبیر کیا اور اس جدت و تازگی سے وہ مضمون زیادہ لطیف و با مزہ ہو گیا۔ متاخرین جب اسی مضمون پر پل پڑے اور ان کو قدما کے استعارہ سے بہتر کوئی اور استعارہ ہاتھ نہ آیا اور جدت پیدا کرنے کا خیال دامن گیر ہوا انہوں نے تیغ و شمشیر کے مجازی معنوں سے قطع نظر کی اور اس سے خاص سر دہی یا اصیل تلوار مراد لینے لگے جو قبضہ ، باڑ، پیپلا، آب اور ناب اور ڈاب سب کچھ رکھتی ہے ، میان میں رہتی ہے ، گلے میں حمائل کی جاتی ہے ، زخمی کرتی ہے ، ٹکڑے اڑاتی ہے ، سر اتارتی ہے ، خون بہاتی ہے ، چورنگ کاٹتی ہے ، اس کی دھار تیز بھی ہو سکتی ہے اور کُند بھی ، قاتل کا ہاتھ اس کو مارنے سے تھک سکتا ہے ، وہ قاتل کے ہاتھ سے چھوٹ کر گر سکتی ہے ۔ اس کے مقتول کا مقدمہ عدالت میں دائر ہو سکتا ہے ، اس کا قصاص لیا جا سکتا ہے ، اس کے وارثوں کو خوں بہا دیا جا سکتا ہے ۔ غرضیکہ جو خواص ایک لوہے کی اصلی تلوار میں ہو سکتے ہیں وہ سب اس کے لیے ثابت کرنے لگے ۔

یا مثلاً اگلوں نے کسی پر عاشق ہو جانے کو مجازاً دل دادن یا دل باختن یا دل فروختن سے تعبیر کیا رفتہ رفتہ متاخرین نے دل کو ایک ایسی چیز قرار دے لیا جو کہ مثل ایک جواہر یا پھل کے ہاتھ سے چھینا جا سکتا ہے ، واپس لیا جا سکتا ہے ، کھویا اور پایا جا سکتا ہے ۔

کبھی اس کی قیمت پر تکرار ہوتی ہے، سودا بنتا ہے تو دیا جاتا ہے ورنہ نہیں دیا جاتا، کبھی اس کو معشوق عاشق سے لے کر طاق میں ڈال کر بھول جاتا ہے۔ اتفاقاً وہ عاشق کے ہاتھ لگ جاتا ہے اور وہ آنکھ بچا کر وہاں سے اڑا لاتا ہے۔ پھر معشوق کے ہاں اس کی ڈھنڈیا پڑتی ہے اور عاشق اس کی رسید نہیں دیتا۔ کبھی وہ یاروں کے جلسہ میں آنکھوں ہی آنکھوں میں غایت ہو جاتا ہے۔ سارا گھر چھان مارتے ہیں کہیں پتہ نہیں لگتا۔ اتفاقاً معشوق جو بالوں میں کنگھی کرتا ہے تو وہ جوں کی طرح جھڑ پڑتا ہے۔ کبھی وہ ایسا تلپٹ ہو جاتا ہے کہ زلف یار کی ایک ایک شکن اور ایک ایک لٹ میں اس کی تلاش کی جاتی ہے۔ مگر کہیں کچھ سراغ نہیں ملتا کبھی وہ بیع بالخیار کے قاعدے سے یار کے ہاتھ اس شرط پر فروخت کیا جاتا ہے کہ پسند آئے تو رکھنا ورنہ پھیر دینا اور کبھی اس کا نیلام بول دیا جاتا ہے کہ جو زیادہ دام لگائے وہی لے جائے۔

یا مثلاً اگلوں نے معشوق کو اس لئے کہ وہ گویا لوگوں کے دل شکار کرتا ہے مجاز صیاد باندھا تھا۔ پچھلوں نے رفتہ رفتہ اس پر تمام احکامِ حقیقی صیاد کے مترتب کر دیئے۔ اب وہ کہیں جال لگا کر چڑیاں پکڑتا ہے کہیں ان کو تیر مار کر گراتا ہے کہیں ان کو زندہ پنجرے میں بند کرتا ہے۔ کہیں ان کے پر نوچتا ہے کہیں ان کو ذبح کر کے زمین پر تڑپاتا ہے۔

جب کبھی وہ تیر کمان لگا کر جنگل کی طرف جا نکلتا ہے، تمام جنگل کے پنچھی اور پکھیرو اس سے پناہ مانگتے ہیں۔ سیکڑوں پرندوں کے کباب لگا کر کھا گیا۔
بیسیوں پنجرے قمریوں اور کبوتروں اور کووں اور بٹیروں کے اس کے دروازے پر لٹکے رہتے ہیں، سارے چڑی مار اس کے آگے کان پکڑتے ہیں یا مثلاً اگلوں نے عشق ہی یا محبت روحانی کو جا ایک انسان کو دوسرے انسان کے ساتھ ہو سکتی ہے، مجازا شراب کے نشہ سے تعبیر کیا تھا اور اس مناسبت سے جام و صراحی، خم و پیمانہ اور ساقی و مے فروش وغیرہ کے الفاظ بطور استعارہ کے استعمال کیئے تھے یا بعض شعرائے متصوفین نے شراب کو اس وجہ سے کہ اس دار الغرور کے تعلقات سے تھوڑی دیر کو فارغ البال کرنے والی ہے بطور تفاول کے موصل الی المطلوب قرار دیا تھا۔ رفتہ رفتہ وہ اس کے تمام لوازمات اپنی حقیقی معنوں میں استعمال ہونے لگے کہاں تک کہ مشاعرہ بلا مبالغہ کلال کی دکان بن گیا، ایک کہتا ہے لا، دوسرا کہتا ہے اور لا، تیسرا کہتا ہے پیالہ نہیں تو اوک ہی سے پلا۔ کچھ بہک رہے ہیں اور کچھ بہکا رہے ہیں۔ کوئی واعظ پر پھبتی کہتا ہے، کوئی زاہد کی داڑھی پر ہاتھ لپکاتا ہے اور سیخ کی پگڑی اچھالتا ہے۔ جوان اور بوڑھے، جاہل اور عالم، رند اور پارسا سب ایک رنگ میں رنگے

ہوئے ہیں، جو ہے سو نشہ کے خمار میں انگڑائیاں لے رہا ہے۔ جدھر دیکھو العطش العطش کی پکار ہے۔

یا مثلاً قدما نے لاغری بدن کو اندوہ عشق یا صدمہ جدائی کا ایک لازمی نتیجہ سمجھ کر اس کو کسی موثر طریقہ سے بیان کیا تھا۔ متاخرین نے رفتہ رفتہ اس کی نوبت یہاں تک پہنچا دی کہ فراش جھاڑو دیتا ہے تو خس و خاشاک کے ساتھ عاشق زار کو سمیٹ لے جاتا ہے۔ معشوق جب صبح کو اٹھتا ہے تو عاشق کو لاغری کے سبب بستر پر نہیں پاتا۔ لاچار بچھونا جھاڑ کر دیکھتا ہے تاکہ زمین پر کچھ گرتا ہوا معلوم ہو۔ عاشق کو موت ڈھونڈتی پھرتی ہے مگر لاغری کے سبب وہ اس کو کہیں نظر نہیں آتا۔ میدان قیامت میں فرشتے چاروں طرف ڈھونڈتے پھرتے ہیں اور قاضی یوم الحساب منتظر بیٹھا ہے مگر عاشق کا لاغری کے سبب کہیں پتہ نہیں ملتا۔

اسی طرح متاخرین نے ہر مضمون کو جو قدما نیچرل طور پر باندھ گئے تھے، نیچر کی سرحد سے ایک دوسرے عالم میں پہنچا دیا۔ معشوق کے دہانہ کو تنگ کرتے کرتے صفحہ روزگار سے یک قلم مٹا دیا۔ کمر کو پتلی کرتے کرتے بالکل معدوم کر دیا، زلف کو دراز کرتے کرتے عمرِ خضر سے بھی بڑھا دیا، رشک کو بڑھاتے بڑھاتے خدا سے بھی بدگمان بن گئے، جدائی کی رات کو طول دیتے دیتے ابد سے جا بھڑایا۔ الغرض جب پچھلے انہیں

مضامین کو جو اگلے باندھ گئے ہیں اوڑھنا اور بچھونا بنا لیتے ہیں تو ان کو مجبوراً نیچرل شاعری سے دست بردار ہونا اور میل کا بیل بنانا پڑتا ہے۔

اس بات کے زیادہ ذہن نشین کرنے کے لیے (کہ شاعری کا آغاز کس حالت میں ہوتا ہے اور پھر قدما کا دوسرا طبقہ اس کو کس طرح اسی نیچرل حالت میں درست کرتا ہے اور ان کے بعد متاخرین اس کو کیا چیز بنا دیتے ہیں) اردو شعرا کے ہر ہر طبقہ کلام میں سے کچھ کچھ مثالیں نقل کرنی مناسب معلوم ہوتی ہیں۔

پہلی مثال :

شاہ آبرو جو اردو شعرا کے سب سے پہلے طبقہ میں شمار ہوتے ہیں وہ اس کیفیت کو جو معشوق کے دیکھنے سے عاشق کے دل میں پیدا ہوتی ہے اس طرح بیان کرتے ہیں :

نین سین نین جب ملائے گیا
دل کے اندر مرے سمائے گیا
نگہ گرم سیں مرے دل میں
خوش نین آگ سی لگائے گیا

مرزا رفیع سودا، جن کو دوسرے طبقہ میں شمار کرنا چاہیے وہ اسی کیفیت کو اس طرح بیان کرتے ہیں :

سودا جو ترا حال ہے اتنا تو نہیں وہ
کیا جانئے تو نے اسے کس آن میں دیکھا

میر تقی جو مرزا رفیع کے معاصر ہیں وہ اسی کیفیت کو یوں ادا کرتے ہیں :

نہیں ہے چاہ بھیلی اتنی بھی دعا کر میر
کہ اب جو دیکھوں اسے میں بہت نہ پیار آوے

خواجہ حیدر علی آتش جن کو چوتھے پانچویں طبقہ میں سمجھا گیا ہے وہ اسی کیفیت کو یوں بیان فرماتے ہیں :

تختہ نردِ عشق دل کھیلا جو حسن یار سے
چھٹ گئے ایسے مرے چھکے کہ ششدر رہو گیا

دوسری مثال :

شاہ آبرو اس طویل مدت کو جو مفارقت کے زمانے میں عاشق کو محسوس ہوتا ہے اس طرح بیان کرتے ہیں :

جدائی کے زمانہ کی سجن کیا زیادتی کے لیے
کہ اس ظالم کی جو ہم پر گھڑی گزری سو جُگ بیتا

اسی مضمون کو میر نے یوں ادا کیا ہے :

ہر آن ہم کو تجھ بن اک اک برس ہوئی ہے

کیا آگیا زمانہ اے یار رفتہ رفتہ

ناسخ جو پانچویں طبقہ میں ہیں وہ اس مضمون کو یوں باندھتے ہیں :

جائے کافور سحر چاہیے کافورِ حنوط

یہ شبِ ہجر ہے یارو شبِ دیجور نہیں

یعنی شبِ ہجر جب تک ہماری جان نہ لے گی ٹلنے والی نہیں ہے پس کافور سحر کی توقع رکھنی عبث ہے۔ بلکہ اس کی جگہ کافورِ حنوط غسلِ میت کے لیے درکار ہے۔ اگرچہ مضمون کے لحاظ سے تینوں شعروں کو نیچرل کہا جا سکتا ہے کیونکہ شوق و انتظار کی حالت میں ممکن ہے کہ عاشق کو ایک ایک گھڑی جُگ اور ایک ایک آن برس کے برابر معلوم ہو اور ممکن ہے کہ عاشق طولِ شبِ فراق سے تنگ آ کر جینے سے مایوس ہو جائے۔ مگر ناسخ کی طرز بیان اردو کی معمولی بول چال سے اس قدر بعید ہے کہ اس کو کسی طرح نیچرل بیان نہیں کہا جا سکتا۔

تیسری مثال :

شاہ حاتم جو پہلے طبقہ میں شمار کیے گئے ہیں وہ دوست کے ملنے کی آرزو اور اس کے دیکھنے کے شوق کو اس طرح بیان کرتے ہیں :

زندگی دردِ سر ہوئی حاتم

کب ملے گا مجھے پیا میرا

اس مضمون کو میر نے یوں باندھا ہے

وصل اس کا خدا نصیب کرے

میر دل چاہتا ہے کیا کیا کچھ

سودا یوں کہتے ہیں :

دل کو یہ آرزو ہے صبا کوئے یار میں

ہمراہ تیرے پہنچئے مل کر غبار میں

منشی امیر احمد صاحب امیر جو موجودہ طبقہ کے مشہور شاعر ہیں وہ اسی مضمون کو یوں ادا کرتے ہیں :

واکردہ چشم دل صفتِ نقش پا ہوں میں

ہر رہ گزر میں راہ تری دیکھتا ہوں میں

اس مثال میں بھی تینوں شعروں کو اگرچہ خیال کے لحاظ سے نیچرل کہا جا سکتا ہے مگر اخیر شعر کے بیان کے بمقابلہ حاتم اور میر و مرزا کے صاف تصنع اور ساختگی پائی جاتی

ہے اور بیان نیچرل نہیں رہا۔ اگر زیادہ تفحص کیا جائے تو ان سے بہت زیادہ صریح اور صاف مثالیں کثرت سے مل سکتی ہیں۔

اوپر کے بیان سے یہ ہر گز سمجھنا نہیں چاہیے کہ متاخرین کی شاعری ان نیچرل ہوتی ہے۔ نہیں بلکہ ممکن ہے کہ متاخرین میں کچھ ایسے لوگ بھی ہوں جو قدما کی جولاں گاہ کے علاوہ ایک دوسرے میدان میں طبع آزمائی کریں یا اسی جولاں گاہ کو کسی قدر وسعت دیں یا زبان میں بہ نسبت متقدمین کے زیادہ گھلاوٹ اور لوچ اور وسعت اور صفائی پیدا کر سکیں، چنانچہ ہم دیکھتے ہیں کہ لکھنؤ میں میر انیس نے مرثیہ کو بے انتہا ترقی دی ہے۔ نواب مرزا شوق نے مثنوی کو زبان اور بیان کے لحاظ سے بہت صاف کیا ہے۔ اسی طرح دلی میں ذوق، ظفر اور خاص کر داغ نے غزل کی زبان میں نہایت وسعت اور صفائی اور بانکپن پیدا کر دیا ہے۔ جیسا کہ ہم آگے چل کر کسی قدر تفصیل کے ساتھ بیان کریں گے۔

زبان کو درستی کے ساتھ استعمال کرنا

تیسری بات زبان اردو کو درستی اور صفائی کے ساتھ استعمال کرنا ہے۔ اگرچہ اردو کم و بیش تمام اطراف ہندوستان میں متداول ہے۔ لیکن ممکن ہے کہ بعض ممالک کے

باشندے اپنی خاص زبان میں بہ نسبت اردو زبان کے زیادہ آسانی سے شعر سر انجام کر سکیں۔

پس اگر ہمارے ہم وطنوں میں کوئی شخص اپنی خاص زبان میں شعر کہنا چاہے تو اس سے بہتر کوئی بات نہیں ہے۔ کیونکہ مادری زبان سے بہتر اور سہل تر کوئی آلہ اظہار خیالات کا نہیں ہو سکتا۔ لارڈ بکالے کا قول ہے کہ "کوئی عمدہ کلام جو خیالات کا مجموعہ ہو کبھی کسی شخص نے سر انجام نہیں کیا مگر ایسی زبان میں جس کی نسبت اس کو مطلق یاد نہ ہو کہ کب سیکھی اور کیونکر سیکھی اور جس کی گریمر جاننے سے پہلے وہ ایک مدت تک اس میں گفتگو کرتا رہا۔ وہ لکھتے ہیں کہ ''روما کے بڑے بڑے لائق آدمیوں نے فرانسیسی زبان میں اشعار لکھے۔ مگر ان میں سے کوئی شعر صفحہ روزگار پر یادگار نہ رہا۔ انگلستان کے بہت سے خوش فکر اور طباع آدمیوں نے لاطینی میں دیوان مرتب کیئے۔ مگر ان میں سے ایک دیوان بھی یہاں تک کہ ملٹن کا دیوان بھی شاعری کے لحاظ سے اول درجہ کا شمار نہیں کیا جا سکتا۔ بلکہ دوسرے درجہ میں بھی کچھ امتیاز نہیں رکھتا۔'' پس جیسا کہ ملکہ شاعری ایک فطری اور جبلی چیز ہے، اسی طرح اس کو کام لانے کے لیے ایسے آلہ کا استعمال زیادہ مناسب ہو گا جو بمنزلہ فطری اور جبلی چیزوں کے ہو اور وہ مادری زبان کے سوا اور کوئی زبان نہیں ہو سکتی۔

لیکن چونکہ اردو زبان ہندوستان کی اور تمام زندہ زبانوں کی نسبت بالاتفاق زیادہ وسیع اور خیالات ادا کرنے کے زیادہ لائق ہے۔ تمام اطراف ہندوستان میں عموماً بولی اور سمجھی جاتی ہے اور اس بات کی زیادہ مستحق ہے کہ اسی کو ہندوستان کی قومی زبان بنایا جائے اور جہاں تک ممکن ہو اسی کو ترقی دی جائے نیز اس کا حاصل کرنا اور اس میں مہارت بہم پہنچانی ہندوستان کے باشندوں کو اتنی دشوار نہیں ہے جتنی کہ اور غیر مادری زبانوں میں دشوار ہوتی ہے۔

اس کے سوا ہندوستان کی تمام زندہ زبانوں میں بالفعل کوئی زبان ایسی نہیں معلوم ہوتی جس میں اردو کے برابر شعر کا ذخیرہ موجود ہو۔ اس لیے یہ زیادہ مناسب معلوم ہوتا ہے کہ ہمارے ہم وطنوں میں جو شخص شعر کہنا اختیار کرئے وہ اردو ہی کو اپنے خیالات ظاہر کرنے کا آلہ قرار دے۔

ہندوستان میں جیسا کہ عموماً تسلیم کیا جاتا ہے کہ صرف دو شہر ہیں جہاں کی اردو معتبر سمجھی جاتی ہے دلی اور لکھنؤ۔ دلی کی زبان اس لیے ٹکسالی زبان سمجھی جاتی ہے کہ اردو کہ حدوث اور نشو ونما اسی خطہ میں ہوا ہے۔ لکھنؤ کی زبان کو اس واسطے مستند مانا جاتا ہے کہ سلطنت مغلیہ کے زوال کی ابتدا سے شرفائے دہلی کے بے شمار خاندان ایک مدت تک لکھنؤ میں جا جا کر آباد ہوتے رہے اور ہمیشہ کے لیے وہیں رہ پڑے۔ پس

ہندوستان کے کسی شہر کو اہل دہلی سے اس قدر میل جول کو موقع نہیں ملا جس قدر لکھنؤ کو ملا ہے ۔ یہاں تک کہ دونوں شہروں کی زبان میں ایک خاص مماثلت پیدا ہو گئی ہے اور خاص خاص الفاظ و محاورات کے سوا دونوں جگہ کی بول چال اور لب و لہجہ میں کوئی معتدبہ فرق نہیں معلوم ہوتا۔

کوئی زبان تمام ملک میں یکساں طور پر اس وقت تک شائع نہیں ہو سکتی جب تک کہ مندرجہ ذیل ذریعے ملک میں مہیا نہ ہوں :

۱) اس زبان کی معتبر اور جامع ڈکشنری کا تیار ہونا

۲) اس کی جامع گریمر کا مرتب ہونا

۳) اس میں کثرت سے نظر و نثر کی کتابوں کا تصنیف و تالیف ہو کر شائع ہونا۔

۴) اس زبان کے خیالات اور رسائل کا تمام اطراف و جوانب ملک میں اشاعت پانا۔

ظاہر ہے کہ نہ آج تک اردو کی کوئی جامع اور مستند ڈکشنری تیار ہوئی ہے اور نہ اس کی کوئی ایسی گریمر لکھی گئی ہے. جس سے زبان سیکھنے میں کافی مدد ملنے کی امید ہو۔ اردو میں تصنیف و تالیف کا رواج اور اخبارات وغیرہ کی شاعر زیادہ تر بیس پچیس برس سے ہوئی ہے اور اس قدر قلیل مدت زبان کی ترویج کے لیے کافی نہیں ہو سکتی۔

اگرچہ یہ نہایت خوشی کی بات ہے کہ اردو لٹریچر کی جس قدر اشاعت ملک میں زیادہ ہوتی جاتی ہے اسی قدر اردو زبان کی تحریر اور نظم و نثر لکھنے کا طریقہ اطراف ہندوستان میں عموماً بڑھتا جاتا ہے۔ لیکن شاعرانہ خیالات اور خاص کر نیچرل شاعری کے فرائض ٹکسالی زبان میں ادا کرنے کے لیے ایسے محدود ذریعے شاید کافی نہ ہوں۔ اگرچہ ایک جامع اور مستند ڈکشنری بھی (اگر کوئی ہو) اس مقصد کے پورا کرنے میں بہت کچھ مدد پہنچا سکتی ہے۔ مگر اس باب میں سب سے زیادہ مفید اہل زبان کی صحبت اور ان کی سوسائٹی میں اتنی مدت تک بسر کرنا ہے کہ ان کے الفاظ و محاورات بقدر معتدبہ نامعلوم طور پر زبان پر چڑھ جائیں لیکن چونکہ ایسا موقع ہر شخص کو ملنا دشوار ہے اس لیے ضروری ہے کہ شعرائے اہل زبان کا کلام جس قدر زیادہ ممکن ہو غوراور توجہ سے بار بار دیکھا جائے نہ اس ارادے سے کہ خیالات اور مضامین میں ان کی تقلید کی جائے بلکہ اس نظر سے کہ وہ الفاظ اور محاورات کو کس طرح استعمال کرتے ہیں اور خیالات کو کن اسلوبوں اور کن پیرایوں میں ادا کرتے ہیں

ابن خلدون کہتے ہیں کہ ''ایک عجمی فصحائے عرب کے کلام کی ممارست سے اہل زبان میں شمار ہونے کے لائق ہو سکتا ہے۔''پس ہندوستان کے باشندے اس بات کے

زیادہ مستحق ہیں کہ وہ اہل زبان کے کلام کی مزاولت سے مثل اہل زبان کے سمجھے جائیں۔

اگرچہ دلی کے بہت سے عمدہ شاعروں کا کلام ابھی تک شائع نہیں ہوا۔ جیسے خواجہ میر اثر، شاہ نصیر، میر ممنون، معروف، عارف وغیرہ حالانکہ ان بزرگوں کے بسوط اور ضخیم دیوان موجود ہیں۔ لکھنؤ میں کچھ عجب نہیں کہ وہاں کے بعض مستند لوگوں کا کلام شائع نہ ہوا ہو۔ لیکن جن لوگوں کے دیوان اور کلیات شائع ہو چکے ہیں ان کی تعداد بھی کچھ کم نہیں۔ اور ان میں میر، سودا، درد، جرات، انشا، مصحفی، میر حسن، ناسخ، آتش، وزیر، غالب، ذوق، ظفر، شیفتہ، داغ، سالک، شوق[12]، رند، اسیر، برق، امیر وغیرہم کا ہر قسم کا کلام خواہ غزل ہو خواہ مثنوی خواہ قصیدہ خواہ قطعہ و رباعی خواہ واسوخت سب دیکھنا چاہیے اور سب سے زیادہ اہم اور ضروری خلیق، ضمیر، انیس، دبیر اور مونس وغیرہم کے مرثیوں کا مطالعہ ہے اگرچہ بعضے دیوان اور مثنویاں جن کا اوپر ذکر کیا گیا سراسر لغو خیالات اور بیہودہ مضامین سے بھری ہوئی ہیں۔ لیکن جو لوگ محض زبان سے غرض رکھتے ہیں۔ ان کو خیالات کی لغویت اور مضامین کی بیہودگی سے چشم پوشی اور اغماض کرنا چاہیے اور نہایت صبر و تحمل کے ساتھ الفاظ و محاورات اور طرزِ ادا اور

---

[12] شوق سے مراد نواب مرزا لکھنوی ہے۔ جس کہ بہارِ عشق، زہرِ عشق وغیرہ مثنویاں مشہور ہیں۔

اندازِ بیان پر ہمت مقصود رکھنی اور خذ ما صفا ودع ما کدر پر عمل کرنا چاہیے۔ نظم کے علاوہ اردو لٹریچر میں جس قدر علمی، تاریخی، مذہبی اور اخلاقی مضامین پر مستند اہل زبان نے کتابیں لکھی ہیں، ان سے بھی فائدہ اٹھانا چاہیے۔

جو لوگ اپنے تئیں اردو زبان کا مالک سمجھتے ہیں یعنی اہل دہلی یا اہل لکھنؤ ان کو اس بات پر فخر کرنا نہیں چاہیے کہ ہماری زبان کا لوگ اتباع کرتے ہیں اور ہمارے روزمرہ کی پیروی کی جاتی ہے۔ ان کو یاد رکھنا چاہیے کہ اگر وہ اپنی زبان کی خبر نہ لیں گے، اس کے محفوظ رکھنے کے وسائل بہم نہ پہنچائیں گے۔ اس کے الفاظ و محاورات کو نہایت احتیاط کے ساتھ فراہم اور مرتب نہ کریں گے اور اس کی نظم و نثر کو زمانہ کے مذاق کے موافق ترقی نہ دیں گے تو ان کی زبان کو وہ حصہ جس پر ان کو فخر ہے اور جو ان کی اور تمام ہندوستان کی اردو میں مابہ الامتیاز ہے وہ حرفِ غلط کی طرح صفحہ روزگار سے محو ہو جائے گا اور یہی بری بھلی اردو جو عام اخبارات اور جدید تصنیفات کے ذریعہ سے ملک میں پھیل رہی ہے اور جس کو وہ اب تک حقارت کی نظر سے دیکھتے رہے ہیں۔ زیادہ سے زیادہ نصف صدی میں ملک کی ٹکسالی اور فصیح زبان قرار پا جائے گی۔ کیا ان کو معلوم نہیں ہے کہ عرب میں جب شعر و انشا کی سر د بازادی ہوئی اور عربی نظم و نثر کے مالک غیر ملکوں کے باشندے ہو گئے۔ رفتہ رفتہ وہ کلیسکل عربی جس پر عربوں کو

نازتھا، لٹریری دنیا سے رخصت ہوگئی اور وہی بچھڑی زبان جس کو عرب عرباحقارت کی نظر سے دیکھتے تھے، تمام عربی لٹریچر پر چھا گئی اور شام و روم و مصر و بربر و سوڈان وغیرہ میں عموماً پھیل گئی۔ یہاں تک کہ آج وہی زبان ٹکسالی اور فصیح عربی سمجھی جاتی ہے۔ ایسا ہی انجام دلی اور لکھنؤ کی زبان کا اگر اس کی جلد خبر نہ لی گئی، ہوتا نظر آتا ہے۔ دلی جس کو اردوئے معلیٰ کا مسقط الراس اور جنم بھوم کہنا چاہیے۔ وہاں مصنف اوناظم و تاثر پیدا ہونے موقوف ہو گئے ہیں۔ پرانے لوگوں میں سے چند نفوس جن کو چراغ سحری سمجھنا چاہیے باقی رہ گئے ہیں ان کے بعد بالکل سناٹا نظر آتا ہے۔ لکھنؤ کا حال اگرچہ بظاہر ایسا نہیں معلوم ہوتا وہاں شاعری کا چرچا دلی سے بہت زیادہ سننے میں آتا ہے۔ وہاں سے ناول اور ڈراما برابر ملک میں شائع ہوتے رہتے ہیں۔ مگر افسوس ہے کہ ان کا قدم زمانہ کی رفتار کے متوازی نہیں اٹھتا۔ وہ جس قدر آگے بڑھتے جاتے ہیں اسی قدر ترقی کے رستے سے دور ہوتے جاتے ہیں۔

اردو زبان پر قدرت حاصل کرنے کے لیے صرف دلی یا لکھنؤ کی زبان کی تتبع ہی کافی نہیں ہے بلکہ یہ بھی ضروری ہے کہ عربی اور فارسی میں کم از کم متوسط درجہ کی لیاقت اور نیز ہندی بھاشا میں فی الجملہ دستگاہ بہم پہنچائی جائے۔ اردو زبان کی بنیاد جیسا کہ معلوم ہے ہندی بھاشا پر رکھی گئی ہے، اس کے تمام افعال اور تمام حروف اور

غالب حصہ اسما کا ہندی سے ماخوذ ہے اور اردو شاعری کی بنا فارسی شاعری پر جو عربی شاعری سے مستفاد ہے، قائم ہوئی ہے نیز اردو زبان میں بہت بڑا حصہ اسما اسما کا عربی اور فارسی سے ماخوذ ہے۔ پس اردو زبان کا شاعر جو ہندی بھاشا کو مطلق نہیں جانتا اور محض عربی و فارسی کے تان گاڑی چلاتا ہے وہ گویا اپنی گاڑی بغیر پہیوں کے منزل مقصود تک پہنچانی چاہتا ہے۔ اور جو عربی و فارسی سے نابلد ہے اور صرف ہندی بھاشا یا محض مادری زبان کے بھروسے پر اس بوجھ کا متحمل ہوتا ہے وہ ایک ایسی گاڑی ٹھیلتا ہے جس میں بیل نہیں جوتے گئے۔

زبان کے متعلق ایک اور بات لحاظ کے قابل ہے۔ نیچرل شاعری کے لئے جیسا کہ ظاہر ہے ہماری موجودہ زبان کافی نہیں ہے۔ اس لیے ضروری ہے کہ اس میں وسعت پیدا کی جائے۔ پس اہل لکھنؤ جو زبان کے دائرہ کو روز بروز زیادہ تنگ کرتے جاتے ہیں، یہ امر مقتضائے وقت کے بالکل خلاف ہے۔ لکھنؤ میں ایک صاحب نے ۱۸۹۰ عیسوی میں ایک رسالہ شعر و سخن کے متعلق لکھا ہے۔

اس میں کچھ اوپر پچاس لفظ ایسے لکھے ہیں جو کو خود صاحب رسالہ اور اہل لکھنؤ واجب الترک خیال کرتے ہیں۔ بعضے ان میں سے خاص لکھنؤ کے ساتھ مختص ہیں۔ اہل دہلی کبھی اس طرح نہیں بولتے جیسے اندھیارا اندھیرے کی جگہ، اجیالا، اجالے کی جگہ، کیونکر

سے 'کیونکہ کی جگہ۔ ایسے الفاظ کا ترک کرنا ہم بھی نہایت مناسب سمجھتے ہیں۔ کیونکہ اس سے لکھنؤ اور دلی کی زبان میں مطابقت پیدا ہوتی ہے۔ اگر اہل لکھنؤ ایسے الفاظ ترک کرنے پر آمادہ ہوں تو ہم اور بہت سے الفاظ حاضر کرسکتے ہیں۔ ایسے الفاظ ترک کرنے سے زبان کی وسعت میں بھی کچھ ایسا فرق نہیں آتا۔

اسی رسالہ میں بعضے، ایسے الفاظ کو واجب الترک قرار دیا ہے جو اصل زبان کی گریمر یا قیاس لغوی کے خلاف برتے اور بولے جاتے ہیں۔ جیسے موسم بفتح سین یا میت بفتح یا، یا نشا بروزن وگا کہ عربی گریمر یا لغت کے موافق موسم بروزن مسجد اور میت بکسرہ یا نشاۃ بروزن وحدت ہے۔ لیکن فی الحقیقت یہ ایک غلطی ہے جو اکثر ہمارے عربی دانوں کو علم لسان کی ناواقفیت سے پیش آتی ہے ان کو یہ معلوم نہیں ہے کہ ایک زبان کے الفاظ دوسرے زبان میں منتقل ہوکر کبھی اصلی صورت پر قائم نہیں رہ سکتے۔ الا ماشاء اللہ دور کیوں جاؤ۔ ہماری اردو ہی میں ہزاروں لفظ سنسکرت، پراکرت اور بھاشا کے داخل ہیں۔ باوجود اس کے شاذونادر ہی ایسے الفاظ نکلیں گے جو اپنی اصلی صورت پر قائم ہوں۔ مثلاً گھر، گھڑا، اجالا، آدھا، اندھیرا، آسرا، آنکھ، آگے، انگلی یہ تمام الفاظ سنسکرت کے مفصلہ ذیل الفاظ سے بگڑے ہوئے ہیں۔ یعنی گرہ، گھٹ، اجل، اردھ، اندھکار، آشرے، اکھی، اگز، اگرو اسی طرح پراکرت اور بھاشا کے صدہا

لفظ اپنی اصل کے خلاف ہمارے زبان میں مستعمل ہیں۔ مگر چونکہ ان کی اصلیت سے واقف نہیں ہیں، اس لیے ان کو صحیح سمجھ کر بے تکلف بولتے اور برتتے ہیں۔ لیکن عربی یا فارسی جس سے کہ ان کو فی الجملہ واقفیت ہے جہاں اس کا کوئی لفظ اصل زبان کے خلاف کسی کی اردو نظم یا نثر میں دیکھا اور فوراً ناک چڑھائی۔ حالانکہ خود عربی کے بہت سے الفاظ اصل وضع کے خلاف استعمال کرتے ہیں۔ مثلاً غش بجائے غشی، مسلمان بجائے مسلم، محافہ بجائے محفہ، غلطی بجائے غلط، زیادتی بجائے زیادت، سلامتی بجائے سلامت، ہدیہ بجائے ہدّیہ، مغیلاں بجائے ام غیلاں، محابا و مدارا وغیرہ بجائے محابات و مدارات وغیرہ کے۔ علی ہذالقیاس۔ فارسی کے الفاظ بھی اکثر اردو میں غلط بولے جاتے ہیں۔ اہل ایران عربی کے صدہا لفظ غلط تلفظ کے ساتھ غلط معنوں میں استعمال کرتے ہیں۔ مثلاً صم و بکم بجائے اصم و ابکم۔ حور بجائے حورا، ابدال بجائے بدیل، فضولی بجائے فضول، حضوری بجائے حضور۔ قران بجائے قرآن، مشاطہ بجائے مشاطہ، مواسا و مفواجا وغیرہ بجائے مواسات و مفاجات وغیرہ۔ انگریزی میں تمام دنیا کی زبانوں سے الفاظ لئے گئے ہیں۔ مگر کسی لفظ کو اس کی اصلی صورت پر قائم نہیں رکھا۔ مثلاً خلیفہ، ترجمان، مخزن، نواب، تعریف، قطن، امر البحر، عثمان، فردوس، منارہ، سپاہی، شغال، کارواں، شکر، قرمزی کی جگہ جو کہ عربی و فارسی زبان

کے الفاظ ہیں، کیلف، ڈریگومین، میگزین، جیباب، ٹیرف، کاٹن، ایڈمرل، اوٹومن، پیرے ڈائز، ہنرٹ، ہیولے، جیکول، کیرؤن، شگر، کرمسن بولتے اور استعمالکرتے ہیں۔ اسی طرح جہاں استقرا کیا جاتا ہے۔ کسی زبان کے الفاظ دوسرے زبان میں جا کر اپنی اصلی وضع پر قائم نہیں رہتے۔ پس جب کہ موسم یا میت یا نشا وغیرہ الفاظ ہمارے خاص و عام سب کی زبان پر جاری ہیں تو اردو نظم و نثر میں ان کو کیوں نہ استعمال کیا جائے۔ بات یہ ہے کہ ایسے لفظوں کو جو عربی یا فارسی یا انگریزی سے اردو میں لئے گئے ہیں اور اصل وضع کے خلاف عموماً مستعمل ہوتے ہیں۔ یہ سمجھنا ہی غلطی ہے کہ وہ موجودہ صورت میں عربی یا فارسی یا انگریزی کے الفاظ ہیں نہیں بلکہ ان کو اردو کے الفاظ سمجھنا چاہیے۔ جو اصل کے لحاظ سے عربی یا فارسی یا انگریزی سے ماخوذ ہیں۔ ایسے لفظوں کو غلط سمجھ کر ترک کرنا اور ان کو اصل کے موافق استعمال کرنے پر مجبور کرنا بعینہ ایسی بات ہے کہ لالٹین کے بولنے سے لوگوں کو منع کیا جائے اور لین ٹرن بولنے پر مجبور کیا جائے یا گھڑا بولنے سے روکا جائے اور گھٹ بولنے کی تاکید کی جائے۔

عام غلطی اور عوام کی غلطی میں بہت بڑا فرق ہے۔ جو غلط الفاظ خاص و عام دونوں کی زبان پر جاری ہو جائیں وہ عام غلطی میں داخل ہیں، ایسے الفاظ کا بولنا جائز ہی نہیں بلکہ

صحیح بولنے سے بہتر ہے۔ ہاں جو غلط الفاظ صرف عوام اور جُہلا کی زبان پر جاری ہوں نہ کہ خواص اور پڑھے لکھوں کی زبان پر البتہ ایسے الفاظ کو ترک کرنا واجب ہے۔ جیسے مزاج کو مجاز کہنا، منکر کو نا منکر، خالص کو نخالص، ناحق کو بے ناحق، دروازہ کو دروزہ، نسخہ کو نخسہ وغیرہ وغیرہ۔

ان کے سوا بہت سے ایسے الفاظ واجب الترک بتائے جو شعرائے متقدمین نے عموماً استعمال کیے ہیں اور دہلی کے بعض شعرا اب بھی استعمال کرتے ہیں اور اگر روزمرہ کی بول چال کے لحاظ سے دیکھا جائے تو آج تک دلی کے خواص و عام برابر بولتے رہے۔ جیسے تئیں، کبھو، کسو، آن کے، آخرش، پہنانا (پہنانے کی جگہ)، تلانا، دکھلانا وغیرہ۔ سدا (بمعنی ہمیشہ) تلک، سمیت، مت، بجائے حرف نفی، بن (بمعنی بے یا بغیر) پہ (پر کی جگہ)، کیجیۓ، دیجیۓ لیجیۓ، بجائے کیجیۓ، دیجیۓ، لیجیۓ، مرا، ترا، میرا اور تیرا کی جگہ، پر بمعنی مگر اک بجائے ایک، زور بمعنی عجیب یا نہایت۔

یہ الفاظ شاید لکھنؤ میں ترک ہو گئے ہوں یا ہو جائیں لیکن دہلی اور مضافات دہلی میں وہ کم و بیش برابر بولے جاتے ہیں اور زمانہ کا اقتضا یہ ہے کہ وہ ہمیشہ بولے جائیں گے اور بولے نہ جائیں تو تحریروں میں ضرور مستعمل رہیں گے۔ شاید نثر میں بعض الفاظ کی

ضرورت نہ پڑے لیکن شعر میں ان کی ضرورت ہمیشہ رہے گی۔ (اگرچہ اس میں کلام ہے کہ شعر کی بھی ضرورت رہے گی یا نہیں)۔

جو صاحب ایسے الفاظ ترک کرنے کی عام ہدایت کرتے ہیں ان کی مثال ان لوگوں کی سی ہے جو آپ ملتان میں مقیم اور کشمیر جانے والوں کی اجازت نہیں دیتے کہ جڑاول کا بوجھ اپنے ساتھ باندھ کر لے جائیں۔

اس مضمون کے متعلق زیادہ بحث کرنی فضول معلوم ہوتی ہے کیونکہ جس ضرورت کے لحاظ سے ہم زبان کے دائرہ کو تنگ کرنا مناسب نہیں سمجھتے۔ اگر فی الواقع وہ ضرورت پیش آنے والی ہے تو یہ قیدیں خود بخود اٹھتی چلی جائیں گی اور لوگوں کے بجائے اس کے کہ اپنی زبان کو تنگ اور محدود کر دیں مجبوراً دوسری زبانوں سے دریوزہ گری کرنی پڑے گی۔ اور گر اردو لٹریچر کی ترقی کا خیال ایسا ہی دوراز کار خیال ہے جیسا کہ مسلمانوں کی علمی، تمدنی اور اخلاقی ترقیات کا تو یہ بحث پیش از وقت نہیں بلکہ ناوقت ہو گی۔

فکر شعر کی طرف کس حالت میں متوجہ ہونا چاہیے

چوتھی بات یہ تھی کہ فکر شعر کی طرف کس حالت میں متوجہ ہونا چاہیے۔ بعضوں کی یہ رائے ہے کہ رات کو سونے سے پہلے اور دن کو طعام چاشت سے پہلے شعر میں طبیعت زیادہ راہ دیتی ہے۔ کسی حکیم کا قول ہے کہ 'وحشی مضامین کی رام کرنے والی کوئی چیز ایسی نہیں ہے جیسا آب رواں اور تنہائی اور بلند نشیمن' لیکن ہمارے نزدیک فکر شعر کے لیے کوئی موقع اور محل اس سے بہتر نہیں کہ کسی مضمون کا جوش شاعر کے دل میں خود بخود پیدا ہو۔ پھر اس کے لیے باغ اور جنگل آبادی اور ویرانی، سبزہ زار اور چٹیل میدان، آب رواں اور پٹپر زمین سب برابر ہے۔ ابو نواس جب تک کہ پھولوں کے گلدستے اس کے سامنے نہ رکھے جاتے تھے شعر کی فکر نہیں کرتا تھا ابو العتاہیہ نے ایک روز اس سے پوچھا کہ کیا آپ کو بغیر اس کے مضمون نہیں سوجھتا میں تو بیت الخلا میں شعر کہا کرتا ہوں۔ ابو نواس نے کہا۔ 'اسی لیے تو اس میں سے بُو آتی ہے۔' لیکن ہمارے نزدیک فکر شعر کے لئے نہ گلدستوں کی ضرورت ہے اور نہ بیت

الخلا میں بیٹھنے کی، بلکہ صرف جوش اور ولولے کی ضرورت ہے جو کسی قید اور شرط کا محتاج نہیں ہے۔ کثیر[13] سے لوگوں نے پوچھا کہ تو نے شعر کہنا کیوں چھوڑ دیا۔

''جوانی جس سے امنگ دل میں پیدا ہوئی تھی گزر گئی عزہ جو دل کو گرماتی تھی مر گئی اور عبد العزیز جس سے صلہ کی توقع بھی، وہ بھی نہ رہا، اب کون سی چیز باقی ہے جو شعر کہلوائے۔'

گویا اس نے اس بات کا اشارہ کیا ہے کہ جب تک دل میں کسی قسم کا جوش اور ولولہ نہ ہو اس وقت تک شعر سرانجام نہیں ہو سکتا۔ فرزوق کہا کرتا تھا کہ 'میں یاس و نومیدی کی حالت میں اشعر الناس ہوں لیکن بعض اوقات میرا یہ حال ہوتا ہے کہ دانت کو مسوڑے سے اُکھیڑنا مجھ کو زیادہ آسان معلوم ہوتا ہے بہ نسبت شعر کہنے کے۔' یعنی بغیر اقتضائے طبیعی اور دلی جوش کے شعر سرانجام نہیں ہو سکتا۔ خریمی شاعر سے پوچھا گیا کہ کیا سبب ہے تیرے مدحیہ قصیدے جو محمد بن منصور کی شان میں اس کی زندگی میں تو نے لکھے تھے بہ نسبت مرثیوں کے جواب تو اس کی نسبت لکھتا ہے زیادہ عمدہ ہیں؟ اس نے تسلیم کیا اور نہایت ایمانداری سے جواب دیا کہ ''ہماری امیدیں اور

---

[13] کثیر ایک مشہور عرب کا شاعر تھا جس کی معشوقہ کا نام عزہ تھا اور عبدالعزیز بن مروان اس کا ممدوح تھا۔ جہاں کثیر عزہ لکھتے ہیں وہاں اسی سے مراد ہوتی ہے۔

خواہشیں زیادہ قوی اور پُر زور ہیں بہ نسبت ہماری وفاداری اور حق گزاری کے۔ قصیدے ہم سے امید لکھواتی ہے اور مرثیے وفاداری لکھواتی ہے۔ اس لیے دونوں میں فرق بین نظر آتا ہے۔'' غرضیکہ جب تک دل میں کسی بات کی چیٹک نہ ہو قوتِ متخیلہ مضامین کے القا کرنے میں فیاضی نہیں کرتی۔ مگر جوش شاعر کے کلام میں جبھی تک باقی رہ سکتا ہے کہ کوئی شے اس کی آزادی کی مزاحم نہ ہویا اس کی آزاد طبیعت کسی خوف اور روک ٹوک کی کچھ پرواہ نہ کرئے۔ ورنہ ممکن ہے کہ جس مضمون کا جوش فی الواقع اس کی طبیعت میں موجود ہے اس کو وہ عمدگی اور خوبی کے ساتھ ادا نہ کرسکے۔

آزادی کی مزاحمت کئی طرح ہوتی ہے۔ کبھی شاعر کو کسی کا خوف اپنے خیالات آزادانہ ظاہر کرنے سے مانع ہوتا ہے۔ چنانچہ کثیر عزہ اور کمیت بن زید جو نہایت پکے شیعی تھے ان کی نسبت کہا گیا ہے کہ جو کچھ انہوں نے بنی ہاشم کی مدح میں کہا ہے وہ شاعری کے لحاظ سے اس درجہ کا نہیں ہے۔ جیسے بنی امیہ کی مدح کے قصیدے۔ لیکن ایسی مزاحمت آزاد طبع شاعر کے جوش کو بعض اوفات اور زیادہ ابھار دیتی ہے۔ جعفر برمکی کے مرثیے پر لکھنے پر لوگ قتل کیئے گئے۔ بااین ہمہ بعضوں نے اس کے مرثیے ایسے جوش وخروش کے ساتھ لکھے ہیں کہ آج تک یادگار ہیں۔

کبھی سوسائٹی کا دباؤ یا لالچ اور طمع یا اور کوئی ترغیب اس کی طبیعت کے بہاؤ کا رخ سیدھے رستے سے دوسری طرف پھیر دیتی ہے یہ افتاد ہمارے اکثر شاعروں پر پڑی ہے اور اس نے بہت سے ہونہار روشن طبع شاعروں کو ہزال و فحاش و مسخرہ تک بنا دیا ہے۔

کبھی شاعر کے پیچھے ایک کر ایسی لگ جاتی ہے. جس کی وجہ سے اس کو مجبوراً کچھ نہ کچھ لکھنا پڑتا ہے۔ مثلاً ہر تقریب یا تہوار پر تہنیت کا قصیدہ لکھنا یا ہر ہفتہ یا عشرہ میں مشاعرہ کی طرح پر غزل سرانجام کرنی۔ گو بظاہر اس میں آزادی کی کچھ مزاحمت نہیں معلوم ہوتی۔ لیکن انسان کی نیچر پر غور کرنے سے معلوم ہوتا ہے کہ ایسی ایسی کریں اس کی چلتی گاڑی میں روڑا اٹکا دیتی ہیں۔ وہ. جس طرح ممنوعات پر بالطبع حریص ہے اسی طرح تکلیفات[14] سے بالطبع اِبا کرنے والا ہے۔ انشا اللہ خاں جب تک مطلق العنان رہے سعادت علی خان کے دربار میں نت نئے شگوفے اور چٹکلے چھوڑتے اور بات بات پر لطیفے انشا کرتے تھے۔ لیکن جب سعادت علی خاں نے یہ کر لگا دی کہ ہر روز دو ایسی نئی باتیں[15] بیان کر دیا کرو جو کبھی نہ سنی ہوں، پھر وہی انشا اللہ خاں تھے کہ پاگلوں کی

---

[14] تکلیف کر لگانے کو کہتے ہیں جیسے تکلیف شرعی

[15] یہ قصہ آب حیات میں مذکور ہے۔

طرح گلی کوچوں میں لڑکوں سے پوچھتے پھرا کرتے تھے کہ بھئی کوئی نئی بات بتاؤ۔ آخر اسی جستجو میں قطع پاگل ہو گئے۔

یورپ کے ایک زبردست شاعر کا حال سنا ہے کہ جب اس نے اپنی آئندہ تصنیفات کا کاپی رائٹ کس پبلشر کے ہاتھ فروخت کر دیا تو وہ کہا کرتا تھا کہ اس معاہدے سے میری طبیعت بند ہوئی جاتی ہے۔ جب کچھ لکھنے بیٹھتا ہوں ساتھ ہی یہ خیال گزرتا ہے کہ اب ہم جو کچھ لکھتے ہیں اپنے دل کی اُپج سے نہیں بلکہ اپنا معاہدہ پورا کرنے کو لکھتے ہیں۔ اس خیال سے طبیعت خود بخود بیٹھی جاتی ہے۔

بہر حال جہاں تک ممکن ہو کسی مضمون کے لکھنے پر اس وقت تک قلم اٹھانی نہیں چاہیے جب تک اس کی چیٹک دل کو نہ لگی ہو۔ کسی کی ریس سے، کسی کی فرمائش سے، کسی کے دباؤ سے یا کسی اور مجبوری کے سبب بغیر اقتضائے طبیعی اور ولولہ باطنی کے جو شیر کہا جائے گا یا جو نظم سر انجام ی جائے گی اس میں اثر اور زور پیدا کرنا نہایت دشوار ہے۔

غزل، قصیدہ اور مثنوی

پانچویں، اصناف سخن میں سے تین ضروری صنفیں جن کا ہماری شاعری میں زیادہ رواج ہے، یعنی غزل، قصیدہ اور مثنوی۔ ان کے متعلق چند مشورے دیئے جاتے ہیں۔ سب سے اول ہم غزل کا ذکر کرتے ہیں اور ایک خاص مناسبت کی وجہ سے رباعی اور قطعہ کو غزل کی ذیل میں داخل کرتے ہیں۔

غزل

غزل میں جیسا کہ معلوم ہے کہ کوئی خاص مضمون مسلسل بیان نہیں کیا جاتا۔ الا ماشاء اللہ۔ بلکہ جدا جدا خیالات الگ الگ بیتوں میں ادا کیۓ جاتے ہیں۔ اس صنف کا زیادہ تر رواج موجودہ حیثیت کے ساتھ اول ایران میں اور کوئی ڈیڑھ سو برس سے ہندوستان میں ہوا ہے۔ اگرچہ غزل کی اصل وضع جیسا کہ لفظ غزل[16] سے پایا جاتا ہے محض عشقیہ مضامین کے لیے ہوئی تھی۔ مگر ایک مدت کے بعد وہ اپنی اصلیت پر قائم نہیں رہی۔

---

[16] غزل کے معنی لغت میں عشق بازی کرنے اور عورتوں سے مخاطب ہونے کے ہیں عربی میں کہتے ہیں 'زید اغزال من عمرو' یعنی زید عشق کے مضامین عمرو سے بہتر باندھتا ہے یا زید عمرہ سے زیادہ عشق باز ہے۔

ایران میں اکثر اور ہندوستان میں چند شاعر ایسے بھی ہوئے ہیں جنھوں نے غزل میں عشقیہ مضامین کے ساتھ تصوف اور اخلاق و مواعظ کو بھی شامل کرلیا ہے۔

اگرچہ اس لحاظ سے کہ غزل کی حالت فی زمانہ نہایت ابتر ہے وہ محض ایک بے سود اور دور از کار صنف معلوم ہوتی ہے لیکن شاعر کو بسوط اور طولانی مسلسل نظمیں لکھنے کا ہمیشہ موقع نہیں مل سکتا اور اس کی قوتِ متخیلہ بیکار بھی نہیں رہ سکتی، اس لیے بسیط خیالات جو وقتاً بعد وقت شاعر کے ذہن میں فی الواقع گزرتے ہیں یا تازہ کیفیات جن سے اس کا دل روزمرہ کسی واقعہ کو سن کر یا کسی حالت کو دیکھ کر سچ مچ متکیف ہوتا ہے ان کے اظہار کا کوئی آلہ غزل یا رباعی یا قطعہ سے بہتر نہیں ہو سکتا۔ بعض حالات جو دو مصرعوں میں بالکل یا زیادہ خوبی کے ساتھ ادا نہیں ہوسکتے ان کو قطعہ یا رباعی کے لباس میں ظاہر کیا جا سکتا ہے اور چند بسیط خیالات جو ایک دوسرے سے کچھ تعلق نہیں رکھتے وہ غزل کے سلسلہ میں بشرطیکہ ردیف اور قافیہ کی ناقابلِ برداشت قیدیں کسی قدر ہلکی کر دی جائیں، منسلک ہوسکتے ہیں۔ ردیف اور قافیہ کی بابت اگر وقت نے مساعدت کی تو ہم پھر اپنی رائے ظاہر کریں گے۔ یہاں نفسِ غزل کے متعلق چند باتیں بیان کرتے ہیں۔

غزل کی اصلاح تمام اصنافِ سخن میں سب سے زیادہ اہم اور ضروری ہے۔ قوم کے لکھے پڑھے اور ان پڑھ سب غزل سے مانوس ہیں۔ بچے، جوان اور بوڑھے سب تھوڑا بہت اس کا چٹخارا رکھتے ہیں۔ وہ بیاہ و شادی کی محفلوں میں، وجد و سماع کی مجلسوں میں، لہو و لعب کی صحبتوں میں، تکیوں میں اور رمنوں میں برابر گائی جاتی ہے۔ اس کے اشعار ہر موقع اور ہر محل پر بطور سند یا تائید کلام کے پڑھے جاتے ہیں۔ جو لوگ کتاب کے مطالعہ سے گھبراتے ہیں اور نثر یا نظم میں لمبے چوڑے مضمون پڑھنے کا دماغ نہیں رکھتے وہ بھی غزلوں کے دیوان شوق سے پڑھتے ہیں۔ جس آسانی سے غزل کے اشعار ہر شخص کو یاد ہو سکتے ہیں، کوئی کلام یاد نہیں ہو سکتا۔ کیونکہ اس میں ہر مضمون دو مصرعوں پر ختم اور سلسلہ بیان منقطع ہو جاتا ہے۔ ظاہر ہے کہ جو صنف قوم میں اس قدر دائر و سائر اور مرغوبِ خاص و عام ہو اس کا اثر قومی مذاق اور قومی اخلاق پر جس قدر ہو تھوڑا ہے۔ اسی لیے ہمارے نزدیک شعراء کو سب سے پہلے غزل کی اصلاح کی طرف متوجہ ہونا چاہیئے۔ لیکن غزل کی اصلاح جس قدر ضروری ہے اسی قدر دشوار بھی ہے۔ غزل میں جو عام دلفریبی ہے اصلاح کے بعد اس کا قائم رہنا نہایت مشکل ہے۔ جو کان ٹپے، ٹھمری سے مانوس ہو جاتے ہیں وہ دھرپت اور خیال سے لذت نہیں اٹھا سکتے۔ داستان سننے والوں کی پیاس تاریخی واقعات سے ہرگز نہیں بجھ سکتی۔ بوالہوسی

اور کام جوئی کی باتوں میں جو مزا ہے وہ خالص عشق و محبت میں ہر شخص کو حاصل نہیں ہو سکتا۔ جن مذاقوں پر ہزل اور معائبہ کا رنگ چڑھ جاتا ہے ان پر حکمت اور اخلاق کا منتر کارگر نہیں ہوتا۔ جو لوگ سرمہ، کاجل، کنگھی، چوٹی پر فریفتہ ہیں وہ حسن ذاتی کی حقیقت پر کیونکر پہنچ سکتے ہیں۔ لیکن زمانہ باآوازِ بلند کہہ رہا ہے کہ یا عمارت کی ترمیم ہوگی یا عمارت خود نہ ہوگی۔

غزل کو جن لوگوں نے چمکایا اور مقبولِ خاص و عام بنایا، یہ وہ لوگ تھے جو آج تک اہلِ اللہ اور صاحبِ باطن یا کم سے کم عشقِ الٰہی کا راگ گانے والے سمجھے جاتے ہیں جیسے سعدی، رومی، خسرو، حافظ، عراقی، مغربی، احمد جام اور جامی وغیرہم۔ ان بزرگوں سے پہلے غزل کی طرف زیادہ اعتنا نہیں پایا جاتا۔ ہم نے حیاتِ سعدی میں کسی موقع پر بیان کیا ہے کہ ان کی غزل کا موضوع جیسا کہ ظاہر الفاظ سے مفہوم ہوتا ہے عشقِ مجازی نہ تھا بلکہ وہ حقیقت کو مجاز کے پردہ میں ظاہر کرتے یا یوں کہو کہ چھپاتے تھے۔ ان کے ایک ایک لفظ سے پایا جاتا ہے کہ وہ عشق و محبت کے رنگ میں شرابور تھے۔ ان کے کلام میں ضرور کوئی ایسی چیز ہے جس کو روحانیت کے ساتھ تعبیر کیا جا سکتا ہے۔ ان کی غزل سنکر دنیا کی بے ثباتی اور بے اعتباری کا سماں دل پر چھا جاتا ہے۔ وہ خط و خال کا ذکر اس طرح کرتے ہیں جس سے شاہد پرستی کی ترغیب نہیں بلکہ دنیا

پرستی سے نفرت ہوتی ہے۔ وہ شراب کی بدمستی کو دنیا دار مکاروں کی ہوشیاری سے بہتر بتاتے ہیں۔ وہ رندی اور بدنامی و رسوائی کو صوفیوں کی دلقِ ملمع اور زاہدوں کی زہدِ ریائی پر ترجیح دیتے ہیں۔ وہ کوئی گناہ مکر و ریا سے، کوئی حماقت غرورِ مال و جاہ سے، کوئی شرک خود پرستی و نفس پرستی اور کوئی دھوکا دنیا سے بڑھ کر نہیں بتاتے۔ ان کا کوئی کلام اثر سے خالی نہیں اور اس سے ظاہر ہے کہ انہوں نے جو کچھ لکھا ہے وہ ان کے دل سے نکلا ہے۔

ان لوگوں کی غزل گو بعض حیثیتوں سے قوم کی موجودہ حالت کے مناسب نہ ہو لیکن وہ اس حالت کے بالکل مناسب تھی جبکہ قوم نے دنیا کو یا دنیا نے قوم کو شکار کر رکھا تھا۔ ان کے اشعار ان لوگوں کے حق میں تازیانہ کا حکم رکھتے تھے جو حبِ دنیا اور حبِ جاہ میں منہمک، خدا سے غافل اور بادۂ نخوت سے مدہوش تھے۔ ان سے ظالم، طمّاع، حریص اور بخیل عبرت حاصل کرتے تھے۔ وہ ریا کار زاہدوں، واعظوں اور صوفیوں کی قلعی کھولتے تھے۔ وہ سادہ لوح امیروں کو عیار فقیروں کے دام تزویر سے بچاتے تھے۔ وہ اہلِ اللہ اور اربابِ صدق و صفا کو نفسِ امارہ کی چوریوں اور خیانتوں سے آگاہ اور متنبہ کرتے تھے۔

اردو میں عام طور پر یہ رنگ تو ایک آدھ کے سوا کسی کی غزل میں کبھی پیدا نہیں ہوا۔ لیکن عاشقانہ خیالات، نیچرل اور سادہ طور پر ادا کرنے والے اردو غزل گویوں کے ہر طبقہ میں کم و بیش ہوتے رہے ہیں۔ مگر افسوس کہ اب یہ رنگ بھی روز بروز مٹتا جاتا ہے۔ الفاظ میں صنعت اور خیالات میں رکاکت و سخافت یوماً فیوماً بڑھتی جاتی ہے۔ ہم بجائے اس کے غزل گوئی کے موجودہ طریقہ پر نکتہ چینی کریں یہ زیادہ مناسب سمجھتے ہیں کہ عام طور پر اس کی اصلاح کے متعلق اہلِ وطن کی خدمت میں چند مشورے پیش کریں۔

ا۔ غزل کے لیے یہ ایک ضروری سی بات قرار پاگئی ہے کہ اس کی بنا عشقیہ مضامین پر رکھی جائے اور حق یہ ہے کہ اگر غزل میں محبت کی چاشنی نہ دی جائے تو حالتِ موجودہ میں اس کا سرسبز اور مقبول ہونا ایسا ہی مشکل ہے جیسا شراب میں سرکہ بن جانے کے بعد سرور قائم رہنا۔ لیکن اصل اور نقل میں آسمان و زمین کا فرق ہے۔ جو کیفیت عشق میں ہے وہ تعشق میں ہرگز پیدا نہیں ہو سکتی۔ جو غزلیں محض تقلیداً عاشقانہ لکھی جاتی ہیں ان میں اتنا ہی اثر ہو سکتا ہے جتنا کہ ایک بھانڈ کی نقل میں جو مجنوں یا فرہاد بن کر مجلس میں آئے۔ اثر قائل اور سامعین کی حالت کا تابع ہے۔ اگر قائل اور سامع میں یا کم سے کم صرف قائل کے دل میں فی الواقع کوئی کیفیت موجود ہے تو اس کی کیفیت کا

بیان ضرور موثر ہوگا۔ جو شخص فی الواقع مظلوم یا مصیبت زدہ ہے جب وہ اپنی سر گزشت بیان کرے گا، ضرور اس کے بیان سے لوگوں کے دل پر چوٹ لگے گی۔ لیکن اگر یہی بیان کسی ایسے شخص کی زبان سے سرزد ہوگا جس کی حالت خود اس کی تکذیب کرتی ہے تو اس سے سوائے اس کے کہ لوگوں کو ہنسی آئے اور کوئی اثر مرتب نہیں ہو سکتا۔ پس ایک بوالہوسی کی قابلیت نہیں رہی۔ ان کو ہرگز زیبا نہیں معلوم ہوتا کہ غزل میں شاہد بازی اور ہوا پرستی کے مضمون باندھ کر پہلے اپنے اوپر بہتان باندھے اور دوسرے اپنے تئیں رسوا اور بدنام کرے۔

محبت کچھ ہوا و ہوس اور شاہد بازی و کام جوئی پر موقوف نہیں ہے۔ بندہ کو خدا کے ساتھ، اولاد کو ماں باپ کے ساتھ، ماں باپ کو اولاد کے ساتھ، بھائی بہن کو بھائی بہن کے ساتھ، خاوند کو بی بی کے ساتھ، بی بی کو خاوند کے ساتھ، نوکر کو آقا کے ساتھ، رعیت کو بادشاہ کے ساتھ، دوستوں کو دوستوں کے ساتھ، آدمی کو جانور کے ساتھ، مکین کو مکان کے ساتھ، وطن کے ساتھ، ملک کے ساتھ، قوم کے ساتھ، خاندان کے ساتھ غرضکہ ہر چیز کے ساتھ لگاؤ اور دل بستگی ہو سکتی ہے۔ پس جب کہ عشق و محبت میں اس قدر احاطہ اور جامعیت ہے اور جب کہ عشق کا اعلان کم ظرفی اور معشوق کا پتہ بتانا بے غیرتی ہے تو کیا ضرور ہے کہ عشق کو محض ہوائے نفسانی اور خواہش حیوانی

میں محدود کر دیا جائے اور ایسے سر مکتوم کو فاش کر کے اپنی تنگ ظرفی اور بے حوصلگی ظاہر کی جائے۔

اسی لیے ہماری یہ رائے ہے کہ غزل میں جو عشقیہ مضامین باندھے جائیں وہ ایسے جامع الفاظ میں ادا کئے جائیں جو دوستی اور محبت کی تمام انواع واقسام اور تمام جسمانی اور روحانی تعلقات پر حاوی ہوں اور جہاں تک ہو سکے کوئی ایسا لفظ نہ آنے پائے جس سے کھلم کھلا مطلوب کا مرد یا عورت ہونا پایا جائے۔ مثلاً کلاہ، چیرہ، دستار، جامہ، قبا، سبزہ و خط، مسیں بھیگنا، زرگر پسر، مطرب پسر، مغبچہ، ترسا بچہ وغیرہ وغیرہ یا محرم کرتی، مہندی، چوڑیاں، موباف، آرسی، جھومر وغیرہ۔

اگرچہ (جیسا کہ حیاتِ سعدی کے خاتمہ پر ہم نے مفصل بیان کیا ہے) مرد کا مطلوب مرد کو قرار دینا جو ایران اور ہندوستان کی شاعری میں مروج ہے یہ محض ایک غلط فہمی اور قومی حمیت کے خیال پر مبنی ہے نہ کہ حقائق و واقعات پر۔ لیکن پھر بھی یہ ایک ایسا قبیح اور نالائق دستور ہے جو قومی اخلاق کو داغ لگاتا ہے۔ لہذا اس کو جہاں تک جلد ممکن ہو ترک کرنا چاہیئے۔ اور اس بات کا خیال بالکل چھوڑ دینا چاہیئے کہ ایران اور ہندوستان کے تمام شعرائے نامور اسی طریقہ پر غزل کہتے چلے آئے ہیں۔ ہر زمانہ کا اقتضاء الگ ہوتا ہے۔ جو فحش اور بے حیائی کی باتیں ایران اور ہندوستان کے بڑے بڑے

براتمول کے کلام میں موجود ہیں اگر ہم آج ویسی باتوں میں ان کی تقلید کریں تو قانوناً مجرم ٹھہرتے ہیں۔ پس جہاں ہم نے ان کی بہت سی خرافات مواخذۂ عدالت کے خوف سے چھوڑی ہیں ان کی ایک آدھ خرافت محض عقل اوراخلاق کے حکم سے بھی چھوڑنی چاہیئے۔

اسی طرح غزل میں ایسے الفاظ استعمال کرنے جو عورتوں کے لوازمات اور خصوصیات پر دلالت کریں اس قوم کی حالت کے بالکل نامناسب ہیں جو پردہ کی پابند ہو۔ کیونکہ اگر معشوقہ منکوحہ یا مخطوبہ ہے تو اس کے حسن وجمال کی تعریف کرنی اور اس کے نازو انداز کی تصویر کھینچنی گویا اپنے ننگ وناموس کو اپنوں اور پرایوں سے انٹروڈیوس کرانا ہے اور اگر کوئی بازاری بیسوا ہے تو اپنی نالائقی یا بدیانتی کا ڈھنڈورا پیٹنا ہے۔ اسی بنا پر ایران میں جتنے ممتاز اور برگزیدہ اوراعلیٰ درجہ کے غزل گوگزرے ہیں ان کی غزل میں عورتوں کی خصوصیات اس قدر کم پائی جاتی ہیں کہ گویا بالکل نہیں ہیں اور اتنی بات اب تک ہندوستان میں بھی موجود ہے کہ گو غزل میں مطلوب کبھی مرد کو اور کبھی عورت کو قرار دیتے ہیں اور کبھی مرد کی اور کبھی عورت کی خصوصیات کا بھی ذکر کرتے ہیں لیکن کبھی مطلوب کے لئے افعال یا صفات مؤنث نہیں لاتے بلکہ ہمیشہ مذکر لاتے ہیں۔ مثلاً یوں کبھی نہیں کہتے کہ وہ روزنِ دیوار سے جھانکتی تھی، یا وہ پری ہمارا دل لے گئی، یا وہ

آرسی میں منہ دیکھتی تھی، یا وہ ہالے پہن رہی تھی، یا وہ اپنی صورت کی متوالی ہے، یا وہ عاشق کا دل جلانے والی ہے، بلکہ ایسی حالتوں میں بھی افعال و صفات ہمیشہ مذکر ہی لاتے ہیں حالانکہ وہ مقام تانیث کا متقاضی ہوتا ہے۔ مثلاً ذوق کہتے ہیں۔

جھانکتے تھے وہ ہمیں جس روزنِ دیوار سے
وائے قسمت ہوا سی روزن میں گھر زنبور کا

یا امانت لکھنوی کہتے ہیں۔

شاعروں کو وہ پری زلف میں وا کیا کرتا
موشگافوں کو گرفتارِ بلا کیا کرتا

غرضکہ کسی اردو غزل گو نے معشوق کے لئے جہاں تک ہم کو معلوم ہے فعل یا صفت مؤنث استعمال نہیں کی۔

اگر معشوق کو اطلاق کی حالت پر چھوڑ دیا جائے اور کوئی خصوصیت رجال یا نساء کی غزل میں ذکر نہ کی جائے تو اس صورت میں افعال و صفات کا مذکر لانا بالکل قاعدہ کے موافق ہوگا۔ تمام دنیا کی زبانوں میں یہ قاعدہ عام معلوم ہوتا ہے کہ جب کوئی حکم مطلق انسان کی نسبت لگایا جاتا ہے اور مرد یا عورت کی تخصیص مقصود نہیں ہوتی تو گو نوع انسان میں ذکور و اناث دونوں داخل ہیں مگر اس حکم کا موضوع ہمیشہ فرد کامل یعنی مذکر قرار دیا

جاتا ہے نہ مؤنث۔ مذہب میں، فلسفہ میں، طب میں، اخلاق میں اور تمام علوم و قوانین میں یہی قاعدہ عموماً جاری ہے لیکن معشوق کا کبھی چہرہ یا قبا یا سبزۂ خط کے ساتھ اور کبھی چوٹی موباف آرسی اور چوڑیوں کے ساتھ ذکر کرنا اور باوجود اس کے افعال و صفات کو ہمیشہ مذکر لانا اس کے یہ معنی ہونگے کہ معشوق نہ مرد ہے اور نہ عورت بلکہ زنانہ ہے یا ہیجڑا۔

ایسے اشعار جن میں عشق کا بیان ایسے لفظوں میں کیا گیا ہو جو محبت کے عام مفہوم پر حاوی ہوں یا جو محض عشق روحانی یا عشق الٰہی ہر محمول ہو سکیں اور جن سے مطلوب کا مرد یا عورت ہونا مطلقاً نہ پایا جائے، کیا فارسی اور کیا اردو دونوں زبانوں کی غزل میں بکثرت موجود ہیں۔ خصوصاً شعرائے متصوفین کے کلام میں زیادہ تر اسی قبیل کے اشعار پائے جاتے ہیں۔ پس غزل میں ہمیشہ کے لئے ایسا التزام کرنے کی خواہش کرنی ایسی بات نہیں ہے جس کو تکلیف مالایطاق سمجھا جائے۔

۲- جس طرح عشقیہ مضامین غزل کے نیچر میں داخل ہیں، اسی طرح خمریات یعنی شراب اور اس کے لوازمات کا ذکر اور نیز فقہا و زہاد اور تمام اہلِ ظاہر پر طعن و تعریض کرنی، اپنی مے خواری و توبہ شکنی و خرابات نشینی پر فخر کرنا اور اہلِ شرع اور اہلِ تقویٰ کے اعمال اور اقوال کے عیب نکالنے اور اسی قسم کی باتیں جو عقل و شرع کے

خلاف ہوں یہ مضامین بھی غزل کے اجزائے غیر منفک قرار پا گئے ہیں۔ سب سے پہلے غزل میں یہ طریقہ شعرائے متصوفین نے، جو اہلِ اللہ اور صاحبِ باطن سمجھے جاتے ہیں، اختیار کیا تھا، جیسے سعدی و رومی و حافظ، خسرو وغیرہم۔ چونکہ ان لوگوں کی غزل نے ایران اور ہندوستان میں زیادہ رواج اور حسنِ قبول پایا اور خاص کر خواجہ حافظ کی غزل، جس میں ان مضامین کی بہتات سب سے بڑھ کر ہے، حد سے زیادہ مشہور و مقبول ہوئی۔ اس سے متاخرین نے بھی ان کی تقلید سے یہی شیوہ اختیار کر لیا۔ مگر ہم کو دیکھنا چاہیئے کہ ان بزرگوں نے جو ایسے مضامین میں اس قدر غلو کیا، اس کا منشا کیا تھا۔ فقہا اور اہلِ ظاہر ہمیشہ دو فرقوں کے سخت مخالف رہے ہیں۔ ایک اہلِ باطن کے، دوسرے اہلِ رائے کے۔ فقہا کے فتووں سے ان دونوں گروہوں کے ہمیشہ سخت نقصان پہنچتے رہے ہے، قتل کیے گئے ہیں، دار پر چڑھائے گئے ہیں، مشکیں بندھی ہیں، کوڑے کھائے، قیدیں بھگتی ہیں، جلاوطن کئے گئے، کتابیں جلائی گئی ہیں اور اور کیا کیا کچھ ہوا ہے۔ جب کہ فقہا کی مخالفت کا ان لوگوں کے ساتھ یہ حال تھا تو یہ بھی اپنی تصنیفات میں نثر ہو یا نظم خوب دل کے بخارات نکالتے تھے۔ بقول شخصے "کسی کا ہاتھ چلے کسی کی زبان"۔ فقہا و واعظین ان کے اقوال و افعال پر گرفت کرتے تھے، انہوں نے ان کے اخلاق کی قلعی کھولنی شروع کی۔ وہ کہتے تھے کہ یہ لوگ خلافِ شرع

کام کرتے ہیں، انہوں نے کہا شراب خوری و قمار بازی جو اکبر الکبائر ہیں وہ بھی جو فروشی و گندم نمائی سے بہتر ہیں۔ وہ کہتے تھے کہ یہ لوگ خلافِ شرع باتیں کہتے ہیں، انہوں نے کہا علانیہ کفر بکنا اس سے بہتر ہے کہ دل میں کفر ہو اور زبان پر اسلام ہو۔ وہ امر بالمعروف و نہی عن المنکر کرتے تھے، انہوں نے کہا کہ اوروں کو ہدایت کرنے اور آپ گمراہ رہنے سے بڑھ کر کوئی گناہ نہیں۔ وہ کہتے تھے کہ تم لوگ حقوقِ الٰہی ادا نہیں کرتے، انہوں نے کہا کہ تم حقوقِ عباد میں خیانت کرتے ہو۔ الغرض شعرائے متصوفین نے جو اہلِ ظاہر پر خردہ گیریاں کی ہیں وہ اسی قسم کی تعریضات اور مطارحات ہیں۔

اس کے سوا ان لوگوں کی غزل میں اکثر شراب و ساقی و جام و صراحی اور ان کے لوازمات اور خلافِ شرع الفاظ مجاز اور استعارہ کے طور پر استعمال ہوئے ہیں۔ یہ لوگ (یا تو اس خیال سے کہ دوست کا راز اغیار پر ظاہر نہ ہو یا اس نظر سے کہ لوگوں کا حسنِ ظن جو رہزن طریقت ہے اس سے محفوظ رہیں یا اس لئے کہ عشق و محبت کی بھڑاس آزادانہ اور رندانہ گفتگو میں بہ نسبت سنجیدہ اور مؤدب گفتگو کے خوب نکلتی ہے اور یا اس غرض سے کہ حریفوں کو چھیڑ چھاڑ کر اور زیادہ بھڑکائیں اور ان کے زجر و ملامت جو بے گناہ ملزموں کو تحسین و آفرین سے زیادہ خوشگوار ہوتی ہے مزے لے لے کر

سنیں) روحانی کیفیات کو شراب و شاہد کے پیرایہ میں بیان کرتے تھے۔ سب سے اخیر درجہ کا ثبوت مولانا روم کی اس رباعی سے ہوتا ہے۔

وے بر سر کوئے زلّہ غارت کردم

مرپاکاں راجذب زیارت کردم

شکرانۂ آں کہ روزہ خوردم رمضاں

درعید نماز بے طہارت کردم

شاہ ولی اللہ صاحب نے اس رباعی کی شرح لکھی ہے وہ کہتے ہیں رمضان میں روزے کھانے کے یہ معنی ہیں کہ جب مجاہدہ سے مشاہدہ تک نوبت پہنچ گئی تو ریاضت ترک کر دی گئی اور نماز بے طہارت سے یہ مراد ہے کہ جب وصل کی عید میسر آ گئی اور جدائی کا الم جاتا رہا تو اب حضوری کا کیف جو حقیقت صلوٰۃ ہے ہر وقت رہنے لگا یہاں تک کہ ظاہری طہارت اور عدم طہارت اور جاگتے اور سوتے غرضکہ ہر حالت میں دولتِ حضوری موجود ہے۔ خواجہ حافظ کا یہ شعر بھی اسی قبیل کا ہے۔

پیر ما گفت خطا در قلمِ صنع نہ رفت

آفریں بر نظرِ پاک خطا پوشش باد

دوسرے مصرعے میں خطا پوش کے لفظ سے قلمِ صنع کی خطا پوشی کا خیال ذہن میں گزرتا ہے مگر فی الحقیقت یہ مطلب نہیں ہے بلکہ انسان کی عیب پوشی مقصود ہے۔ کیونکہ قلمِ صنع میں کبھی خطا نہ ہونے کے یہ معنی ہیں کہ جو اس نے لکھ دیا وہ اِمٹ ہے اور اسے سے انسان کا مجبور ہونا اور اس لئے اس کا بے خطا ہونا ثابت ہوتا ہے۔

مذکورہ بالا اشعار سے صاف پایا جاتا ہے کہ یہ بزرگوار قصداً ایسے الفاظ برتتے تھے جن سے اہلِ ظاہر کو نکتہ گیری کرنے کا موقع ملے۔ اسی لیے مولانا روم فرماتے ہیں۔

خوشتر آں باشد کہ سرِّ دلبراں
گفتہ آید در حدیثِ دیگراں

ان بزرگوں کے سوا بعضے شعرا ایسے بھی گزرے ہیں جو فی الواقع شراب پینے کے عادی تھے اور نشہ یا خمار کی حالت میں جو کیفیت ان کے دل پر گزرتی تھی یا جو اثر ان کی طبیعت یا اخلاق پر ہوتا تھا اس کو شعر میں بیان کرتے تھے۔ چونکہ شاعری کا جزو اعظم (جیسا کہ اوپر بیان ہو چکا ہے) یہ ہے کہ اس میں جو خیال باندھا جائے اس کی بنیاد اصلیت پر ہونی چاہیئے۔ اس لیے اصولِ شاعری کے موافق شراب و کباب کے مضمون باندھنا صرف ان لوگوں کا حق ہونا چاہئیے جو یا تو خود اس میدان کے مرد ہوں اور یا اپنے اصلی خیالات خمریات کے پیرایہ میں بطور مجاز و استعارہ کے ادا کر سکتے ہوں ورنہ وہ قدما کے

ایسے ہی مقلد سمجھے جائیں گے جیسا بندر انسان کا ہوتا ہے۔ نیز واعظ و زاہد کو لتاڑنا اور ان پر نکتہ چینی کرنی انہیں کو زیبا ہے جن کو فی الواقع ان کے ساتھ کوئی وجہ مخالفت کی ہو۔ ہاں باوجود نہ ہونے کسی قسم کی مخالفت کے صرف ایک صورت سے واجبی طور پر ایسے مضامین باندھے جا سکتے ہیں یعنی نکتہ چینی ایسے طریقہ سے کی جائے جس سے معلوم ہو کہ محض ریا و مکر و سالوس کی برائی بیان کرنی مقصود ہے نہ کہ زہاد اور واعظین کی ذات پر حملہ کرنا۔ کیونکہ رذائل کی برائی اور فضائل کی خوبی بغیر اس کے دل نشین نہیں کی جا سکتی کہ کسی شخص یا گروہ کو ان کا موضوع فرض کر لیا جائے اور معقولات کو محسوسات کے پیرایہ میں ظاہر کیا جائے۔ ظلم اور عدل کا بیان واضح طور پر اسی طرح ہو سکتا ہے کہ ظالم یا منصف بادشاہ کی مذمت یا تعریف کی جائے اور نامردی یا بہادری کی تصویر یونہی دکھائی جا سکتی ہے کہ ان کو کسی بزدل یا بہادر کے قالب میں ڈھالا جائے لیکن اس صورت میں ضرور ہے کہ واعظ و زاہد وغیرہ کی کسی ایسی صفت کی طرف جو عقلاً یا شرعاً قابلِ الزام ہو کچھ اشارہ کیا جائے ورنہ کہا جائے گا کہ نیکوں پر نہ اس لیے کہ وہ قابلِ الزام ہیں بلکہ اس لیے کہ وہ نیک ہیں حملہ کیا جاتا ہے۔ یہاں بطور مثال کے ہم شیخ ابراہیم ذوق کے دو شعر لکھتے ہیں۔

رندِ خراب حال کو زاہد نہ چھیڑ تو

تجھ کو پرائی کیا پڑی اپنی نبیڑ تو

اس شعر میں کسی قدر اس خصلت کی طرف اشارہ پایا جاتا ہے جو اکثر زاہدوں اور عابدوں میں ہوتی ہے کہ اوروں کو ذرا ذرا سے قصور پر ملامت کرتے ہیں اور اپنے ظاہری احکام کی پابندی پر مغرور ہو کر باطن کی اصلاح سے غافل رہتے ہیں۔ لہٰذا اس طرزِ بیان پر کوئی اعتراض نہیں ہو سکتا۔ مگر دوسری جگہ وہ فرماتے ہیں۔

ذوق زیبا ہے جو ہو ریشِ سفید شیخ پر

وسمہ آبِ بھنگ سے، مہندی مئے گل رنگ سے

اس شعر میں شیخ کا کوئی گناہ یا قصور سوا اس کے کہ شیخ شیخ ہے نہیں جتلایا گیا اور شعر میں اس کے سوا اور کوئی خوبی نہیں رکھی گئی کہ مقدس آدمی پر دو پھبتیاں کہہ کر بھنگڑوں اور شرابیوں کی ضیافتِ طبع کی جائے۔ ایسے اشعار ہمارے شعراء کے کلام میں بکثرت پائے جاتے ہیں اور ایسے شعروں، کو اگر ہم اپنے شعراء کا حد سے زیادہ ادب کریں تو، سعدی اور سوزنی کی ہزلیات سے زیادہ وقعت نہیں دے سکتے۔

۳- مذکورہ بالا مضامین کے سوا اور جس بات کا سچا جوش اور ولولہ دل میں اٹھے خواہ اس کا منش خوشی ہو یا غم، یا حسرت، یا ندامت، یا شکر، یا شکایت، یا صبر، یا رضا، یا قناعت، یا توکل، یا رغبت، یا نفرت، یا رحم، یا انصاف، یا غصہ، یا تعجب، یا امید، یا ناامیدی، یا

شوق، یا انتظار، یا حبِ وطن، یا قومی ہمدردی، یا رجوع الی اللہ، یا حمایتِ دین و مذہب، یا دنیا کی بے ثباتی اور موت کا خیال، یا اور کوئی جذبہ جذباتِ انسانی میں سے، اس کو بھی غزل میں بیان کر سکتے ہیں۔

اگرچہ اصل وضع کے لحاظ سے غزل کا موضوع عشق و محبت کے سوا کوئی اور چیز نہیں ہے لیکن ہمارے شعراء نے اس کو ہر مضمون کے لیے عام کر دیا ہے اور اب بھی اس صنف کو محض مجازاً غزل کہا جاتا ہے۔ پس ہر قسم کے خیالات جو شاعر کے دل میں وقتاً فوقتاً پیدا ہوں وہ غزل یا رباعی یا قطعہ میں بیان ہو سکتے ہیں۔ مگر یہ صحیح نہیں ہے کہ جو خیالات اگلوں نے زمانہ کے اقتضا سے یا اپنے جذبات کے جوش میں ظاہر کیے ہیں، ہم بھی وہی راگ گاتے رہیں اور انہیں کے خیالات کا اعادہ کرتے رہیں۔ نہیں بلکہ ہم کو چاہیئے کہ اپنی غزل کو خود اپنے خیالات اور اپنے جذبات کا آرگن بنائیں۔ ممکن ہے کہ اگلوں میں سے کسی نے دنیا کے لئے ہاتھ پاؤں مارنے اور کوشش کرنے کو عبث اور فضول بتلایا ہو لیکن ہمارے دل میں اس خیال کی حقارت ہو یا انہوں نے اس کے برعکس پاؤں توڑ کر بیٹھنے کو نامردی اور بے غیرتی کی بات سمجھا ہو لیکن ہم میں سے کسی دل پر اس کے برخلاف حالت طاری ہو۔ دونوں صورتوں میں ہمارے منہ سے وہی صدا نکلنی چاہیئے جو ہمارے دل سے اٹھی ہو۔ یہ بھی ممکن ہے

کہ خود ہمیں پر ایک وقت ایسا گزرے کہ مثلاً کوشش و تدبیر ہم کو محض بے سود و لاحاصل معلوم ہو اور دوسرے وقت ہمارے ہی دل میں ایسا جوش پیدا ہو کہ پہاڑ کو جگہ سے ہٹا دینے کا ارادہ کریں۔ ہم کو دونوں حالتوں کی تصویر اپنے اپنے موقع پر بے کم و کاست کھینچ دینی چاہیئے۔ اس سے نہ صرف فطرتِ انسانی کے وقائع و غوامض اور جو انقلاب کہ اس کی طبیعت میں آناً فاناً پیدا ہوتے ہیں وہی منکشف ہونگے بلکہ قومی اخلاق پر بھی عمدہ اثر ہوگا۔ کیونکہ جب تک ہر چیز کا اچھا اور برا دونوں پہلو نہ دکھائے تب تک اعتدال کی خوبی جلوہ گر نہیں ہوتی۔ مثلاً صائب ایک جگہ کہتے ہیں۔

قناعت کن بہ نانِ خشک تا بے آرزو گردی

کہ خواہش ہائے الوانست نعمت ہائے الواں را

دوسری جگہ یہی صائب کہتے ہیں

صرف بیکاری مگرداں روزگار خویش را

پردۂ روئے توکل سازگارِ خویش را

ظاہر ہے کہ جب تک دونوں مختلف خیال ملحوظ نہ رکھے جائیں تم تک قناعت کا وہ درجہ جو تن آسانی اور حرص کے بیچوں بیچ واقع ہے، حاصل نہیں ہو سکتا۔

شاید کسی کو یہ خیال ہو کہ اخلاقی مضامین سے غزل میں وہ گرمی پیدا نہیں ہو سکتی جو عشقیہ مضامین میں ہوتی ہے۔ جو اثر شوق و آرزو اور دردِ جدائی اور کاہشِ انتظار اور رشکِ اغیار کے بیان میں ہے وہ واعظانہ پند و نصیحت میں ہر گز نہیں ہو سکتا۔ بے شک اخلاقی مضامین کو مؤثر پیرایہ میں بیان کرنا نہایت مشکل کام ہے اور بلاشبہ غزل جس میں سوز و گداز نہ ہو اور بچہ جو چلبلا اور چونچال نہ ہو، دونوں میں کچھ کشش اور گیرائی نہیں ہوتی لیکن ہمارے معاصرین کے لیے سوز و گداز کا اس قدر مصالحہ موجود ہے جو صدیوں تک نبڑ نہیں سکتا۔ دنیا میں ایک انقلابِ عظیم ہو رہا ہے اور ہوتا چلا جاتا ہے۔ آج کل دنیا کا حال صاف اس درخت کا سا نظر آتا ہے جس میں برابر نئی کونپلیں پھوٹ رہی ہیں اور پرانی ٹہنیاں جھڑتی چلی جاتی ہیں۔ تناور درخت زمین کی تمام طاقت چوس رہے ہیں اور چھوٹے چھوٹے تمام پودے جو ان کے گرد و پیش ہیں سوکھتے چلے جاتے ہیں۔ پرانی قومیں جگہ خالی کرتی جاتی ہیں اور نئی قومیں ان کی جگہ لیتی جاتی ہیں اور یہ کوئی گنگا جمنا کی طغیانی نہیں ہے جو آس پاس کے دیہات کو دریا برد کر کے رہ جائے گی بلکہ یہ سمندر کی طغیانی ہے جس سے تمام کرہ زمین پر پانی پھرتا نظر آتا ہے۔ اگر کوئی دیکھے اور سمجھے تو صدہا تماشے صبح سے شام تک ایسے عبرت خیز نظر آتے ہیں کہ شاعر کی تمام عمر اس کی جزئیات کے بیان کرنے کے لیے کافی نہیں ہو سکتی۔ کسی واقعہ کو دیکھ کر تعجب

ہوتا ہے کہ یہ کیا ہوا یا کسی کو دیکھ کر افسوس ہوتا ہے کہ یہ کیوں ہوا؟ کبھی خوف معلوم ہوتا ہے کہ کیا ہوگا اور کبھی یاس دل پر چھا جاتی ہے کہ بس اب کچھ نہیں۔ اس سے زیادہ دلچسپ مٹیریل غزل کے لئے اور کیا ہو سکتا ہے۔ ہر بات کا ایک محل اور ہر کام کا ایک وقت ہوتا ہے۔ عشق و عاشقی کی ترنگیں اقبال مندی کے زمانہ میں زیبا تھیں۔ اب وہ وقت گیا، عیش و عشرت کی رات گزر گئی اور صبح نمودار ہوئی۔ اب کالنگڑے اور بہاگ کا وقر نہیں رہا، اب جو گئے کی الاپ کا وقت ہے۔

اس کے سوا بڑے بڑے استادوں نے اکثر مسلسل غزلیں بھی لکھی ہیں جن میں ایک شعر کا مضمون دوسرے شعر سے الگ نہیں ہے بلکہ ساری ساری غزل کا مضمون اول سے آخر تک ایک ہے۔ ایسی غزل اگر کوئی لکھنی چاہے تو ان میں کسی قدر طولانی مضمون بھی بندھ سکتے ہیں۔ مثلاً ہر ایک موسم کی کیفیت، صبح اور شام کا سماں، چاندنی رات کا لطف، جنگل یا باغ کی بہار، میلے تماشوں کی چہل پہل، قبرستان کا سناٹا، سفر کی روئداد اور وطن کی دلبستگی اور اسی قسم کی اور بہت سی باتیں مسلسل غزل میں بہت خوبی سے بیان ہو سکتی ہیں۔

الغرض غزل کو باعتبار زمین اور خیالات کے جہاں تک ممکن ہو وسعت دینی چاہیے۔ شعر کی لوگوں کو ایسی ضرورت نہیں ہے جیسی کہ بھوک میں کھانے کی ضرورت ہوتی

ہے۔ انسان کو اگر ہمیشہ طرح بہ طرح کے کھانے یسر نہ آئیں تو وہ تمام عمر ایک ہی کھانے پر قناعت کر سکتا ہے لیکن شعر یا راگ میں تلون اور تنوع نہ ہو اس سے جی اکتا جاتا ہے۔ جو گویا صبح شام رات اور دن بھیرویں ہی الاپے جائے اس کا گانا اجیرن ہو جاتا ہے۔ اسی طرح شعر میں ہمیشہ ایک ہی قسم کے مضامین سنتے سنتے نفرت ہو جاتی ہے۔

مکرر گرچہ سحر آمیز باشد
طبیعت راملال انگیز باشد

اگرچہ اس میں شک نہیں کہ جس طرح شعر میں جدت پیدا کرنی اور ہمیشہ نئے اور اچھوتے مضامین پر طبع آزمائی کرنی شاعر کا کمال ہے، اسی طرح ایک ایک مضمون کو مختلف پیرایوں اور متعدد اسلوبوں میں بیان کرنا بھی شاعری میں داخل ہے۔ لیکن جب ایک ہی مضمون ہمیشہ نئی صورت مین دکھایا جاتا ہے تو اس میں تازگی باقی نہیں رہتی۔ ہر مضمون کے چند محدود پہلو ہوتے ہیں جب وہ تمام پہلو ہو چکتے ہیں تو اس مضمون میں تنوع کی گنجائش نہیں رہتی، اب بھی اگر اسی کو چیتھڑے چلے جائیں تو بجائے تنوع کے تکرار اور اعادہ ہونے لگے گا۔ بہروپیا دو چار روپ بھر کر لوگوں کو شبہ میں ڈال سکتا ہے مگر پھر اس کی قلعی کھل جاتی ہے۔ ہر کوئی اس کو دور ہی سے دیکھ کر

پہچان لیتا ہے کہ بہروپیا ہے۔ ہم لوگ جب غزل لکھ کر مشاعرہ میں جاتے ہیں تو اپنے دل میں سمجھتے ہیں کہ ہم سب سے الگ اور اچھوتے مضمون باندھ کر چلے ہیں مگر غزل کو دیکھئے تو وہی انگریزی مٹھائی کا بکس ہے کہ مٹھائیوں کی شکلیں مختلف ہیں لیکن مزہ سب کا ایک ہے۔ فرض کرو کہ مختلف شکلوں کے متعدد سانچے تیار ہیں، کوئی مدور ہے، کوئی مستطیل، کوئی مثلث، کوئی مربع، کوئی مسدس اور کوئی مثمن۔ اب ہر ایک سانچے میں موم پگھلا کر ڈالو، ظاہر ہے کہ ہر سانچے سے موم نئی شکل پر ڈھل کر نکلے گا۔ بعینہ ایسا ہی حال غزل کا ہے۔ مضمون وہی معمولی ہیں مگر بحر و ردیف و قافیہ کے اختلاف سے مختلف شکلیں پیدا کر لیتے ہیں۔

ایک مشہور شاعر کا دیوانِ غزلیات اس وقت ہمارے سامنے موجود ہے۔ اس میں چاکِ گریباں کا مضمون مفصلہ ذیل صورتوں میں بندھا ہوا ہے۔

۱-اے جنوں گریبان تو چاک کر چکے، اب کیا کریں کوئی اور شکل بتا۔

۲-لوگ پھر جامہ دری کرنے لگے اور ہمارا ہاتھ پھر گریبان تک جانے لگا۔

۳-بہار کے دن قریب آ گئے تو گریبان خود بخود پھٹا جاتا ہے۔

۴-اگر بہار میں میری پوشاک نہ چھین لی جاتی تو بدن پر نہ دامن نظر آتا نہ گریبان۔

۵-اگر عقل کی پابندی نہ ہوتی تو ہم دامن اور گریبان سب پھاڑ ڈالتے۔

۶-وہ ہاتھ چھڑا کر چلا گیا میں بھی اب گریبان کو پھاڑ کر چھوڑوں گا۔

۷-اے جنوں ہم جدائی میں گریبان پھاڑتے ہیں تُو ساری رات اس کے تار گنتا رہ۔

۸-اس کی تحریر سے میں ایسا دیوانہ ہوا کہ پیرہن چاک کر ڈالا۔

۹-اس کی چست قبا کا دامن دیکھ کر گریبان پھٹتے ہیں۔

۱۰-اے جنون دامن کی طرح گریبان کے بھی لیتے لے۔

۱۱-دیکھئے ہم کب تک کپڑے پھاڑتے ہیں اور کب تک ہم کو جنون سوزن کی طرح عریاں رکھتا ہے۔

۱۲-اے جنون اب جامہ دری مت کر، ہم دامن کو پھاڑ کر کب تک گریبان میں رفو کرتے رہیں۔

۱۳-بہار میں ہاتھ کیسے بیکار رہیں۔

۱۴-اے جنون گریبان مجھ کو پھانسی سے بھی زیادہ تنگ کرتا ہے، اس کی دھجیاں اڑا دے۔

۱۵-اے جنون اب کے سال بہار میں گریبان کو ایسا چاک کر کہ کسی سے رفو نہ ہو سکے۔

۱۶-تم تو ہاتھ سے دامن چھڑا کر نکل گئے ہم اپنا گریبان چاک کر کے نکل گئے۔

۱۷-جنوں جو حد سے بڑھا تو گریبان چاک ہو کر دامن سے نکل گیا۔

۱۸- مجھے چاک گریبانوں پر حسرت آتی ہے کہ کیسے دامن صحرا کی طرف دوڑے جاتے ہیں۔

۱۹- ہمارے ہاتھ جنوں کی بدولت زوروں پر ہیں کہ نئے نئے گریبان چاک ہوتے ہیں۔

۲۰- اے جنوں تیرے ہاتھوں سے کتنا تنگ ہوں، روز نئے گریبان کہاں سے لاؤں۔

۲۱- اس کے عاشق ہمیشہ گریبان چاک رکھتے ہیں، گل کے گریبان میں کہیں بھی رفو ہے؟

۲۲- بہار آئی اور جنوں پھر کپڑے پھاڑنے لگا، کتنے ہی گریبان چیتھڑے ہو ہو کر اڑ گئے۔

۲۳- اے جنوں تجھ کو سودائے زلف کی قسم ہے جو گریبان کا ایک تار بھی بیکار جانے دو۔

جس دیوان سے ہم نے یہ ایک مضمون کے ۲۳ اسلوبِ بیان نقل کیے ہیں یہ کچھ اوپر دو سو صفحہ کا دیوان ہے۔ جب ایک مختصر دیوان کا یہ حال ہے تو اردو کے تمام دیوانوں میں دیکھنا چاہیئے کہ یہی ایک مضمون کتنی شکلوں میں باندھا گیا ہوگا اور اگر فارسی کے دواوین کو بھی شامل کر لیا جائے تو میں خیال کرتا ہوں کہ اسی ایک مضمون کے اشعار سے کئی ضخیم جلدیں تیار ہو سکتی ہیں۔ حالانکہ کہ مضمون ایسا تنگ ہے کہ اس میں ایک

دو اسلوب سے زیادہ گنجائش نہیں معلوم ہوتی۔ اسی سے قیاس ہو سکتا ہے کہ غزل کے وہ معمولی مضامین جن میں اس مضمون کی نسبت زیادہ پہلو نکل سکتے ہیں، ان کی کہاں تک نوبت پہنچی ہوگی۔ جیسے جفائے یار، رشکِ اغیار، شوقِ وصل، رنج فراق، زلفِ پریشاں، چشمِ فتاں، بت پرستی، توبہ شکنی۔ رندی و بادہ خواری وغیرہ وغیرہ۔ اس میں بالکل مبالغہ نہیں معلوم ہوتا کہ اگر تمام فارسی و اردو کی غزلیات کا خلاصہ کیا جائے اور مکررات کو چھوڑ کر محض اصلی مضامین چھانٹے جائیں تو سو سوا سو صفحہ سے زیادہ کل مضامین کی مقدار نہ نکلے گی اور اگر یہ التزام کیا کہ ہر ایک مضمون جتنے عمدہ پہلوؤں سے باندھا گیا ہو ان سب کو انتخاب کر لیا جائے تو بے شک اس سے کسی قدر مقدار بڑھ جائے گی مگر اکثر عمدہ پہلو قدما کے کلام میں نکلیں گے اور ان کے فضلات متاخرین کے کلام میں۔

یہی چاکِ گریبان کا مضمون جو متاخرین میں سے ایک نے ۲۳ طرح باندھا ہے، میر تقی کے ہاں اس طرح بندھا ہوا ہے۔

اب کے جنوں میں فاصلہ شاید نہ کچھ رہے
دامن کے چاک اور گریباں کے چاک میں

مجھ کو ہر گز امید نہیں کہ متاخرین میں سے کسی نے اس سے بہتر چاکِ گریبان کا مضمون باندھا ہو۔ مذکورہ بالا تقریر سے ہمارا یہ مطلب نہیں ہے کہ متاخرین قدما کے کلام سے کوئی بات اخذ نہ کریں اور جو مضمون وہ باندھ گئے ہیں اب اس کو کسی پہلو نہ باندھیں یا اپنے بندھے ہوئے مضامین کا پھر اعادہ نہ کریں، کیونکہ بغیر اس کے نہ صرف شعر میں بلکہ ہر فن اور ہر صناعت میں کسی طرح کام نہیں چل سکتا۔

کعب ابن زہیر جو ایک مخضرمی شاعر اور آنحضرت صلی اللہ علیہ وسلم کا مداح ہے وہ کہتا ہے۔

ما ارانا نقول الا سعارا

او معاداً من قولنا مکررا

(یعنی ہم جو کچھ کہتے ہیں یا تو اوروں کے کلام سے مستعار لے کر کہتے ہیں یا اپنے ہی کلام کو بار بار دہراتے ہیں)

پس جب کہ آج سے ساڑھے تیرہ سو برس پہلے شعراء کا ایسا خیال تھا تو ہم کیونکر کہہ سکتے ہیں کہ قدما کی خوشہ چینی سے ہم کو استغنا حاصل ہے یا ہم کو یہ قدرت ہے کہ کوئی مضمون ایک دفعہ باندھ کر پھر اس کا اعادہ نہ کریں۔

عربی میں دو متناقص مثلیں مشہور ہیں۔ ایک یہ ہے کہ کم ترک الاول للآخرۃ یعنی اگلے بہت کچھ پچھلوں کے لیے چھوڑ گئے ہیں اور دوسری یہ مثل ہے کہ ماترک الاول للآخرۃ شیاً (یعنی اگلوں نے پچھلوں کے لیے کچھ نہیں چھوڑا۔) ان دونوں مثلوں میں تطبیق یوں ہو سکتی ہے کہ اگلے بہت سی ادھوری باتیں چھوڑ گئے ہیں تاکہ پچھلے اس کو پورا کریں، لیکن انہوں نے پچھلوں کے لیے کوئی ایسی چیز نہیں چھوڑی جسکا نمونہ موجود نہ ہو۔

اس بات پر تمام قوم کا اتفاق ہے کہ پچھلا شاعر کسی پہلے شاعر کے کلام سے کوئی مضمون اخذ کر کے اس میں کوئی ایسا لطیف اضافہ یا تبدیلی کر دے جس سے اس کی خوبی یا متانت یا وضاحت زیادہ ہو جائے، وہ درحقیقت اس مضمون کو پہلے شاعر سے چھین لیتا ہے۔ مثلاً سعدی شیرازی کہتے ہیں۔

ازورطۂ ما خبر نہ دارد

آسودہ کہ بر کنارِ دریاست

اسی مضمون کو خواجہ حافظ نے اس طرح ادا کیا ہے۔

شب تاریک و بیم موج گردابے چنیں حائل

کجا دانند حالِ ما سبک سارانِ ساحل ہا

ظاہر ہے کہ حافظ نے اس مضمون میں گویا اس کمی کو پورا کر دیا ہے جو شیخ کے بیان میں رہ گئی تھی۔ پس کہا جا سکتا ہے کہ حافظ نے شیخ سے یہ مضمون چھین لیا۔ اسی مطلب کو نظیری نے یوں تعبیر کیا ہے۔

بہ زیرِ شاخِ گل افعی گزیدہ بلبل را

نوا گرانِ نخوردہ گزند را چہ خبر

اگرچہ نظیری نے اصل مضمون پر کوئی ایسا اضافہ نہیں کیا جسکے لحاظ سے کہا جائے کہ خواجہ حافظ سے مضمون چھین لیا، لیکن اس نے مضمون کو ایسے بدیع اسلوب میں ادا کیا ہے کہ بالکل ایک نیا مضمون معلوم ہوتا ہے۔

ایک روز خواجہ حافظ کا یہی شعر ایک موقع پر پڑھا گیا، ایک صاحب جو شعر کا صحیح مذاق رکھتے تھے یہ شعر سن کر بولے۔ "کاش دوسرے مصرع میں بھی اسی قسم کی مشکلات اور سختیوں کا بیان ہوتا جیسی کہ پہلے مصرع میں. بیان کی گئی ہیں اور اس بات کا کچھ اظہار نہ کیا جاتا کہ بیدردوں کو ہمارے حال کی کیا خبر ہے تاکہ اپنے حال میں مبتلا ہونے اور غیر کے تصور سے ذہول ہونے کا زیادہ ثبوت ہوتا۔ "میں نے غالب مرحوم کا یہ شعر پڑھا۔

ہوا مخالف و شب تار و بحر طوفاں خیز

گسستہ لنگر کشتی و ناخدا خفتست

وہ شعر سن کر پھڑک گئے اور کہا کہ ہاں بس میرا مطلب یہی تھا۔ ان مثالوں سے یہ بات بخوبی ظاہر ہے کہ قدما کے کلام میں بعض اوقات کوئی کمی رہ جاتی ہے۔ جس کو پچھلے پورا کر دیتے ہیں۔ کبھی قدما ایک مضمون کو کسی خاص اسلوب میں محدود سمجھ لیتے ہیں، متاخرین اس کے لئے ایک نرالا اسلوب پیدا کرتے ہیں اور کبھی متاخرین قدما کے اسلوب میں سے ایک خوبی کم کر کے ایک خوبی بڑھا دیتے ہیں اور اس سے شاعری کو بے انتہا ترقی ہوتی ہے۔ پس یہ کیونکر ہو سکتا ہے کہ شاعر اپنے محدود فکر اور تخیل پر بھروسہ کر کے قدما کی خوشہ چینی سے دست بردار ہو جائے۔

شفائی صفاہانی یا متاخرینِ شعرائے ایران میں سے کوئی اور شخص غزل میں کہتا ہے۔

مشاطہ را بگوکہ براسبابِ حُسن دوست

چیزے فزوں کند کہ تماشا بما رسید

قائل کا مطلب معلوم ہوتا ہے کہ ہماری پسند کی لئے معشوق کے معمولی بناؤ سنگار کافی نہیں ہیں پس مشاطہ کو چاہیے کہ ان میں کچھ اور اضافہ کرے، کیونکہ اب اس کے دیکھنے کی نوبت ہم تک پہنچی ہے۔ شاعر نے مضمون میں جدت تو پیدا کی مگر پھسینڈی۔ اول تو اس نے جس کو دوست قرار دیا ہے معلوم ہوتا ہے کہ ابھی اس کی محبت کا نقش

اس کے دل میں نہیں بیٹھا، پھر اس کو دوست کہنا کیونکر صحیح ہو سکتا ہے۔ دوسرے اس کے بیان سے ظاہر ہوتا ہے کہ وہ معشوق کے حسنِ ذاتی سے کچھ دل بستگی نہیں رکھتا بلکہ عارضی بناؤ سنگار پر فریفتہ ہے۔ تیسرے عشق جو ہمیشہ بے قصد و بے ارادہ پیدا ہوتا ہے اس کو قصد و ارادہ سے پیدا کرنا چاہتا ہے۔ مرزا غالب مدح میں کہتے ہیں۔

زمانہ عہد میں ہے اس کے محوِ آرائش

بنیں گے اور ستارے اب آسماں کے لیے

ظاہراً یہ خیال اسی فارسی شعر سے قصداً یا بلا قصد پیدا ہوا ہے مگر مرزا نے اس مضمون کو اصل خیال کے باندھنے والے سے بالکل چھین لیا ہے۔ جو خلل تغزل کی حالت میں اس میں موجود تھے وہ مدح کی حالت میں بالکل نہیں رہے۔ مرزا نے ممدوح کو ایک ایسے کمال کے ساتھ موصوف کیا ہے جو تمام کمالات کی جڑ ہے، یعنی وہ ہر چیز کو کامل تر اور افضل تر حالت میں دیکھنا چاہتا ہے۔ اسی لیے ہر شے اپنے تئیں کامل تر حالت میں اس کو دکھانا چاہتی ہے اور اس سے یہ نتیجہ نکالا ہے کہ اگر یہی حال ہے تو شاید آسمان کی زیب و زینت کے لئے اور ستارے پیدا کیے جائیں۔ اس پر سوا اس کے کہ کوئی منطقی اعتراض کیا جائے اور کسی طرح گرفت نہیں ہو سکتی، بخلاف فارسی شعر کے کہ

اس کی بنا خود اصولِ شاعری اور آدابِ عشق و محبت کے بر خلاف ہے۔ عرفی شیرازی کہتا ہے۔

ہر کس نہ شناسندۂ رازاست وگرنہ

ایں باہمہ رازست کہ معلومِ عوام ست

غالب مرحوم نے اسی مضمون کو دوسرے لباس میں اس طرح جلوہ گر کیا ہے۔

محرم نہیں ہے تو ہی نواہائے راز کا

یاں ورنہ جو حجاب ہے پردہ ہے ساز کا

اگرچہ گمانِ غالب یہ ہے کہ عرفی کی رہبری اس خیال کی طرف قرآن مجید کی اس آیت سے ہوئی ہوگی۔ "(سورہ بنی اسرائیل جزو آیت ۴۴") لیکن ہر حالت میں عرفی کا یہ شعر آبِ زر سے لکھنے کے قابل ہے اور جس اسلوب میں کہ یہ خیال اس سے ادا ہو گیا ہے اب اس سے بہتر اسلوب ہاتھ آنا دشوار ہے۔ بایں ہمہ مرزا کی جدت اور تلاش بھی کچھ کم تحسین کے قابل نہیں ہے کہ جس مضمون میں مطلق اضافہ کی گنجائش نہ تھی اس میں ایسا لطیف اضافہ کیا ہے جو باوجود الفاظ کی دلفریبی کے لطفِ معنی سے بھی خالی نہیں ہے۔ عرفی کا یہ مطلب ہے کہ جو باتیں عوام کو معلوم ہیں یہی درحقیقت اسرار ہیں۔

مرزا یہ کہتے ہیں کہ جو چیزیں مانع کشفِ راز معلوم ہوتی ہیں یہی در حقیقت کاشفِ راز ہیں۔

بہر حال اس قسم کے اقتباسات ہمیشہ متاخرین قدما کے کلام سے کرتے رہتے ہیں اور چراغ سے چراغ جلتا رہا ہے۔ شعرائے عرب جب کوئی اچھوتا مضمون باندھتے تھے اور لوگ متعجب ہو کر ان سے پوچھتے تھے کہ کس تقریب سے یہاں تک ذہن پہنچا؟ تو وہ صاف صاف اپنے خیال کا مآخذ بتا دیتے تھے۔ ابونواس نے فضل بن ربیع کی شان میں یہ شعر کہا تھا

لیس للہ بمستنکر

ان یجمع العالم فی واحدہ

(یعنی خدا سے یہ بات بعید نہیں کہ تمام عالم کو ایک شخص کی ذات میں جمع کر دے۔)

اس پر کسی نے اس سے پوچھا کہ یہ مضمون کیونکر سوجھا؟ ابونواس نے صاف کہہ دیا کہ یہ خیال جریر کے اس شعر سے پیدا ہوا جو اس نے بنی تمیم کی تعریف میں کہا ہے۔

اذا غضبت علیک بنو تمیم

حسبت الناس کلھم عصابا

(یعنی جب بنی تمیم تجھ سے ناراض ہو جائیں تو سمجھنا چاہیے کہ تمام بنی آدم تجھ سے ناراض ہیں۔)

شعر ہی پر کچھ موقوف نہیں بلکہ تمام علوم و فنون میں انسان نے اسی طرح ترقی کی ہے کہ اگلے جو ادھورے نمونے چھوڑتے گئے پچھلے ان میں تصرف کرتے رہے، یہاں تک کہ ہر ایک علم اور ہر ایک فن کمال کے درجے کو پہنچ گیا۔ شعر کی ترقی بھی اسی طرح متصور ہے کہ قدما کے خیالات میں کچھ کچھ معقول تصرفات ہوتے رہیں۔ لیکن اس قسم کے تصرفات کرنے کے لیے شاعری کی پوری لیاقت ہونی چاہیئے ورنہ جیسی ایجادات ہمارے ملک کے اکثر شعراء کرتے ہیں ان سے بجائے ترقی کے روز بروز شاعری نہایت ذلیل و پست و حقیر ہوتی جاتی ہے۔

فارسی میں کم اور عربی میں زیادہ اور انگریزی میں بہت زیادہ نہ صرف نظم میں بلکہ نثر میں نظم سے بھی زیادہ ہر قسم کے بلند، لطیف اور پاکیزہ خیالات کا ذخیرہ موجود ہے، پس ہمارے ہم وطنوں میں جو لوگ ایسے دماغ رکھتے ہیں کہ غیر زبانوں سے نئے خیالات اخذ کر کے ان میں عمدہ تصرفات کر سکتے ہیں وہ اپنے مبلغ فکر کے موافق تصرف کر کے اور جن کی قوت متخیلہ ان سے کم درجہ کی ہے وہ انہیں خیالات کو بعینہٖ اپنی زبان میں صفائی اور سادگی کے ساتھ ترجمہ کر کے اردو شاعری کو سرمایہ دار بنائیں۔ سنسکرت اور بھاشا میں خیالات کا ایک دوسرا عالم ہے اور اردو زبان بہ نسبت اور زبانوں کے سنسکرت اور بھاشا کے خیالات سے زیادہ مناسبت رکھتی ہے، اس لیے

ان زبانوں سے بھی خیالات کے اخذ کرنے میں کمی نہ کریں اور جہاں تک اپنی زبان میں ادا کرنے کی طاقت ہو ان کو شعر کے لباس میں ظاہر کریں اور طرح اردو شاعری میں ترقی کی روح پھونکیں۔

ہم دیکھتے ہیں کہ ہمارے شعراء نے جو کہیں کہیں فارسی اشعار کا ترجمہ اردو اشعار میں کر دیا ہے ان پر لوگوں نے اعتراض کئے ہیں لیکن ہمارے نزدیک یہ کوئی اعتراض کا محل نہیں ہے۔ ایک زبان کے شعر کا عمدہ ترجمہ دوسری زبان کے شعر میں کرنا کوئی آسان بات نہیں ہے، ایک بزرگوار نے سارا اسکندر نامہ بحری اردو میں ترجمہ کر ڈالا ہے اور ہم نے سنا ہے کہ وہ شاعر بھی تھے اور مولوی بھی۔

ان کے چند اشعار ملاحظہ ہوں۔

کرے میوہ زیبا جو ہر شاخ کو
کدیور فرامش کرے خاک کو
ہوا جب کہ آراستہ باغ خوش
بہر میوہ شیریں و ہم ترش
بہ شادی لبِ پستہ خنداں ہوا
رطب اس پہ بھی تیز دنداں ہوا

ہوا چہرۂ نار افروختہ

کہ ہوں تاج بر لعل جوں دوختہ

بہ رغبت بہ ہر شاخ انجیر دار

لٹکنے لگے مرغ انجیر خوار

اٹھایا اب خم نے جوشِ نفیر

ہم از بوئے شیرہ ہم از بوئے شیر

شاید اس مترجم کی نسبت یہ کہا جا سکے کہ وہ مشاق شاعر نہ تھا اس لیے عمدہ ترجمہ نہ کر سکا، لیکن ہم مشاق شاعروں سے کہتے ہیں کہ از راہِ عنایت زیادہ نہیں تو انہی چھ شعروں کو فصیح اردو نظم میں تو ذرا لکھ دیں۔ جو شخص دوسری زبان کے شعر کو اپنی زبان کے شعر میں عمدگی کے ساتھ ترجمہ کرتا ہے گو اس سے اس کی قوتِ متخیلہ کا کمال ثابت نہیں ہوتا مگر وہ ایک دوسری لیاقت کا ثبوت دیتا ہے جو ہر ایک شاعر میں نہیں ہو سکتی۔

ہمارے بعض شعراء نے بعضے ایسے خیالات کو جو فارسی اشعار میں تھے اردو میں ایسی خوبی سے ادا کیا ہے کہ من وجہ اصل شعر سے بڑھ گئے ہیں۔

نظیری کا شعر ہے۔

بوئے یارِ من ازیں سست وفا می آید

گلم از دست بگیرید کہ از کار شدم

سودا کہتے ہیں

کیفیتِ چشم اس کی مجھے یاد ہے سودا

ساغر کو مرے ہاتھ سے لینا کہ چلا میں

اس میں شک نہیں کہ سودا نے اپنے شعر کی بنیاد نظیری کے مضمون پر رکھی ہے بلکہ کہا جا سکتا ہے کہ تھوڑے سے تغیر کے ساتھ اس کا ترجمہ کر دیا ہے لیکن بلاغت کے لحاظ سے سودا کا شعر نظیری سے بہت بڑھ گیا ہے۔ دوست کے یاد آنے سے بھی ممکن ہے کہ عاشق از خود رفتہ ہو جائے لیکن ساغرِ شراب کو دیکھ کر معشوق کی نشیلی آنکھ کے تصور سے بے خود ہو جانا زیادہ قرینِ قیاس ہے۔ اس کے سوا 'از کار شدم' میں وہ تعمیم نہیں ہے جو اس میں ہے کہ 'چلا میں' اور سب سے بڑی بات یہ ہے کہ 'چلا میں' ہمیشہ ایسے موقع پر بولا جاتا ہے جب آدمی ہوش و بد حواس ہو کر گرنے کو ہوتا ہے اور 'از کار شدم' میں یہ بات نہیں ہے۔ معطل ہونے، معزول ہونے، اپاہج اور نکمے ہونے کو بھی "از کار شدن" ہونے سے تعبیر کرتے ہیں۔

در محفل راہ مدہ ہمچو منے را

افسردہ دل افسردہ کند انجمنے را

خواجہ میر درد

نہ کہیں عیش تمھارا بھی منغص ہو جائے

دوستو درد کو محفل میں نہ تم یاد کرو

ممکن ہے کہ خواجہ میر درد نے فارسی شعر سے یہ مضمون اخذ کیا ہو لیکن یقیناً ان کا شعر فارسی شعر سے بہت بڑھ گیا ہے، اول تو فارسی مطلع کے مضمون کو اپنے مقطع میں لانا جس میں خود درد کا لفظ ہی شاعر کے دعوے پر دلیل کا حکم رکھتا ہے پھر راہ مدہ کی جگہ یاد کرو بولنا جسکے دو معنی ہیں، ایک تو یہی کہ درد کا اپنی محفل میں ذکر نہ کرو، دوسرے یاد کرنے کے معنی ہیں اعلیٰ کو ادنیٰ کو اپنے پاس بلانا اور بڑی خوبی درد کے شعر میں یہ ہے کہ محفل میں نہ بلانے کی وجہ جو فارسی میں یقینی طور پر بیان کی گئی ہے اس کو میر درد نے احتمال کی صورت میں اس طرح بیان کیا ہے۔ 'نہ کہیں عیش تمھارا بھی منغص ہو جائے'۔ ان دونوں اسلوبوں میں ایسا ہی فرق ہے جیسے ایک شخص کو پیار سے یوں کہے کہ 'بد پرہیزی سے آدمی ہلاک ہو جاتا ہے۔' اور دوسرا یہ کہے کہ 'دیکھو کہیں بد پرہیزی میں جان سے ہاتھ نہ دھو بیٹھو۔' دوسرے اسلوب میں جیسا کہ ظاہر ہے بہ نسبت پہلے اسلوب کے زیادہ تخویف و تحذیر ہے۔

سعدی شیرازی

دوستاں منع کنندم کہ چرا دل بتو دادم

باید اول بتو گفتن کہ چنیں خوب چرائی؟

میر تقی

پیار کرنے کا جو خوباں ہم پہ رکھتے ہیں گناہ

ان سے بھی تو پوچھیے تم اتنے کیوں پیارے ہوئے

میر تقی کا یہ شعر ظاہراً سعدی کے شعر سے ماخوذ معلوم ہوتا ہے مگر سعدی کے ہاں خوب کا لفظ ہے اور میر کے ہاں پیارے کا لفظ ہے، ظاہر ہے کہ خوب کا محبوب ہونا کوئی ضروری بات نہیں لیکن پیارے کا پیارا ہونا ضرور ہے پس سعدی کے سوال کا جواب ہوسکتا ہے مگر میر کے سوال کا جواب نہیں ہوسکتا۔

بہرحال ترجمہ کرنا بشرطیکہ ترجمہ کے فرائض پورے ہوجائیں کوئی عیب کی بات نہیں ہو سکتی۔ سعدی جو فارسی کا ہومر ہے خود اس کے کلام میں عربی اقوال و امثال کے ترجمے یا اس کے ماحصل موجود ہیں۔

سعدی

ا-سگ بدریائے ہفتگانہ بشوئے

چونکہ ترشد پلید ترباشد

اقوالِ عربی

الکلب انجس ما یکون

اذا اغتل

سعدی

۲-ترا خامشی اے خداوند ہوش

وقار است و نا اہل را پردہ پوش

عربی اقوال

الصمت زینۃ العالم

و سرّ الجاہل

سعدی

۳-تو بجائے پدر چہ کردی خیر

تا ہمہ چشم داری از پسرت

عربی اقوال

راع اباک

یراع ابنک

سعدی

۴-شپرہ گر نورِ آفتاب نخواہد

رونقِ بازار آفتاب نکاہد

عربی اقوال

سناء ذکاء لایزول من

دعاءالحشفاش

سعدی

۵-نیک بخت آنکہ خورد و کشت

بدبخت آنکہ مُرد و ہشت

عربی اقوال

السعید من اکل

وزرع والشقے من مات و ودع

سعدی

٦-پادشاہان بخرد منداں محتاج ترند

کہ خرد منداں بہ پادشاہاں

اقوالِ عربی

السلطان احوج الی العقلاء
من العقلاء الی السلطان

اہلِ یورپ جو آج لٹریچر میں بھی مثلِ علوم و فنون و صنائع کے تمام دنیا سے فائق ہیں اس کا سبب اس کے سوا اور کچھ نہیں کہ دنیا میں کوئی مشہور قوم ایسی نہیں جس کی شاعری اور انشاء کا لب لباب ان کی زبانوں میں موجود نہ ہو۔ پس ہم کو بھی چاہیئے کہ جس قوم اور جس زبان کے خیالات ہم کو بہم پہنچیں ان سے جہاں تک ممکن ہو فائدہ اٹھائیں اور صرف انہیں چند فرسودہ اور بوسیدہ خیالات پر جو صدیوں سے برابر بندھتے چلے آتے ہیں قناعت کر کے نہ بیٹھ رہیں کیونکہ علم و ہنر میں قناعت ویسی ہی قابلِ ملامت ہے جیسی مال و دولت میں حرص۔

۴-جس طرح ہماری غزل کے مضامین محدود ہیں اسی طرح اس کی زبان بھی ایک خاص دائرے سے باہر نہیں نکل سکتی کیونکہ چند معمولی مضمون جب صدیوں تک برابر رٹے جاتے ہیں تو زبان کا ایک خاص حصہ ان کے ساتھ مخصوص ہو جاتا ہے جو کہ زبانوں پر بار بار آنے اور کانوں سے بار بار سننے کے سبب زیادہ مانوس اور گوارا ہو جاتا ہے یہاں تک کہ اگر ان الفاظ کی جگہ دوسرے الفاظ جو انہی کے ہم معنی ہوں استعمال کیے جائیں تو غریب اور اجنبی معلوم ہوتے ہیں۔

عشقیہ مضامین ہمارے ہاں کچھ غزل ہی کے ساتھ خصوصیت نہیں رکھتے بلکہ قصیدے اور مثنوی میں بھی برابر انہیں کا عمل دخل رہا ہے۔ فارسی اور اردو زبانوں میں چند کے سوا کل مثنویاں عشقیہ مضامین میں لکھی گئی ہیں، اسی طرح قصائد کی تمہیدوں میں بھی زیادہ تر یہی دکھڑا رویا گیا ہے۔ واسوخت تو عشق کی پسلی ہی سے پیدا ہوا ہے لیکن چونکہ قصیدہ، مثنوی اور واسوخت کا میدان وسیع ہے لہذا ان میں غریب اور اجنبی الفاظ کی بہت کچھ کھپت ہو سکتی ہے بخلاف غزل کے کہ یہاں ایک لفظ بھی غیر مانوس ہو تو اولو معلوم ہوتا ہے۔ گلاب کے تختہ میں کانٹے بھی پھولوں کے ساتھ نبھ جاتے ہیں مگر گلدستہ میں ایک کانٹا بھی کھٹکتا ہے۔ اسی واسطے جن بزرگوں نے غزل کی بنیاد تصوف اور اخلاق پر رکھی ہے انہیں بھی وہی زبان اختیار کرنی پڑی ہے جو غزل میں عموماً برتی جاتی ہے۔ عشقیہ مضامین میں جو الفاظ حقیقی معنوں پر اطلاق کیئے جاتے تھے انہیں الفاظ کو ان بزرگوں نے مجاز و استعارہ کے طور پر استعمال کیا ہے اور رمز و کنایہ میں اپنے اعلیٰ خیالات ظاہر کیئے ہیں۔ پس غزل میں ضرور ہے کہ بہ نسبت اور اصناف کے سادگی اور صفائی کا زیادہ خیال رکھا جائے۔ آج تک فارسی یا اردو میں جن لوگوں کی غزل مقبول ہوئی ہے وہ وہی لوگ ہیں جنھوں نے اس اصول کو نصب العین بنا رکھا ہے۔ اردو میں ولی سے لیکر انشا اور مصحفی تک عموماً سب کی غزل میں صفائی، سادگی،

روزمرہ کی پابندی، بیان میں گھلاوٹ اور زبان میں لچک پائی جاتی ہے۔ ان کے بعد دلی میں ممنون، غالب، مومن اور شیفتہ وغیرہ کے ہاں فارسی ترکیبوں نے اردو غزل میں بلاشک زیادہ دخل پایا مگر یہ لوگ بھی اعلیٰ درجہ کا شعر اسی کو سمجھتے تھے جس میں پاکیزہ اور بلند خیال ٹھیٹھ اردو کے محاورہ میں ادا ہو جاتا تھا۔ ان لوگوں کا یہ خیال تھا کہ غزل میں اعلیٰ درجہ کا شعر ایک یا دو سے زیادہ نہیں نکل سکتا، باقی برتی ہوتی ہے۔ اگلے شعرا شتر گربگی کی کچھ پروا نہ کرتے تھے، ایک دو شعر اچھا نکل آیا باقی کم وزن اور پھس پھس شعروں سے غزل کا نصاب پورا کر دیا۔ ہم لوگ یہ کرتے ہیں کہ اپنے بھرتی کے اشعار کو فارسی ترکیبوں سے چست کر دیتے ہیں تاکہ بادی النظر میں حقیر نہ معلوم ہوں۔ بات یہ ہے کہ لوگ انہی معمولی خیالات کو جومدت سے مختلف شکلوں میں بندھتے چلے آتے تھے بہت کم باندھتے تھے بلکہ ہر شعر میں جدت پیدا کرنی چاہتے تھے اس لیے اردو روزمرہ کا سررشتہ اکثر ہاتھوں سے جاتا رہتا تھا۔ بایں ہمہ غزلیت کی شان ان کے تمام کلام میں پائی جاتی ہے اور صاف و با محاورہ اور بلند اشعار ان کے ہاں بھی نسبتاً اتنے ہی نکل سکتے ہیں جتنے کہ قدما کی غزلیات میں۔ ذوق کی غزل میں عموماً زبان کا چٹخارا اپنے معاصرین کے کلام سے زیادہ ہے مگر وہ بھی جہاں مضمون آفرینی کرتے ہیں صفائی سے بہت دور جا پڑتے ہیں۔ ظفر کا تمام دیوان زبان کی صفائی اور روزمرہ کی خوبی سے

اول سے آخر تک یکساں ہے لیکن اس میں تازگیِ خیالات بہت کم پائی جاتی ہے۔
داغ کی غزل میں باوجود زبان کی صفائی، روزمرہ کی پابندی اور محاورہ کی بہتات کے طرزِ ادا میں ایک شوخی اور تیکھا پن ہے جو اسی شخص کا حصہ ہے۔ مگر نہایت تعجب ہے کہ لکھنؤ میں متاخرین نے سادگی اور صفائی کا غزل میں بہت کم خیال رکھا ہے باوجودیکہ زبان کے لحاظ سے دلی اور لکھنؤ میں کوئی معتد بہ فرق نہیں معلوم ہوتا، اس کے سوا شجاع الدولہ کے زمانہ سے سعادت علی خاں کے وقت تک اردو کے تمام نامور شعرا کا جمگھٹا لکھنؤ ہی میں رہا یہاں تک کہ میر، سودا، سوز، جرأت، مصحفی اور انشا وغیرہ اخیر دم تک وہیں رہے اور وہیں مرے۔ مگر متاخرین کی غزل میں ان کے طرزِ بیان کا اثر بہت کم پایا جاتا ہے۔ ظاہراً ایسا معلوم ہوتا ہے کہ جب دلی بگڑ چکی اور لکھنؤ سے زمانہ موافق ہوا اور دلی کے اکثر شریف خاندان اور ایک آدھ کے سوا تمام نامور شعرا لکھنؤ میں جا رہے اور دولت و ثروت کے ساتھ علومِ قدیمہ نے بھی ایک خاص حد تک ترقی کی اس وقت نیچرل طور پر اہلِ لکھنؤ کو ضرور یہ خیال پیدا ہوا ہوگا کہ جس طرح دولت اور منطق و فلسفہ وغیرہ میں ہم کو فوقیت حاصل ہے اسی طرح زبان اور لب و لہجہ میں بھی ہم دلی سے فائق ہیں لیکن زبان میں فوقیت ثابت کرنے کے لیے ضرور تھا کہ اپنی اور دلی کی زبان میں کوئی امر ما بہ الامتیاز پیدا کرتے۔ چونکہ منطق و فلسفہ و طب و علم الکلام

وغیرہ کی ممارست زیادہ تھی، خود بخود طبیعتیں اس بات کی مقتضی ہوئیں کہ بول چال میں ہندی الفاظ رفتہ رفتہ ترک اور ان کی جگہ عربی الفاظ کثرت سے داخل ہونے لگیں۔ یہاں تک کہ سیدھی سادھی اردو امرا اور اہلِ علم کی سوسائٹی میں متروک ہی نہ ہو گئی بلکہ جیسا ثقافت سے سنا گیا ہے معیوب اور بازاریوں کی گفتگو سمجھی جانے لگی اور یہی رنگ رفتہ رفتہ نظم و نثر میں پر غالب آگیا۔ نظم میں جرأت اور ناسخ کے دیوان کا اور نثر میں باغ و بہار اور فسانہ عجائب کا مقابلہ کرنے سے اس کا کافی ثبوت ملتا ہے۔ با ایں ہمہ انصاف یہ ہے کہ مرثیہ اور مثنوی میں خاص خاص شخصوں پر (جیسا کہ آگے بیان کیا جائے گا) زمانہ کے اقتضا نے کچھ اثر نہیں کیا۔ انہوں نے زبان کے اصلی جوہر کو ہاتھ سے جانے نہیں دیا، بلکہ اس کو بزرگوں کا تبرک سمجھ کر اس انقلاب کے زمانہ میں نہایت احتیاط سے محفوظ رکھا۔

بہر حال غزل میں زبان اور بیان کی صفائی کی غرض سے چند باتوں کا لحاظ رکھنا ضروری ہے۔

ا- ہم اوپر لکھ آئے ہیں کہ غزل کو محض عشقیات میں اور عشقیات کو محض ہوا و ہوس کے مضامین میں محدود رکھنا ٹھیک نہیں ہے بلکہ اس کو ہر قسم کے جذبات کا آرگن بنانا چاہیئے۔ یہ بھی ظاہر ہے کہ غزل میں معمولی مضامین بندھتے بندھتے اس کی ایک خاص

زبان قرار پا گئی ہے اور وہ اس قدر کانوں میں رچ گئی ہے کہ اگر دفعتاً اس میں کثرت سے غیر مانوس اور اجنبی ترکیبیں اور اسلوبِ بیان داخل ہو جائیں تو غزل ایسی ہی گھٹل ہو جائے جیسی کہ بعض شعراء کی غزل عربی اور فارسی کے غیر مانوس الفاظ اور ترکیبیں اختیار کرنے سے ہو گئی ہے حالانکہ غزل کو باعتبارِ مضامین کے وسعت دینا بظاہر اس بات کا مقتضی ہے کہ زبان اور طریقہ بیان کو بھی وسعت دی جائے پس ضرور ہے کہ کوئی ایسا طریقہ اختیار کیا جائے کہ طریقہ بیان میں دفعتاً کوئی بڑی تبدیلی واقع نہ ہو اور باوجود اس کے غزل میں ہر قسم کے خیالات عمدگی کے ساتھ ادا ہو سکیں۔

آج کل دیکھا جاتا ہے کہ شعر کے لباس میں اکثر نئے خیالات جو ہمارے اگلے شعراء نے کبھی نہیں باندھے تھے ظاہر کیے جاتے ہیں مگر چونکہ وہ اس خاص زبان میں جو شعرا کی کثرتِ استعمال سے کانوں میں رچ گئی ہے ادا نہیں کئے جاتے بلکہ نئے خیالات جن الفاظ میں براہ راست ظاہر ہونا چاہتے ہیں انہیں الفاظ میں ظاہر کر دیئے جاتے ہیں اس لیے وہ مقبولِ خاص و عام نہیں ہوتے۔ لیکن نئی طرز کی عام شاعری اگر سر دست مقبول نہ ہو تو کچھ ہرج نہیں، جب لوگوں کے مذاق رفتہ رفتہ اس سے آشنا ہو جائیں گے اور سچی باتوں کی لذت اور حلاوت سے واقف ہونگے اس وقت وہ خود بخود مقبول ہو جائے گی۔ البتہ غزل کو ابتدا ہی سے جہاں تک ممکن ہو عام پسند اور

مطبوع طباع بنانا ضروری ہے کیونکہ یہی ایسی صفت ہے جو خاص و عام کی زبان پر جاری ہوتی ہے، اسی کے اشعار ہر شخص کو باآسانی یاد رہ سکتے ہیں اور یہی تمام خوشی کے جلسوں اور سماع کی مجلسوں اور یاروں کی صحبتوں میں گائی اور پڑھی جاتی ہے۔ پس ملک میں نیچرل شاعری کو پھیلانے کا اس سے بہتر کوئی طریقہ نہیں کہ غزل میں ہر قسم کے لطیف و پاکیزہ خیالات بیان کیۓ جائیں۔ اس کو تمام انسانی جذبات کے ظاہر کرنے کا آلہ بنایا جائے اور باوجود اس کے اس کو ایسے لباس میں ظاہر کیا جائے جو بادی النظر میں اجنبی اور غیر مانوس نہ ہو۔

سب سے بڑی دلیل اس بات کی کہ نئے اور اعلیٰ سے اعلیٰ خیالات بھی اول اول اسی روزمرہ میں ادا ہونے چاہئیں جس میں پرانے اور پست خیالات ادا کیۓ جاتے تھے، یہ ہے کہ کلامِ الٰہی میں تمام روحانی اور اخلاقی باتیں ویسے ہی محاورات و تشبیہات و استعارات و تمثیلات میں بیان کی گئی ہیں جن میں شعرائے جاہلیت عشقیات و خمریات اور تفاخر و مدح و ذم کے مضامین میں بیان کرتے تھے۔

یہ ممکن ہے کہ کسی قوم کے خیالات میں دفعتاً تبدیلی پیدا نہیں ہو سکتی بلکہ نا معلوم طور پر بیان کے اسلوب آہستہ آہستہ اضافہ کیے جاتے ہیں اور ان کو رفتہ رفتہ پبلک کے کانوں سے مانوس کیا جاتا ہے اور قدیم اسلوب جو کانوں میں رچ گئے ہیں ان کو بدستور

دائم و برقرار رکھا جاتا ہے یہاں تک کہ اگر علم کی ترقی سے بہت سے قدیم شاعرانہ خیالات محض غلط اور بے بنیاد ثابت ہو جائیں تو بھی جن الفاظ کے ذریعہ سے وہ خیالات ظاہر کیے جاتے تھے وہ الفاظ ترک نہیں کیے جاتے۔ فرض کرو کہ آسمان کا وجود اور اس کا گردش کرنا، زمین کا ساکن ہونا، پانی اور ہوا کا بسیط ہونا، عناصر کا چار میں منحصر ہونا، جام جم کا جہاں نما ہونا، ظلمات میں چشمۂ حیواں کا مخفی ہونا، سیمرغ اور دیو و پری کا موجود ہونا اور اسی قسم کی اور بہت سی باتیں علمِ انسان کی ترقی سے غلط ثابت ہو جائیں تو بھی شاعر کا یہ کام نہیں ہے کہ ان خیالات سے بالکل دست بردار ہو جائے بلکہ اس کا کمال یہ ہے کہ حقائق و واقعات اور سچے اور نیچرل خیالات کو انہی غلط اور بے اصول باتوں کے پیرایہ میں بیان کرے اور اس طلسم کو جو قدما باندھ گئے ہیں ہرگز ٹوٹنے نہ دے ورنہ وہ بہت جلد دیکھے گا کہ اس نے اپنے منتر میں وہی اثر بھلا دیئے جو دلوں کو تسخیر کرتے تھے۔

بہرحال جو لوگ اردو شاعری کو ترقی دینا یا یوں کہو کہ اس کو صفحۂ روزگار پر قائم رکھنا چاہتے ہیں ان کا فرض ہے کہ اصنافِ سخن میں عموماً اور غزل میں خصوصاً اس اصول کو ملحوظِ خاطر رکھیں کہ سلسلۂ سخن میں نئے اسلوب جہاں تک ممکن ہو کم اختیار کیے جائیں اور غیر مانوس الفاظ کم برتے جائیں مگر نا معلوم طور پر رفتہ رفتہ ان کو بڑھاتے رہیں اور

زیادہ تر کلام کی بنا قدیم اسلوبوں اور معمولی الفاظ و محاورات پر رکھیں مگر الفاظ کے حقیقی معنوں ہی پر قناعت نہ کریں بلکہ ان کو کبھی حقیقی معنوں میں، کبھی مجازی معنوں میں، کبھی استعارہ اور کنایہ کے طور پر اور کبھی تمثیل کے پیرائے میں استعمال کریں ورنہ ہر قسم کے خیالات ایک نپی تلی زبان میں کیوں کر ادا کیۓ جا سکتے ہیں۔ ہم اس مقام پر علمِ بیان کے اصول جن سے ایک مطلب کو متعدد پیرایوں میں ادا کرنا، اور ایک ایک لفظ کو مختلف موقعوں پر برتنا آتا ہے، بیان کرنا نہیں چاہتے کیونکہ تفصیل عربی، فارسی اور نیز اردو رسالوں میں مل سکتی ہے مگر ہم فارسی اور اردو غزل کے کسی قدر اشعار بطور مثال نقل کرتے ہیں جن میں اخلاق اور تصوف کے مضامین، عشقِ مجازی اور تغزل کے پیرایہ میں ادا کیۓ گئے ہیں اور اجنبی خیالات کے ظاہر کرنے میں ایک محدود اور معمولی زبان سے یہ کام لیا گیا ہے۔

از دیوان خواجہ حافظ

مضمون

تمام عالم خدا کا نادیدہ و مشتاق اور طالب ہے۔

طرزِ بیان

روئے تو کس ندید و ہزارت رقیب ہست

در غنچہ ہنوز و صدت عندلیب ہست

مضمون

خدا کے طالب صادق کبھی محروم نہیں رہتے۔

طرزِ بیان

عاشق کہ شد یار بحالش نظر نہ کرد

اے خواجہ درد نیست و گرنہ طبیب ہست

مضمون

دوست کو الزام دے کر شرمندہ کرنا شرطِ دوستی کے برخلاف ہے۔

طرز بیان

صبحدم مرغِ چمن با گلِ نو خاستہ گفت

ناز کم کن کہ دریں باغ بسے چوں تو شگفت

گل بخندید کہ از راست نرنجیم ولے

ہیچ عاشق سخنِ تلخ بمعشوق نہ گفت

مضمون

اقبال مندی کا زمانہ ہمیشہ نہیں رہتا۔

طرز بیان

گفتم اے مسند خم جام جہاں بینت گو

گفت افسوس کہ آں دولت بیدا بخفت

مضمون

جس طاعت میں ریا کار لگاؤ ہو اس سے معصیت بہتر ہے۔

طرز بیان

ساقی بیار بادہ کہ ماہِ صیام رفت

دردہ قدح کہ موسمِ ناموس و نام رفت

وقتِ عزیز رفت بیا تا قضا کنیم

عمرے کہ بے حضور صراحی و جام رفت

مضمون

باوجودیکہ خدا تک کسی کی رسائی نہیں پھر اس کے بھید دنیا میں کیونکر ظاہر ہو گئے۔

طرز بیان

صبا ز روئے تو با ہر گُلے حدیثے کرد

رقیب چوں رہِ غماز داد در حرمت

مضمون

سب کوششوں میں ناکام ہو کر خدا کی طلب میں کوشش کرنی چاہیئے۔

طرز بیان

عشق مے ورزم و امید کہ ایں فنِ شریف

چوں ہنرہائے دگر موجب حرماں نہ شود

از دیوان خواجہ میر درد

مضمون

دنیا میں سب سے ملنا مگر سب سے بے تعلق رہنا۔

اے درد یہاں کسو سے نہ دل کو لگائیو
لگ چلیو سب سے یوں تو پہ جی مت پھنسائیو

مضمون

قربِ الٰہی میں بڑے بڑے خطرات ہیں۔

طرزِ بیان

کاش تا شمع نہ ہوتا گذرِ پروانہ
تم نے کیا قہر کیا بال و پرِ پروانہ

مضمون

سالک کی غایت مقصود فنا ہے۔

طرزِ بیان

ایک ہی جست میں لی منزلِ مقصود اس نے
راہ رو رشک کی جا ہے سفرِ پروانہ

مضمون

سرّ باطن کسی پر ظاہر کرنا نہیں چاہیئے۔

طرزِ بیان

ہر گھڑی کان میں وہ کہتا ہے
کوئی اس بات سے نہ ہو آگاہ [17]

مضمون

بندہ اور خدا کے بیچ میں کسی واسطہ کی گنجائش نہیں۔

طرزِ بیان

قاصد نہیں یہ کام ترا اپنی راہ لے
اس کا پیام دل کے سوا کون لا سکے

مضمون

---

[17] 'اس بات' کے لفظ میں جو لطف ہے اس کو اہل زبان سمجھ سکتے ہیں

کائنات کے تمام جلوے مظہرِ تجلیاتِ الٰہی ہیں۔

طرزِ بیان

گزرا ہے صبا کون بتا آج ادھر سے
گلشن میں ترے پھولوں کی یہ باس نہیں ہے

مضمون

کل یوم ھوفی شان۔

طرزِ بیان

دل بھی تیرے ہی ڈھنگ سیکھا ہے
آن میں کچھ ہے آن میں کچھ ہے

مضمون

باخدا لوگوں کی صحبت میں خدا یاد آتا ہے۔

طرزِ بیان

بسا ہے کون ترے دل میں گلبدن اے درد

کہ بو گلاب کی آئی ترے پسینے سے

مضمون

عشق الٰہی تمام تعلقات سے نجات دیتا ہے۔

طرزِ بیان

اس کے خیالِ زلف نے سب سے ہمیں چھڑا دیا

گرچہ پھنسے ہیں دام میں دل کو مگر فراغ ہے

مضمون

جہاں موت کا کھٹکا ہو وہاں ایک دم یادِ خدا سے غافل نہ رہنا چاہیئے۔

طرزِ بیان

ساقیا یاں لگ رہا ہے چل چلاؤ

جب تلک بس چل سکے ساغر چلے

از دیوانِ سودا

مضمون

شیخ کو چاہیئے کہ سالک کو تعلیمِ فنا سے پہلے دنیا کے تعلقات سے متنفر کرے۔

طرزِ بیان

خانہ پرورد چمن ہیں آخر اے صیاد ہم
اتنی رخصت دے کہ ہولیں گل سے ٹک آزاد ہم

مضمون

دنیا میں فی الحقیقت کوئی چیز دل بستگی کے قابل نہیں۔

طرزِ بیان

خندۂ گُل بے نمک، فریادِ بُلبُل بے اثر
اس چمن سے کہہ تو جا کر کیا کریں گے یاد ہم

مضمون

دنیا کی کسی نعمت کو ثبات نہیں۔

طرزِ بیان

پائی نہ بُو وفا کی ترے پیرہن میں مَیں[18]
اے گل صبا کی طرح پھرے اس چمن میں ہم

مضمون

دنیا میں عروج کے ساتھ ہی تنزل لگا ہوا ہے۔

طرزِ بیان

نہ دیکھا اس سوا کچھ لطف اے صبحِ چمن تیرا
گل ایدھر لے گئے گلچیں، گئی روتی ادھر شبنم

مضمون

جو دنیا کو بے ثبات جانتے ہیں وہ بھی اپنی بے ثباتی کے قائل ہیں۔

طرزِ بیان

بھلا گُل تُو تو ہنستا ہے ہماری بے ثباتی پر
بتا روتی ہے کس کی ہستیِ موہوم پر شبنم

---

[18] یعنی ہم نے۔ قدیم محاوروں میں میں اور ہم نے کی جگہ میں اور ہم بولتے تھے۔

مضموں

خدا کی، بندے کی، قوم کی، ملک کی کسی کی محبت کیوں نہ ہو، اس پر ملامت ہونی ضرور ہے۔

طرزِ بیان

دلا اب سر کو اپنے پھیر مت سنگِ ملامت سے
یہی ہوتا ہے ناداں عشق کا انجام دنیا میں

مضمون

جو کام کرنے ہیں ان میں دیر کرنی نہیں چاہیئے۔

طرزِ بیان

ساقی ہے اک تبسمِ گُل فرصتِ بہار
ظالم بھرے ہیں جام تو جلدی سے بھر کہیں

مضمون

جس قدر دنیا کی محبت بڑھتی جاتی ہے اسی قدر مشکلات زیادہ ہوتی جاتی ہیں۔

طرزِ بیان

اس کشمکش سے دام کی کیا کام تھا ہمیں

اے الفتِ چمن ترا خانہ خراب ہو

ذوق

مضمون

اگر دلوں میں دنیا کی محبت نہ رہے تو دنیا کے سب کام بند ہو جائیں۔

طرزِ بیان

بہتر تو ہے یہی کہ نہ دنیا سے دل لگے

پر کیا کریں جو کام نہ بے دل لگی چلے

مضمون

بہت سے جوہرِ قابل پہلے اس سے کہ اپنے جوہر دکھلائیں خاک میں مل جاتے ہیں۔

طرزِ بیان

کھل کے گُل کچھ تو بہار اپنی صبا دکھلا گئے

حسرت ان غنچوں پہ ہے جو بن کھلے مرجھا گئے

مضمون

توکل کی شان

طرزِ بیان

احسان ناخدا کے اٹھائے مری بلا

کشتی خدا پہ چھوڑ دوں، لنگر کو توڑ دوں

مضمون

تعلقاتِ دنیاوی کے نتائج

طرزِ بیان

اگر اٹھے تو آزردہ، جو بیٹھے تو خفا بیٹھے

لگایا جی کو اپنے روگ جب سے دل لگا بیٹھے

غالب

مضمون

عزلت نشینی میں کوئی خطرہ نہیں۔

طرز بیان

نے تیر کماں میں ہے نہ صیاد کمیں میں
گوشے میں قفس کے مجھے آرام بہت ہے

مضمون

تیز زبان آدمی کی ہر کوئی شکایت کرتا ہے۔

طرز بیان

گرمی سہی کلام میں لیکن نہ اس قدر
کی جس سے بات اس نے شکایت ضرور کی

مضمون

رنج اور تکلیف سب خدا کی طرف سے ہے۔

طرز بیان

جلاد سے لڑتے ہیں نہ واعظ سے جھگڑتے

ہم سمجھے ہوئے ہیں اسے جس بھیس میں جو آئے

مضمون

غلبۂ یاس میں مطلب ہاتھ سے جاتا رہتا ہے۔

طرز بیان

سنبھلنے دے مجھے اے ناامیدی کیا قیامت ہے

کہ دامانِ خیالِ یار چھوٹا جائے ہے مجھ سے

مضمون

خدا تک کسی کی رسائی نہیں ہوئی۔

طرز بیان

تھک تھک کے ہر مقام پہ دو چار رہ گئے

تیرا پتہ نہ پائیں تو ناچار کیا کریں

شیفتہ

مضمون

خدا غریبوں کے جھونپڑے میں ہے۔

طرز بیان

فانوس و شیشہ و لگن زر سے کیا حصول

وہ ہے وہاں جہاں نہیں روغن چراغ میں

مضمون

مشائخ کے ہر ایک سلسلہ کی نسبت میں جدا کیفیت ہوتی ہے۔

طرز بیان

ہے امتزاج مشک مئے لعل فام میں

آتی ہے بوئے غیر ہمارے مشام میں

مضمون

نفس کی رعونت جس طریقہ سے کم ہو سکے بہتر ہے۔

طرز بیان

نفسِ سرکش کی کسی ڈھنگ سے رعونت کم ہو
چاہتا ہوں وہ صنم جس میں محبت کم ہو

مضمون

خدا کی ذات مکان اور جہت سے پاک ہے۔

طرز بیان

وہ آہوئے رمیدہ کہ ہم جس کے صید ہیں
نے وادیِ تتار نہ دشتِ ختن میں ہے

مضمون

لہو و لعب سے دفعۃً کنارہ کش ہو کر اطمینانِ کلی حاصل کرنا۔

طرز بیان

ہزار دام سے نکلا ہوں ایک جنبش میں

جسے غرور ہو آئے کرے شکار مجھے

اگرچہ اس قسم کے اشعار سے فارسی کے خاص خاص دیوان بھرے ہوئے ہیں اور اردو میں بھی تلاش کرنے سے ایسے اشعار اور زیادہ دستیاب ہو سکتے ہیں مگر یہ اسلوب زیادہ تر تصوف کے مضامین سے خصوصیت رکھتے ہیں۔ ہر قسم کے نیچرل خیالات ادا کرنے کے لئے صرف یہی اسلوب کافی نہیں ہو سکتے جب تک کہ شاعر ان کو عمدہ طور پر ہر موقع کے مناسب استعمال کرنے کی لیاقت اور انہیں میں ملتے جلتے نئے اسلوب پیدا کرنے کا ملکہ نہ رکھتا ہو، ہمارے نزدیک اس کا گُر یہ ہے کہ جہاں تک ہو سکے استعارہ و کنایہ و تمثیل کے استعمال اور محاورات کے بدلنے پر قدرت حاصل کرنی چاہیئے۔

استعارہ و کنایہ اور تمثیل کی تعریف اور ان کی قسمیں علمِ بیان کی کتابوں میں دیکھنی چاہئیں، یہاں ہم صرف اس قدر کہنا چاہتے ہیں کہ استعارہ بلاغت کا ایک رکنِ اعظم ہے اور شاعر کو اس کے ساتھ وہی نسبت ہے جو قالب کو روح کے ساتھ۔ کنایہ اور تمثیل کا حال بھی استعارہ ہی کے قریب قریب ہے۔ یہ سب چیزیں شعر میں جان ڈالنے والی ہیں، جہاں اصلی زبان کا قافیہ تنگ ہو جاتا ہے وہاں شاعر انہیں کی مدد سے اپنے دل کے جذبات اور دقیق خیالات عمدگی کے ساتھ ادا کر جاتا ہے اور جہاں اکا اپنا

منتر کارگر ہوتا نظر نہیں آتا وہاں انہیں کے زور سے وہ لوگوں کے دلوں کو تسخیر کر لیتا ہے۔

بعض مضامین فی نفسہ ایسے دلچسپ ہوتے ہیں کہ ان کو محض صفائی اور سادگی سے بیان کر دینا کافی ہوتا ہے مگر بہت سے خیالات ایسے ہوتے ہیں کہ معمولی زبان ان کو ادا کرتے وقت رو دیتی ہے اور معمولی اسلوب ان میں اثر پیدا کرنے سے قاصر ہوتے ہیں۔ ایسے مقام پر اگر استعارہ اور کنایہ یا تمثیل وغیرہ سے مدد نہ لی جائے تو شعر شعر نہیں رہتا بلکہ معمولی بات ہو جاتی ہے۔ مثلاً داغ کہتے ہیں۔

گیا تھا کہہ اب آتا ہوں قاصد کو تو موت آئی

دلِ بیتاب واں جا کر کہیں تو بھی نہ مر جانا

اس شعر میں دیر لگانے کو موت آنے اور مر رہنے سے تعبیر کیا گیا ہے اگر یہ دونوں لفظ نہ ہوں بلکہ اس طرح بیان کیا جائے کہ قاصد نے تو بہت دیر لگائی، اے دل کہیں تو بھی دیر نہ لگائیو تو شعر میں کچھ جان باقی نہیں رہتی۔ یا مثلاً مرزا غالب کہتے ہیں۔

کی مرے قتل کے بعد اس نے جفا سے توبہ

ہائے اس زود پشیماں کا پشیماں ہونا

دوسرے مصرع میں طنزاً بطور استعارہ کے "دیر پشیماں" کی جگہ "زود پشیماں" کہا گیا ہے جس سے شعر میں جان پڑگئی ہے ۔ یہ ویسا ہی استعارہ ہے جیسا قرآن مجید میں انذرھم کی جگہ بشرھم بعذاب الیم فرمایا ہے ۔ اسی طرح میر تقی کہتے ہیں

کہتے ہو اتحاد ہے ہم کو

ہاں کہو، اعتماد ہے ہم کو

یہاں بھی 'اعتماد نہیں ہے' کی جگہ طنزاً 'اعتماد ہے' کہا گیا ہے ۔ مرزا غالب کہتے ہیں ۔

وفا داری بشرطِ استواری اصل ایماں ہے

مرے بت خانہ میں تو کعبہ میں گاڑو برہمن کو

دوسرے مصرع کا اصل مدعا یہ تھا کہ وفا داری ایسی عمدہ صفت ہے کہ اگر برہمن وفا داری کے ساتھ ساری عمر بت خانہ میں نباہ دے تو اس کے ساتھ وہ برتاؤ کرنا چاہیئے جو اعلیٰ سے اعلیٰ درجہ کے مسلمان کے ساتھ کرنا زیبا ہے ۔ اس مطلب کو یوں ادا کیا گیا ہے کہ اگر وہ بت خانے میں مرے تو اس کو کعبہ میں دفن کرنا چاہیئے ، جو خوبی اس عنوانِ بیان میں ہے وہ ظاہر ہے ۔ دوسری جگہ مرزا غالب کہتے ہیں ۔

کوئی ویرانی سی ویرانی ہے

دشت کو دیکھ کے گھر یاد آیا

دوسرے مصرع میں بطور کنایہ کے "خوف معلوم ہوا" کی جگہ "گھر یاد آیا" کہا گیا ہے کیونکہ جنگل میں خوف معلوم ہونے کو گھر یاد آنا لازم ہے اور چونکہ اس میں صنعتِ ایہام بھی ملحوظ رکھی گئی ہے اس لیے شعر میں اور زیادہ لطف پیدا ہو گیا ہے یعنی اس میں یہ معنی بھی نکلتے ہیں کہ ہمارا گھر اس قدر ویران ہے کہ دشت کو دیکھ کر گھر یاد آتا ہے۔

مرزا غالب کا فارسی شعر ہے۔

ہوا مخالف و شب تار و بحر طوفاں خیز
گسستہ لنگرِ کشتی و ناخدا خفت ست

اس شعر میں اپنی مشکلات اور سختیوں کو بطور تمثیل کے بیان کیا گیا ہے۔ جس حالت کو شاعر نے اس عنوان سے بیان کیا ہے وہ کچھ ہی کیوں نہ ہوں اگر اس کو صاف اور سیدھے طور پر جیسی کہ وہ ہے بیان کیا جائے تو وہ ہرگز دو مصرعوں میں نہیں سما سکتی اور باوجود اس کے جس ہیبت ناک صورت میں اس کو یہ تمثیل کا پیرایہ ظاہر کرتا ہے یہ بات ہرگز پیدا نہیں ہو سکتی۔ مرزا غالب کا اردو شعر ہے۔

پنہاں تھا دام سخت قریب آشیانہ کے
اڑنے نہ پائے تھے کہ گرفتار ہم ہوئے

اس شعر میں بھی اس بات کو کہ آدمی نے جہاں ہوش سنبھالا اور تعلقاتِ دنیوی میں پھنسا بطور تمثیل کے بیان کیا ہے اور اس عنوان سے بیان کی خوبی ظاہر ہے۔

بہر حال شاعر کا یہ ضروری فرض ہے کہ مجاز و استعارہ و کنایہ و تمثیل وغیرہ کے استعمال پر قدرت حاصل کرے تاکہ ہر روکھے پھیکے مضمون کو آب و تاب کے ساتھ بیان کر سکے لیکن استعارہ وغیرہ میں اس بات کا خیال رکھنا ضروری ہے کہ مجازی معنی فہم سے بعید نہ ہوں ورنہ شعر چیستاں اور معمہ بن جائے گا۔ مثلاً شاہ نصیر کہتے ہیں۔

چرائی چادرِ مہتاب میکش نے جیحوں پر
کٹورا صبح دوڑانے لگا خورشید گردوں پر

چادرِ مہتاب چرانے سے چاندنی کا لطف اٹھانا اور اس سے متمتع ہونا مراد رکھا ہے جو نہایت بعید الفہم ہے۔ جن لوگوں نے استعارہ وغیرہ کے استعمال میں مذکورہ بالا اصول کو ملحوظ نہیں رکھا ان کا کلام ہمیشہ نامقبول اور متروک رہا ہے، جیسے بدر چاچی کے قصائد جن میں نہایت بعید الفہم استعارے استعمال کیے گئے ہیں، کہیں آہوئے مادہ سے آفتاب مراد لی ہے، کہیں اشکِ زلیخا سے کواکب، کہیں اعمیٰ سے برج عقرب، کہیں برگِ بنفشہ سے حروف، کہیں آبِ خشک سے پیالہ، کہیں پنج دریا سے پانچ انگلیاں اور اسی طرح کہیں زمین سے آسمان اور کہیں آسمان سے زمین۔

اردو میں شعراء نے استعارہ کا استعمال زیادہ تر محاورات کے ضمن میں کیا ہے کیونکہ اکثر محاورات کی بنیاد اگر غور کر کے دیکھا جائے تو استعارہ پر ہوتی ہے، مثلاً جی اچٹنا، اس میں جی کو ان چیزوں سے تشبیہ دی گئی ہے جو منقسم اور متفرق ہو سکے۔ آنکھ کھلنا، دل کملانا، غصہ بھڑکنا، کام چلنا اور اسی طرح ہزارہا محاورے استعارہ پر مبنی ہیں اور یہ وہ استعارے ہیں جن میں شعرا کی کارستانی کو کچھ دخل نہیں ہے بلکہ نیچرل طور پر بغیر فکر اور تصنع کے اہلِ زبان کے منہ سے وقتاً فوقتاً نکل کر زبان کا جزو بن گئے ہیں۔ کنایہ بھی زیادہ تر محاورات ہی کے ضمن میں استعمال ہوا ہے۔

مگر اردو شعراء نے تمثیل کو بہت کم برتا ہے، البتہ نئی طرز کی شاعری میں اس کا کچھ کچھ رواج ہو چلا ہے اور ضرورت نے لوگوں کو اس کے برتنے پر مجبور کیا ہے۔ چونکہ اس موقع پر استعارہ کی تقریب سے محاورہ کا ذکر آگیا ہے اس لئے مناسب معلوم ہوتا ہے کہ محاورہ کے متعلق چند ضروری باتیں بیان کی جائیں۔

محاورہ لغت میں مطلقاً بات چیت کرنے کو کہتے ہیں، خواہ وہ بات چیت اہلِ زبان کے روزمرہ کے موافق ہو خواہ مخالف، لیکن اصطلاح میں خاص اہلِ زبان کے روزمرہ یا بول چال یا اسلوبِ بیان کا نام محاورہ ہے پس ضرور ہے کہ محاورہ تقریباً ہمیشہ دو یا دو سے زیادہ الفاظ میں پایا جائے کیونکہ مفرد الفاظ کو روزمرہ یا بول چال یا اسلوبِ بیان

نہیں کہا جاتا، بخلاف لغت کے کہ اس کا اطلاق ہمیشہ مفرد الفاظ پر یا ایسے الفاظ پر جو بمنزلہ (۱۹) مفرد کے ہیں کیا جاتا ہے۔ مثلاً پانچ اور سات دو لفظ ہیں جن پر الگ الگ لغت کا اطلاق ہو سکتا ہے مگر ان میں سے ہر ایک کو محاورہ نہیں کہا جائے گا بلکہ دونوں کو ملا کر پان سات بولیں گے تب محاورہ کہا جائے گا۔ یہ بھی ضرور ہے کہ وہ ترکیب جس پر محاورہ کا اطلاق کیا جائے قیاسی نہ ہو بلکہ معلوم ہو کہ اہلِ زبان اس کو اس طرح استعمال کرتے ہیں مثلاً اگر پان سات یا آٹھ سات پر قیاس کر کے چھ آٹھ یا آٹھ چھ یا سات نو بولا جائے گا تو اس کو محاورہ نہیں کہنے کے کیونکہ اہلِ زبان کبھی اس طرح نہیں بولتے۔ یا مثلاً بلا ناغہ پر قیاس کر کے اس کی جگہ بے ناغہ، ہر روز کی جگہ ہر دن، روز روز کی جگہ دن دن یا آئے دن کی جگہ آئے روز بولنا، ان میں سے کسی کو محاورہ نہیں کہا جائے گا کیونکہ یہ الفاظ اس طرح اہلِ زبان کی بول چال میں کبھی نہیں آئے۔

حشیہ

۱۹۔ جیسے تیس اور اکتیس۔ تیس مفرد ہے اور اکتیس مرتب بمنزلہ مفرد

کبھی محاورہ کا اطلاق خاص کر ان افعال پر کیا جاتا ہے جو کسی اسم کے ساتھ مل کر اپنے حقیقی معنوں میں نہیں بلکہ مجازی معنوں میں استعمال ہوتے ہیں جیسے اتارنا، اس کے حقیقی معنی کسی جسم کو اوپر سے نیچے لانے کے ہیں مثلاً گھوڑے سے سوار کو اتارنا، کھونٹی سے کپڑا اتارنا، کوٹھے پر سے پلنگ اتارنا لیکن ان میں سے کسی محاورہ کے یہ دوسرے معنی صادق نہیں آتے کیونکہ ان سب مثالوں میں اتارنا اپنے حقیقی معنوں میں مستعمل ہوا ہے۔ ہاں نقشہ اتارنا، نقل اتارنا، دل سے اتارنا، دل میں اتارنا، ہاتھ اتارنا، پہنچا اتارنا یہ سب محاورے کہلائیں گے کیونکہ ان سب مثالوں میں اتارنے کا اطلاق مجازی معنوں پر کیا گیا ہے۔ یا مثلاً کھانا، اس کے حقیقی معنی کسی چیز کو دانتوں سے چبا کر یا بغیر چبائے حلق سے اتارنے کے ہیں مثلاً روٹی کھانا، دوا کھانا، افیم کھانا وغیرہ لیکن ان میں سے کسی کو دوسرے معنی کے لحاظ سے محاورہ نہیں کہا جائے گا کیونکہ ان سب مثالوں میں کھانا اپنے حقیقی معنوں میں مستعمل ہوا ہے، غم کھانا، قسم کھانا، دھوکا کھانا، پچھاڑیں کھانا، ٹھوکر کھانا، یہ سب محاورے کہلائیں گے۔

محاورہ کے جو معنی ہم نے اول بیان کئے ہیں وہ عام یعنی دوسرے معنوں کو بھی شامل ہیں، لیکن دوسرے معنی پہلے معنی سے خاص ہیں، پس جس ترکیب کو پہلے معنوں کے لحاظ سے محاورہ کہا جائے گا اس کو دوسرے معنوں کے لحاظ سے بھی

محاورہ کہا جا سکتا ہے لیکن یہ ضرور نہیں کہ جس ترکیب کو پہلے معنوں کے لحاظ سے محاورہ کہا جائے اس کو دوسرے معنوں کے لحاظ سے بھی محاورہ کہا جائے۔ مثلاً تین پانچ کرنا (یعنی لڑنا جھگڑنا) اس کو دونوں معنوں کے لحاظ سے محاورہ کہہ سکتے ہیں کیونکہ یہ ترکیب اہلِ زبان کی بول چال کے بھی موافق ہے اور نیز اس میں "تین پانچ" کا لفظ اپنے حقیقی معنوں میں نہیں بلکہ مجازی معنوں میں بولا گیا ہے۔ لیکن روٹی کھانا یا میوہ کھانا یا پان سات یا دس بارہ وغیرہ پہلے معنوں کے لحاظ سے محاورہ قرار پا سکتے ہیں نہ دوسرے معنوں کے لحاظ سے کیونکہ یہ تمام ترکیبیں اہلِ زبان کی بول چال کے موافق تو ضرور ہیں مگر ان میں کوئی لفظ مجازی معنوں میں مستعمل نہیں ہوا۔ آئندہ ہم ان دونوں معنوں میں تمیز کے لئے پہلی قسم کے محاورہ پر روزمرہ کا اور دوسری قسم پر محاورہ کا اطلاق کریں گے۔

روزمرہ اور محاورہ میں من حیثیت الاستعمال ایک اور بھی فرق ہے۔ روزمرہ کی پابندی جہاں تک ممکن ہو تقریر و تحریر اور نظم و نثر میں ضروری سمجھی گئی ہے یہاں تک کہ کلام میں جس قدر روزمرہ کی پابندی کم ہوگی اسی قدر وہ فصاحت کے درجہ سے ساقط سمجھا جائے گا۔ مثلاً ''کلکتہ سے پشاور تک سات آٹھ کوس پر ایک پختہ سرا اور ایک کوس پر مینار بنا ہوا تھا۔'' یہ جملہ روزمرہ کے موافق نہیں ہے بلکہ اس کی جگہ یوں ہونا چاہیئے۔

''کلکتہ سے پشاور تک سات سات، آٹھ آٹھ کوس پر ایک ایک پختہ سرا اور کوس کوس بھر پر ایک ایک مینار بنا ہوا تھا۔'' یا مثلاً ''آج تک ان سے ملنے کا موقع نہ ملا۔'' یہاں 'نہ ملا' کی جگہ 'نہیں ملا' چاہیئے۔ یا ''وہ خاوند کے مرنے سے در گور ہوئی۔'' یہاں زندہ در گور ہوگئی چاہیئے۔

''سو گئے جب بخت تب بیدار آنکھیں ہوگئیں''

یہاں ہوگئیں کہ جگہ ہوئیں چاہیئے۔

''دیکھتے ہی دیکھتے یہ کیا ہوا''

یہاں کیا ہوگیا چاہیئے۔

الغرض نظم ہو یا نثر دونوں میں روزمرہ کی پابندی جہاں تک ممکن ہو نہایت ضروری ہے مگر محاورہ کا ایسا حال نہیں ہے۔ محاورہ اگر عمدہ طور سے باندھا جائے تو بلا شبہ پست شعر کو بلند اور بلند کو بلند تر کر دیتا ہے، لیکن ہر شعر میں محاورہ باندھنا ضروری نہیں بلکہ ممکن ہے کہ شعر بغیر محاورہ کے بھی فصاحت و بلاغت کے اعلیٰ درجہ پر واقع ہو اور ممکن ہے کہ ایک پست اور ادنیٰ درجہ کے شعر میں بے تمیزی سے کوئی لطیف و پاکیزہ محاورہ رکھ دیا گیا ہو۔ ایک مشہور شاعر کا شعر ہے۔

گوہرِ اشک سے لبریز ہے سارا دامن

آج کل دامنِ دولت ہے ہمارا دامن

اس شعر میں کوئی محاورہ نہیں باندھا گیا۔ باوجود اس کے شعر تعریف کے قابل ہے، دوسری جگہ یہی شاعر کہتا ہے۔

اس کا خط دیکھتے ہیں جب صیاد

طوطے ہاتھوں کے اڑا کرتے ہیں

اس شعر میں نہ کوئی خوبی ہے نہ مضمون ہے، صرف ایک محاورہ بندھا ہوا ہے اور وہ بھی روزمرہ کے خلاف یعنی اڑ جاتے ہیں کہ جگہ اڑا کرتے ہیں۔ محاورہ کو شعر میں ایسا سمجھنا چاہیئے جیسا کوئی خوبصورت عضو بدن انسان میں اور روزمرہ کو ایسا جاننا چاہیئے جیسے تناسبِ اعضا بدنِ انسان میں۔ جس طرح بغیر تناسب اعضا کے کسی خاص عضو کی خوبصورتی سے حسن بشری کامل نہیں سمجھا جا سکتا اسی طرح بغیر روزمرہ کی پابندی کے محض محاورات کے جا و بے جا رکھ دینے سے شعر میں کچھ خوبی پیدا نہیں ہو سکتی۔

شعر کی معنوی خوبی کا اندازہ اہل زبان اور غیر اہل زبان دونوں کر سکتے ہیں، لیکن لفظی خوبیوں کا اندازہ کرنا صرف اہل زبان کا حصہ ہے۔ اہل زبان عموماً اس شعر کو زیادہ پسند کرتے ہیں جس میں روزمرہ کا لحاظ کیا گیا ہو اور اگر روزمرہ کے ساتھ محاورہ کی چاشنی بھی ہو تو وہ ان کو اور زیادہ مزا دیتی ہے مگر عوام اور خواص کی پسند میں بہت بڑا فرق ہے۔

عوام میں محاورہ یا روزمرہ کے ہر شعر کو سن کر سر دھننے لگتے ہیں اگرچہ شعر کا مضمون کیسا ہی بتذل یا رکیک اور سبک ہو اور اگرچہ محاورہ کیسا ہی بے سلیقگی سے باندھا گیا ہو۔ اس کی وجہ یہ ہے کہ جن اسلوبوں میں وہ ایک دوسرے سے بات چیت کرتے ہیں جب انہیں اسلوبوں میں وزن کی کھچاوٹ اور قافیوں کا تناسب دیکھتے ہیں اور معمولی بات چیت کو شعر کے سانچے میں ڈھلا ہوا پاتے ہیں تو ان کو ایک نوع کا تعجب اور تعجب کے ساتھ خوشی پیدا ہوتی ہے۔ مگر خواص کی پسند اور تعجب کے لیے صرف روزمرہ کا وزن کے سانچے میں ڈھال دینا کافی نہیں ہے، ان کے نزدیک محض تک بندی اور معمولی بات چیت کو موزوں کر دینا کوئی تعجب خیز بات نہیں ہے، ہاں اگر وہ دیکھتے ہیں کہ ایک سنجیدہ مضمون معمولی روزمرہ میں کمال خوبی اور صفائی اور بے تکلفی سے ادا کیا گیا ہے تو بلاشبہ ان کو بے انتہا تعجب اور حیرت ہوتی ہے کیونکہ فن شعر میں اور خاص کر اردو زبان میں کوئی بات اس سے زیادہ مشکل نہیں ہے کہ عمدہ مضمون معمولی بول چال اور روزمرہ میں پورا پورا ادا ہو جائے۔ جن لوگوں نے روزمرہ کی پابندی کو سب چیزوں سے مقدم سمجھا ہے ان کے کلام کو بھی نکتہ چینی کی نگاہ سے دیکھا جاتا ہے تو جا بجا فرو گزاشتیں اور کسریں نظر آتی ہیں۔ پس جب کوئی شعر باوجود مضمون کی متانت اور سنجیدگی کے روزمرہ اور محاورہ میں بھی پورا اتر جائے تو لامحالہ اس سے ہر صاحب ذوق کو

تعجب ہوتا ہے۔ مثلاً میر انشاء اللہ خاں اس بات کو کہ افسردگی کے عالم میں خوشی اور عیش و عشرت کی چھیڑ چھاڑ سخت ناگوار گزرتی ہے اس طرح بیان کرتے ہیں۔

نہ چھیڑ اے نکہتِ بادِ بہاری راہ لگ اپنی
تجھے اٹھکھیلیاں سوجھی ہیں ہم بیزار بیٹھے ہیں

یا مثلاً مرزا غالب اتنے بڑے مضمون کو (کہ میں جو معشوق کے مکان پر پہنچا تو اول تو خاموش کھڑا رہا، پاسبان نے سائل سمجھ کر کچھ نہ کہا، جب معشوق کے دیکھنے کا حد سے زیادہ شوق ہوا اور صبر کی طاقت نہ رہی تو پاسبان کے قدموں پر گر پڑا، اب اس نے جانا کہ اس کا مطلب کچھ اور ہے، اس نے میرے ساتھ وہ سلوک کیا کہ ناگفتہ بہ ہے) دو مصرعوں میں اس طرح بیان کرتے ہیں۔

گدا سمجھ کے وہ چپ تھا مری جو شامت آئے
اٹھا اور اٹھ کے قدم میں نے پاسباں کے لیے

یا مرزا غالب کہتے ہیں

روئے سے اور عشق میں بے باک ہو گئے
دھوئے گئے ہم ایسے کہ بس پاک ہو گئے

قاعدہ ہے کہ جب تک انسان عشق و محبت کو چھپاتا ہے اس کو ہر ایک بات کا پاس و لحاظ رہتا ہے لیکن جب راز فاش ہو جاتا ہے تو پھر اس کو کسی سے شرم اور حجاب نہیں رہتا۔ اس شعر میں یہی مضمون ادا کیا گیا ہے، دھویا جانا، بے حیا اور بے لحاظ ہو جانے کو کہتے ہیں اور پاک آزاد اور شہدے کو کہتے ہیں۔ رونے کے لیے دھویا جانا اور دھوئے جانے کے لیے پاک ہونا، باوجود اتنی لفظی مناسبتوں کے اور محاورہ کی نشست اور روزمرہ کی صفائی کے مضمون پورا پورا ادا ہو گیا ہے اور کوئی بات ان نیچرل نہیں ہے۔ یا مثلاً مومن خاں کہتے ہیں۔

کل تم جو بزمِ غیر میں آنکھیں چُرا گئے
کھوئے گئے ہم ایسے کہ اغیار پا گئے

آنکھیں چرانا، اغماض اور بے توجہی کرنا ہے، کھویا جانا شرمندہ اور کھسیانا ہونا، پا جانا، سمجھ جانا یا تاڑ جانا، معنی ظاہر ہیں۔ اس شعر کا مضمون بھی بالکل نیچرل ہے اور محاورات کی نشست اور روزمرہ کی صفائی قابلِ تعریف ہے۔ اگرچہ اس کا ماخذ مرزا غالب کا یہ شعر ہے۔

گرچہ ہے طرزِ تغافل پردہ دارِ رازِ عشق
پر ہم ایسے کھوئے جاتے ہیں کہ وہ پا جائے ہے

مگر مومن کے ہاں زیادہ صفائی سے بندھا ہے، اسی قبیل کے یہ اشعار ہیں۔

ذوق

رندِ خراب حال کو زاہد نہ چھیڑ تو
تجھ کو پرائی کیا پڑی اپنی نبیڑ تو

آتش

چال ہے مجھ ناتواں کی مرغ بسمل کی تڑپ
ہر قدم پر ہے یقیں یاں رہ گیا واں رہ گیا

میر

جو بے اختیاری یہی ہے تو قاصد
ہمیں آکے اس کے قدم دیکھتے ہیں

شیفتہ

شاید اسی کا نام محبت ہے شیفتہ
اک آگ سی ہے سینہ کے اندر لگی ہوئی

داغ

یوں وفا اٹھ گئی زمانے سے

کبھی گویا جہاں میں تھی ہی نہیں

الغرض روزمرہ کی پابندی تمام اصنافِ سخن میں عموماً اور غزل میں خصوصاً جہاں تک ہو سکے نہایت ضروری چیز ہے، اور محاورہ بھی بشرطیکہ سلیقے سے باندھا جائے شعر کا زیور ہے۔ چونکہ یہ بحث بہت طولانی ہے اس لیے ہم اس کو یہیں ختم کر دیتے ہیں، اگر موقع ملا تو پھر کبھی اس مضمون پر علیحدہ اپنے خیالات ظاہر کریں گے۔

ج- صنائع بدائع پر کلام کی بنیاد رکھنے سے اکثر معنی کا سر رشتہ ہاتھ سے جاتا رہتا ہے اور کلام میں بالکل اثر باقی نہیں رہتا، کیونکہ مخاطب کے دل میں یہ خیال گزرتا ہے کہ شاعر نے شعر کی ترتیب میں تصنع کیا ہے اور الفاظ میں اپنی کاریگری ظاہر کرنی چاہی ہے، اور بالکل شعر کی تاثیر کو زائل کر دیتا ہے۔ پس صنائع کی پابندی اور التزام سے تمام اصناف سخن اور عموماً اور غزل میں خصوصاً ہمیشہ بچنا چاہیے۔ صنعتیں جیسا کہ علم بلاغت میں مفصل مذکور ہے، دو قسم کی قرار دی گئی ہیں۔ ایک معنوی جیسے طباق، مشاکلہ، عکس، توریہ، حسن تعلیل، تجاہل عارفانہ، تعجب وغیرہ، دوسری لفظی ہیں جیسے تجنیس، ردّالعجز، علی الصدور، منقوط، رقطا، خیفا، مقطع، موصل، ترصیع وغیرہ۔ پہلی قسم کی کل صنعتیں اور دوسری قسم کی خاص خاص صنائع عربی اور فارسی کے تمام نامور شعرا نے برتی ہیں مگر کبھی ان کا التزام نہیں کیا اور کلام کی بنیاد ان پر نہیں رکھی۔ ہاں اگر حسنِ

اتفاق سے کبھی کوئی ایسا مناسب لفظ سوجھ گیا جس سے معنی مقصود میں خلل واقع نہ ہو اور بیان میں زیادہ حسن پیدا ہو جائے تو ایسے موقع کو بلا شبہ ہاتھ سے جانے نہیں دیا۔ جیسے خواجہ حافظ کہتے ہیں۔

بزیرِ دلق ملمع کمندہا دارند

درازدستیِ ایں کوتہ آستیناں بیں

اس شعر میں دراز اور کوتہ کے لحاظ سے صنعتِ طباق اور دست و آستین کے اعتبار سے مراعات النظیر ہے مگر دونوں صنعتیں ایسی بے تکلف اور مناسب طور پر واقع ہوئی ہیں کہ معنی مقصود میں بجائے اس کے کہ مخل ہوں اور زیادہ قوت پیدا کر دی ہے اور شعر کا حسن دوبالا کر دیا ہے۔ یا جیسے میر تقی کہتے ہیں۔

یہ جو چشمِ پُر آب ہیں دونوں

ایک خانہ خراب ہیں دونوں

اس میں ایک لفظ ایسا بے ساختہ اور بے تکلف واقع ہوا ہے کہ گویا شاعر نے اس کا قصد ہی نہیں کیا۔ یہاں ایک کے معنی ہیں نہایت، بے مثل، لاجواب، چھٹا ہوا، جیسے کہتے ہیں وہ ایک بد ذات ہے یا وہ لوگ ایک شورہ پشت ہیں۔ دونوں کے مقابلہ میں ایک کے لفظ نے آکر شعر کو نہایت بلند کر دیا ہے ورنہ نفسِ مضمون کے لحاظ سے اس

کی کچھ بھی حقیقت نہ تھی۔ یہاں فی الحقیقت محض مراعات النظیر نے اس شعر میں اعلیٰ درجہ کی بلاغت پیدا نہیں کی بلکہ اس بات نے پیدا کی ہے کہ دو چیزوں پر لفظ ایک کا اطلاق ایسی خوبی اور بے تکلفی سے ہوا ہے کہ اس سے بہتر تصور میں نہیں آسکتا ورنہ ایک شعر یا ایک مصرعہ میں ایک اور دو کا جمع کر دینا کہ اسی کا نام مراعات النظیر ہے کوئی بڑی بات نہ تھی۔

حسنِ مطلع

ایک سب آگ ایک سب پانی

دیدہ و دل عذاب ہیں دونوں

اس شعر میں بھی آگ اور پانی کا مقابلہ نہایت بے تکلفی سے واقع ہوا ہے پس اگر اس قسم کی مناسبتِ لفظی اتفاق سے شعر میں پیدا ہو جائے تو یہ شاعری کا زیور ہے مگر قصداً ایسی رعایتوں کی جستجو کرنے سے آخر کار شاعری شاعری نہیں رہتی بلکہ مسخرا پن ہو جاتا ہے، ایک مشہور شاعر فرماتے ہیں۔

مرغِ دل کو توڑے گی بلی ترے دروازہ کی

رختِ تن کو کترے گا چوہا تمھاری ناک کا

چونکہ بلی کے لیے چوہا لانا واجبات سے تھا اس لیے جب اصلی چوہا نہ ملا ناچار ناک ہی کے چوہے پر قناعت کی۔

کھانے کی اصل خوبی یہ ہے کہ لذیذ ہو، مفید ہو، جزو بدن بننے کے لائق ہو، بو باس اور رنگ روپ بھی اچھا رکھتا ہو، اگر باوجود ان سب باتوں کے چینی کے بانسوں میں کھایا جائے تو اور بھی بہتر ہے، یہی حال شعر کا ہے، شعر کی اصلی خوبی یہ ہے کہ نیچرل ہو، مؤثر ہو، لفظاً اور معناً سانچے میں ڈھلا ہو، اگر اس کے ساتھ کوئی لفظی رعایت بھی اس میں پائی جائے تو اور بہتر ہے ورنہ اس کی کچھ ضرورت نہیں۔

ہر زبان میں صنعتِ الفاظ (اگر ہمارا قیاس غلط نہیں ہے) متقدمین کی نسبت متاخرین کے کلام میں زیادہ پاؤ گے، کیونکہ اکثر متاخرین انہیں مضامین کو دہراتے ہیں جو ان سے پہلے قدماء باندھ گئے ہیں۔ پس تاوقتیکہ وہ صنعتِ الفاظ کو کام میں نہ لائیں، انہیں معمولی باتوں میں کوئی کرشمہ نہیں دکھا سکتے۔

متاخرین میں صنائع کا خیال زیادہ تر اس سبب سے پیدا ہوتا ہے کہ قدماء کے کلام میں کچھ اشعار ایسے پائے جاتے ہیں جن میں باوجود حسنِ معنی کے اتفاق سے کوئی لفظی مناسبت بھی پیدا ہو گئی ہے، چونکہ وہ اشعار پسند کیئے جاتے ہیں بعض لوگ غلطی سے خیال کر لیتے ہیں کہ ان کی مقبولیت کا سبب وہی لفظی مناسبت ہے اور بس۔ اس وہ

بے تکلف انہیں صنعتوں کو اپنے کلام میں جا و بے جا استعمال کرنا شروع کر دیتے ہیں اور جو اصل خوبی قدماء کے کلام میں ہوتی ہے اس کا مطلق خیال نہیں کرتے۔ اس کی مثال بعینہ ایسی ہے کہ ایک جامہ زیب اور حسین آدمی جس پر کوئی لباس بدنما نہیں معلوم ہوتا اتفاق سے بنت کی ٹوپی یا کارچوبی انگرکھا پہن کر نکلے اور لوگ اس کی ریس سے ویسے ہی کپڑے پہننے لگیں اور یہ نہ سمجھیں کہ اس کی زیبائش کا اصلی سبب حسن و جمال ہے نہ بنت کی ٹوپی اور کارچوبی انگرکھا۔

صنعت الفاظ نے ہماری شاعری بلکہ تمام لٹریچر کو بے انتہا صدمہ پہنچایا ہے جس کی تفصیل کے لیے ایک جدا کتاب لکھنے کی ضرورت ہے۔ خلاصہ یہ ہے کہ جس طرح عجائب قدرت کی تعظیم ہوتے ہوتے آخر کار دنیا میں عجائب پرستی ہونے لگی اور خدا کا خیال جاتا رہا اسی طرح ہمارے لٹریچر میں صنائع لفظی کی لے بڑھتے بڑھتے آخر کار محض الفاظ پرستی باقی رہ گئی اور معنی کا خیال جاتا رہا۔ صنائع و بدائع کی پابندی دلی کے شعرا میں عموماً بہت کم پائی جاتی ہے البتہ لکھنؤ کے بعض شعرا نے اس کا سخت پابندی کے ساتھ التزام کیا ہے اور بمقابلہ اہلِ دلی، لکھنؤ کے عام شعرا بھی رعایت لفظی کا زیادہ خیال رکھتے ہیں۔ لیکن پھر بھی فارسی کے مقابلہ میں اردو شاعری اس آفت سے بہت محفوظ ہے۔ جہاں تک ہم کو معلوم ہے وہ بیہودہ لفظی صنعتیں جن میں معنی سے

بالکل قطع نظر کر لی جاتی ہے اور محض ایک لفظوں کا گورکھ دھندا بنایا جاتا ہے جیسے منقوط، غیر منقوط، رقطا، خیفا، ذوقافیتین، ذوبحرین وغیرہ وغیرہ، اردو شاعری میں کمیاب ہیں۔ مگر بجائے صنائع لفظی اردو غزل میں ایک اور روگ پیدا ہوگیا ہے جو صنائع سے بھی زیادہ معنی کا خون کرنے والا ہے۔

د۔ سنگ لاخ زمینوں میں لکھنؤ اور دلی کے شعرائے متاخرین نے ہزارہا غزل لکھی ہے۔ میر، سودا، جرأت، درد اور اثر کے ہاں ایسی زمینوں میں بہت کم غزلیں پائی جاتی ہیں۔ اس کی ابتدا مصحفی اور انشا کے وقت سے ہوئی ہے۔ اور شاہ نصیر نے سب سے زیادہ اس میں طبع آزمائی کی ہے۔ ذوق کو بھی ابتدائے شاعری میں اس کا بہت لپکا رہا ہے۔ ظفر کے کلام میں بھی ایسی زمینیں بہت ہیں۔ البتہ غالب، مومن، ممنون، شیفتہ۔ داغ وغیرہ نے ایسی زمینیں بہت کم اختیار کی ہیں۔ لکھنؤ کے شعرا نے بھی سخت زمینوں میں بے انتہا غزلیں لکھی ہیں۔

جو لوگ شاعری کے فرائض پورے پورے ادا کرنا چاہتے ہیں، وہ اس بات کا اندازہ کر سکتے ہیں کہ شعر کے سر انجام دینے میں کوئی چیز ایسی مشکل نہیں جیسا مضمونِ شعر کے مناسب قافیہ بہم پہچانا۔ اسی لئے جب کسی کو سخت دقت پیش آتی ہے، تو کہتے ہیں کہ اُس کا قافیہ تنگ ہوگیا۔ اسی قافیے کی مشکلات سے بچنے کے لیے یورپ کے شعرا

نے آخر کار ایک بلینک درس یعنی نظمِ غیر مُقفّا نکال لی ہے اور اب زیادہ تر وہاں اِسی طرح کی نظم پر شاعری کا دار و مدار ہے۔ ہمارے ہاں اس پر طرّہ یہ ہے کہ قافیے کے پیچھے، ایک ردیف کا دُم چھلا اور لگا لیا گیا ہے۔ اگرچہ ردیف ایسی ضروری نہیں سمجھی جاتی جیسا قافیہ سمجھا جاتا ہے لیکن غزل میں اور خاص کر اُردو غزل میں تو اس کو وہی رتبہ دیا گیا ہے جو قافیے کو۔ اگر تمام اُردو دیوانوں میں غیر مُردّف غزلیں تلاش کی جائیں، تو ایسی غزلیں شاید گنتی کی نکلیں۔ پس جب کہ ردیف اور قافیے کی گھاٹی خود دشوار گذار ہے، تو اُس کو اور زیادہ کٹھن اور ناقابلِ گذر بنانا، اُنھی لوگوں کا کام ہو سکتا ہے جو معنی سے کچھ سرو کار نہیں رکھتے اور شاعری کا مآل، محض قافیہ پیمائی سمجھتے ہیں اور بس۔

جہاں تک سنگ لاخ زمینوں کا استقرا کیا جاتا ہے، ان میں یا تو ردیف اور قافیہ ایسا اختیار کیا جاتا ہے جن میں باہم دگر کچھ مناسبت نہ ہو۔ مثلاً: تقریرِ پشتِ آئنہ، تدبیرِ پشتِ آئنہ۔ اور جبَل کی مکھی، محل کی مکھی، دوَل کی مکھی۔ اور عسَس کی تیلیاں، مگس کی تیلیاں، نفس کی تیلیاں۔ یا ردیف ایسی لمبی اختیار کرتے ہیں جو ایک آدھ سے زیادہ شعروں میں معقول طور پر نہیں آ سکتی، جیسے فلک پہ بجلی، زمیں پہ باراں۔ سر پر طرّہ ہار گلے میں۔ گاہ خدنگ و گاہ کمان۔ غرض کہ قصداً ایسی طرح تجویز کرتے ہیں، جس میں عمدہ مضمون بندھنا تو یقیناً ناممکن ہو اور بامعنی شعر نکالنا بھی، نہایت مشّاق و ماہر

استادوں کے سوا، عام شعرا کے قریب ناممکن کے ہو۔ ایسی زمینوں میں بڑا کمال شاعر کا یہ سمجھا جاتا ہے کہ قافیے اور ردیف میں جو منافرت ہو، وہ بہ ظاہر جاتی ہے۔ گویا تیل اور پانی کو ملایا جاتا ہے۔ ایسی غزلوں میں اور امیر خسرو کی ان مل میں کچھ تھوڑا ہی سا فرق معلوم ہوتا ہے۔ امیر خسرو نے کھیر، چرخہ، ڈھول اور کُتا، ان چار چیزوں کا اس طرح پیوند ملایا ہے،

کھیر پکائی جتن سے، چرخہ دیا جلا
آیا کُتا کھا گیا، تُو بیٹھی ڈھول بجا

ایک شاعر گل گیر اور پشتِ آئنہ کو اس طرح پیوند دیتا ہے:

آرسی پہنے ہوئے وہ گل جو لیوے شمع کا
ہم انگوٹھے کو کہیں گل گیر پشتِ آئنہ

اور شاعر نے کل اور مکھی کو اس طرح گانٹھا ہے:

صنعتِ لُعبتِ چیں دیکھ دلا جا کر تُو
دیکھنی گر تجھے منظور ہو کل کی مکھی

اسی پر قیاس کر لینا چاہیئے کہ کُل سنگ لاخ زمینوں میں اس کے سوا اور کچھ مقصود نہیں ہوتا کہ وہ بے میل چیزوں میں، مئ ثابت کیا جائے۔ پس شاعر کو چاہیئے کہ ہمیشہ ردیف ایسی استعمال کرے جو قافیے سے میل کھاتی ہو اور ردیف اور قافیہ دونوں مل کر، دو مختصر کلموں سے زیادہ نہ ہوں۔ بلکہ رفتہ رفتہ مُردّف غزلیں لکھنی کم کرنی چاہیئے اور سر دست محض قافیے پر قناعت کرنی چاہیئے۔ قافیہ ایسا اختیار کرنا چاہیئے جس کے لیے قدرِ ضرورت سے دس گنے بلکہ بیس گنے الفاظ موجود ہوں ورنہ مضمون کو قوافی کا تابع کرنا پڑے گا۔ قافیے مضمون کے تابع نہ ہوں گے۔ جتنے نام ور شعرا گزرے ہیں، اُنھوں نے یہی اصول ملحوظ رکھا ہے اور ہمیشہ ایسی زمینیں اختیار کی ہیں جن میں ہر قسم کے مضمون کی گنجائش ہو۔

قصیدہ

قصیدہ بھی، اگر اُس کے معنی مطلق مدح و ذم کے لیۓ جائیں، اور اُس کی بنیاد محض تقلیدی مضامین پر نہیں بلکہ شاعر کے سچے جوش اور ولولے پر ہو، تو شعر کی ایک نہایت ضروری صنف ہے۔ جس کے بغیر شاعر کمال کے درجے کو نہیں پہنچ سکتا۔ اور اپنے بہت سے اہم اور ضروری فرائض سے سبکدوش نہیں ہو سکتا۔ ہم دیکھتے ہیں کہ اکثر

اوقات کسی چیز کو دیکھ کر یا کسی واقعے کو سُن کر بے اختیار ہمارے دل میں مدح و ستائش یا نفرین و ملامت کا جوش اٹھتا ہے۔ کبھی کسی کے عدل و انصاف یا عالی ہمتی یا حُبّ وطن یا قومی ہمدردی یا کسی اور خوبی کو معلوم کر کے، اُس کی تعریف کرنے کو جی چاہتا ہے۔ کبھی کسی نیک صفات اور ستودہ خصائل آدمی کی موت پر افسوس کرنے اور اس کی خوبیاں یاد کرنے کا ولولہ دل میں پیدا ہوتا ہے۔ کبھی ہم کو اپنے گذشتہ دوستوں کی صحبتیں یاد آتی ہیں اور اُن کی بے ریا دوستی اور خالص محبت کا نقشا آنکھوں کے سامنے پھر جاتا ہے، جو اُن کا ذکرِ خیر کرنے پر مجبور کرتا ہے۔ کبھی کسی خوش فضا مقام پر ہمارا گزر ہوتا ہے اور جو لُطف وہاں حاصل ہوتا ہے، اُس کے بیان کرنے کا جوش ہمارے دل میں اٹھتا ہے۔ اسی طرح جب کوئی واقعہ ہمارے دل کو ناگوار معلوم ہوتا ہے یا کسی سے کوئی حرکت یا کام قابلِ نفریں ظہور میں آتا ہے، تو اُس کی برائی ظاہر کرنے کا ارادہ ہمارے نفس میں متحرک ہوتا ہے۔ ایسے موقعوں پر شاعر کا فرض ہے کہ جو ملکہ اُس کی طبیعت میں خدا نے ودیعت کیا ہے، اُس کو معطل اور بے کار نہ چھوڑے اور اُس سے، جیسا کہ اُس کی فطرت کا مُقتضا ہے، کچھ کام لے۔ جس طرح ایک محقّق حکیم کا یہ فرض ہے کہ موجوداتِ عالم کے جس قدر خواص اور احوال اس پر منکشف ہوں، اُن سے دنیا کو آگاہ کرے۔ یا ایک طبیب کا فرض ہے کہ عقاقیر کے

مَضارّ و منافع سے بنی نوع کو تا بہ مقدور بے خبر نہ رہنے دے۔ یا ایک سیاح کا فرض ہے کہ انکشافاتِ جدیدہ سے اہلِ وطن کو مطلع کرے۔ اسی طرح شاعر کا فرض یہ ہونا چاہیئے کہ اچھوں کی خوبیوں کو چمکائے، ان کے ہُنر و فضائل، عالم میں روشن کرے اور اُن کے اخلاق کی خوشبو سے، موجودہ اور آئندہ، دونوں نسلوں کے دماغ معطّر کرنے کا سامان مہیّا کیا جائے۔ اور نیز برائیوں اور عیبوں پر، جہاں تک ممکن ہو، گرفت کرے، تا کہ حال اور مستقبل دونوں زمانوں کے لوگ برائی کی سزا اور اُس کے نتائج سے ہوشیار اور چوکنّے رہیں۔ یہ وتیرہ بالکل سنّتِ الٰہی کے مطابق ہوگا۔ کیوں کہ کلامِ الٰہی میں بھی ہمیشہ بُروں کو برائی کے ساتھ، اور بھلوں کو بھلائی کے ساتھ یاد کیا جاتا ہے۔

متوکّل باللہ نے ایک شاعر سے پوچھا کہ تم کس حد تک لوگوں کی ہجو کے درپے رہتے ہو اور کب تک اُن کی مدح و ستائش کرتے ہو؟ اُس نے کہا: مَا اَساواْ وَ اَحسَبُوا۔

یعنی جب تک ان سے نیکی اور بدی سر زد ہوتی ہے۔ پھر کہا: نعوذ باللہ ان نکون کالعقرب الّتی تلسب النبی و الذِمی یعنی خدا نہ کرے کہ ہمارا حال بچھّو کا سا ہو جو کہ نبی اور ذمی دونوں کے ڈنک مارتا ہے۔

جب کسی ایسے شخص کی، جو مدح کا مستحق ہوتا ہے، تعریف کی جاتی ہے تو اس کو مدح کا زیادہ استحقاق حاصل کرنے یا کم سے کم اپنا پہلا استحقاق قائم رکھنے کا اور دوسروں سے

اس کی ریس کرنے کا خیال پیدا ہوتا ہے۔ اسی طرح جو لوگ نفرین کے مستحق ہیں، جب ان کے عیب کنایتہً بیان کیے جائیں گے، تو امید ہے کہ وہ اس اندیشے سے کہ مبادا آیندہ زیادہ رسوائی ہو، اپنی اصلاح کی طرف متوجہ یا کم سے کم اپنی برائی پر نادم یا متنبہ ہوں گے اور دوسرے اُن عیبوں کو مذموم اور قابلِ نفریں سمجھیں گے۔ اِسی لیے مدح ایسے اسلوب سے کرنی چاہیے کہ وہ منجر بہ خوشامد نہ ہوجائے، اور مذمت ایسے ان عنوان سے ہونی چاہیے کہ دل سوزی کا پہلو، طعن و تشنیع کی نسبت غالب تر ہو۔

مرثیے پر بھی اِس لحاظ سے کہ اُس میں شخصِ متوفی کے محامد و فضائل بیان ہوتے ہیں، مدح کا اطلاق ہو سکتا ہے۔ فرق صرف اتنا ہے کہ زندوں کی تعریف کو قصیدہ بولتے ہیں اور مُردوں کی تعریف کو، جس میں تاسف اور افسوس بھی شامل ہوتا ہے، مرثیہ کہتے ہیں۔ عرب کی قدیم شاعری میں قصائد اور مرثیے ایسے سچے اور صحیح واقعات پر مشتمل ہوتے تھے کہ اُن سے متوفی کی مختصر لائف استنباط ہو سکتی تھی۔ مثلاً آں حضرت صلی اللہ علیہ و سلم کے جدِّ بزرگ وار عبدالمطلب کے مرثیے جتنے لکھے گئے ہیں، سب میں تھوڑے تھوڑے تفاوت سے، اُن کی عشیرہ پروری، قومی ہم دردی اور قوم کی مشکلات اور مصائب میں سینہ سپر ہونے کی تعریف کی گئی ہے۔ ہر مرثیے میں اُن کی خوبصورتی کا ذکر کیا گیا ہے۔ یہ بھی کہا گیا ہے کہ وہ اپنی قوم میں ممتاز، سر برآوردہ،

فیاض، قحط سالیوں میں اہلِ وطن کے ساتھ سلوک کرنے والے، عالی خان دان، عہد و پیماں کے سخت پابند، اولوالعزم، نرم خو، صاحبِ رعب و داب، صلہ رحم کرنے والے، باحیا، مَہالِک و مَخاطر میں بے دھڑک گھسنے والے، اور آبرو کی حفاظت کرنے والے تھے۔ بعض مرثیوں سے معلوم ہوتا ہے کہ قُصی ابنِ کِلاب کے زمانے سے خانہ کعبہ کی تولیت اور سِقایتِ حجاج اور عمارتِ مسجدِ حرام، عبدالمطلب کے خاندان میں چلی آتی تھی۔ اور دیگری بنی کنانہ، جو قُصی کی نسل سے نہ تھے، اِس بات پر بنی قصی سے جلتے تھے۔ یہ بھی معلوم ہوتا ہے کہ بنی قصی نے مکہ اور حوالیِ مکہ میں اہلِ وطن اور حاجیوں کے آرام کے لیے کنویں کھدوائے تھے۔ ورنہ پہلے چُقرّ اور گڑھے گڑھولوں میں جو بارش کا پانی جمع ہوجاتا تھا، فقط اُس پر مدارِ زندگی تھا۔ یہ بھی معلوم ہوتا ہے کہ ابولہب بن عبدالمطلب کی ماں کا نام لُبنیٰ تھا اور وہ بنی خُزاعہ میں سے تھی۔ اور اسعد جو کہ بیس برس قوم کی حمایت میں لشکر کا سر دار رہا تھا، اور ابوشمر اور عمرو بن مالک اور ذُوجَدَن اور ابوالجبر، یہ سب لبنیٰ کے رشتے دار تھے۔ حُذیفہ ابن غانم نے، جو لُویّ بن غالب ہی کی نسل سے تھا، عبدالمطلب کے مرثیے میں اِس احسان کا بھی ذکر کیا ہے کہ جب وہ خود چار ہزار درم قرضے کی بابت مکے میں پکڑا گیا، تو ابولہب بن عبد

المطلب نے اُس کو جا کر قرض خواہوں کے پنجے سے چھڑایا تھا۔ اِس طرح عرب کے اکثر قصائد اور مراثی، حقائق و واقعات پر مشتمل پائے جاتے ہیں۔

ہمارے قصائد کی حالت تو ناگفتہ بہ ہے۔ البتہ ہمارے شعرا نے مرثیے میں ایک خاص قسم کی نمایاں ترقی ظاہر کی ہے۔ مرثیے کا اطلاق ہمارے ہاں زیادہ تر شہدائے کربلا اور خاص کر جنابِ سید الشہدا کے مرثیے پر ہوتا ہے۔ یہاں مرثیے کی ابتدا اول اُسی اصول پر ہوئی تھی جو کہ قدرت نے تمام انسانوں کو یکساں طور پر تعلیم کیا ہے۔ یعنی میت کو یاد کر کے، حُزن و غم کا اظہار کرنا اور اپنے بیان سے دوسروں کو محزون و مغموم کرنا۔ چناں چہ جو مرثیے اول اول لکھے گئے، وہ کم و بیش بیس تیس بند یا بیس تیس بیت سے زیادہ نہ ہوتے تھے اور اُن میں مرثیت یا بَین کے سوا اور کوئی مضمون نہ ہوتا تھا۔ مگرچوں کہ مرثیہ ایک خاص مضمون کے دائرے میں محدود تھا اور اُس کی قدر روز بہ روز زیادہ ہوتی جاتی تھی، لہٰذا مُتاخّرین کو اس کے سوا کچھ چارہ نہ تھا کہ مرثیے میں کچھ جدت پیدا کریں اور اُس کے مضامین میں کچھ اضافہ کریں۔ رفتہ رفتہ مرثیے کی لَے بہت بڑھ گئی۔ یہاں تک کہ خواجہ حیدر علی آتشؔ نے، مرزا دبیر کا ایک مرثیہ مجلس میں سن کر تعجب سے یہ کہا کہ یہ مرثیہ تھا یا لندھور بن سعدان کی داستان تھی؟ اگر یہ ترقی بہ راہِ راست مرثیے کی ترقی نہ تھی بلکہ اردو شاعری میں ایک قسم کا ایجاد تھا کہ جس نظم

کی بنیاد محض بَین اور مرثیت پر ہونی چاہیے تھی، اُس میں بَین اور مرثیت کے علاوہ، مدح اور قدح، فخر و مُباہات، رزم اور بزم میں بھی نہایت شد و مد کے ساتھ شامل ہوگئ۔ مگر حق یہ ہے کہ اِس نئ طرز کی نظم سے اردو شاعری میں بہت وسعت پیدا ہوگئ۔ اِس طرز میں سب سے پہلے، جہاں تک ہم کو معلوم ہے، میر ضمیرؔ نے مرثیے لکھے ہیں۔ گویا وہی اِس طرز کے موجد ہیں۔ مگر میر انیسؔ نے کہ باوجود خداداد مناسبت کے، چار پُشت سے شاعری اور مرثیہ گوئی اُن کے خاندان میں چلی آتی تھی، اُس پر اُردو زبان کے مالک تھے اور لکھنو بنا ہوا تھا، اِس طرز کو معراج کمال تک پہنچا دیا اور اُردو شاعری میں جو کہ ماءِ راکد کی طرح مدت سے بے حس و حرکت پڑی تھی، تموج بلکہ تلاطم پیدا کر دیا۔ اگرچہ سوسائٹی کے دباؤ اور کم عیار حریفوں کے مقابلے نے، میر انیسؔ کو ہر جگہ جادۂ استقامت پر قائم رہنے نہیں دیا، بلکہ اُس دھرُپتیے کی طرح، جسے مجلس کے بے مغزوں کو رِجھانے کے لیے کبھی کبھی بارہ ماسا اور چَو بولے بھی الاپنے پڑتے ہیں، اکثر مبالغہ و اغراق کی آندھیوں کے طوفان اُٹھانے پڑے۔ مگر اِس قسم کی بے اعتدالیاں، اُن کے فوائد کے مقابلے میں جو اُن کی شاعری سے اردو زبان کو پہنچے، نہایت بے حقیقت اور کم وزن ہیں۔ اُنھوں نے بیان کرنے کے نئے نئے اسلوب اردو شاعری میں کثرت سے پیدا کر دیے۔ ایک ایک واقعے کو سَو سَو طرح سے

بیان کر کے، قوتِ متخیلہ کی جولانیوں کے لیے ایک نیا میدان صاف کردیا۔ اور زبان کا ایک معتد بہ حصہ، جس کو ہمارے شاعروں کی قلم نے مَس تک نہیں کیا تھا اور جو محض اہلِ زبان کی بول چال میں محدود تھا، اُس کو شعرا سے روشناس کرادیا۔ اُنھوں نے اپنے کلام میں جا بہ جا اِس بات کا اشارہ کیا ہے اور بالکل بجا کیا ہے کہ اُن کے ہم عصر مرثیہ گو، اُن کی زبان اور طرزِ بیان کے خوشہ چیں تھے۔ ایک جگہ کہتے ہیں :

نہریں رواں ہیں فیضِ شہ مشرقین کی
پیاسو! پیو، سبیل ہے نذرِ حُسین کی

ایک اور جگہ کہتے ہیں :

لگا رہا ہوں مضامینِ نَو کے پھر انبار
خبر کرو مرے خرمن کے خوشہ چینوں کو

آج کل یورپ میں شاعر کے کمال کا اندازہ اس بات سے بھی کیا جاتا ہے کہ اُس نے اور شعرا سے کس قدر زیادہ الفاظ، خوش سلیقگی اور شایستگی سے استعمال کیے ہیں۔ اگر ہم بھی اِسی کو معیارِ کمال قرار دیں تو بھی میر انیس کو اُردو شعرا میں سب سے برتر ماننا پڑے گا۔ اگرچہ نظیر اکبر آبادی نے شاید میر انیس سے بھی زیادہ الفاظ استعمال کیے ہیں، مگر اُس کی زبان کو، اہلِ زبان کم مانتے ہیں۔ بہ خلاف میر انیس کے، کہ اُس کے

ہر لفظ اور ہر محاورے کے آگے سب کو سر جھکانا پڑتا ہے۔ میر انیس کا کلام، جیسا کہ اوپر بیان کیا گیا، بلاشبہ مبالغے اور اغراق سے خالی نہیں، مگر اِس کے ساتھ ہی جہاں کہیں وہ واقعات کا نقشا اُتارتے ہیں یا نیچرل کیفیات کی تصویر کھینچتے ہیں، یا بیان میں تاثیر کا رنگ بھرتے ہیں، وہاں اِس بات کا کافی ثبوت ملتا ہے کہ مقتضائے وقت کے موافق جہاں تک کہ امکان تھا، میر انیس نے اُردو شاعری کو اعلا درجے پر پہنچا دیا تھا۔

شعرا کے جرگے میں یہ مقولہ مشہور ہے کہ 'بگڑا شاعر، مرثیہ گو اور بگڑا گویا، مرثیہ خواں' مگر میر انیسؔ نے اس قول کو بالکل باطل کر دیا۔ اُن کو جس نظر سے کہ ہم دیکھتے ہیں، اُس نظر سے بہت کم دیکھا گیا ہے۔ اکثر ذاکرِ امام حسین علیہ السلام سمجھ کر اُن کا ادب کیا جاتا ہے۔ بہت سے لوگ ایسے بھی ہیں جو اُن کو صدقِ دل سے یا محض اپنے فریق کی پاس داری اور دوسرے فریق کی ضد سے صرف مرثیہ گویوں میں سب سے فائق اور افضل سمجھتے ہیں۔ لیکن ایسے بہت کم ہیں جو مطلق شاعری میں اُن کو فی الواقع بے مثل سمجھتے ہوں۔

اِس خاص طرز کے مرثیے کو اگر اخلاق کے لحاظ سے دیکھا جائے تو بھی ہمارے نزدیک اُردو شاعری میں اخلاقی نظم کہلانے کا مستحق صرف انہی لوگوں کا کلام ٹھہر سکتا

ہے۔ بلکہ جس اعلا درجے کے اخلاق ان لوگوں نے مرثیے میں بیان کیے ہیں، اُن کی نظیر، فارسی بلکہ عربی شاعری میں بھی ذرا مشکل سے ملے گی۔

فضائلِ اخلاق کا نمونہ اِس سے اعلا اور اشرف اور کیا ہو سکتا ہے کہ مسلمانوں کے نبی کا نواسا، جس کے آگے ہر مسلمان کا سر جھکنا چاہیے تھا اور جس کو اُن سے بے انتہا امیدیں ہونی چاہیے تھیں، وہ چند عزیزوں اور دوستوں کے سوا، ہر مسلمان کو اپنے خون کا پیاسا دیکھتا ہے۔ ریگستانِ عرب کی لُو اور گرمی ہے۔ عورتیں، صغیرسن بچے اور سارا کنبہ ہم راہ ہے۔ مدینے سے کوفے تک مہینوں کی راہ طے کرنی ہے۔ جو اَعوان و اَنصار بن کر ساتھ چلے تھے، اُن میں سے چند کے سوا، سب ساتھ چھوڑ چھوڑ کر چل دیے ہیں۔ جن لوگوں نے متواتر خط اور پیغام بھیج کر، اور خدا و رسول کو درمیان دے کر، نصرت و یاری کے وعدوں پر بلایا تھا، وہ اُن کو آکر، یک قلم منحرف و برگشتہ پاتا ہے، اور تمام امیدیں، مبدّل بہ یاس ہو گئی ہیں۔ با ایں ہمہ وہ راضی بہ رضا ہے۔ ہر حال میں خدا کا شکر ادا کرتا ہے اور اپنے ارادے پر ثابت قدم ہے۔ جس شخص کے تسلط کو وہ ملک اور قوم اور دین کے حق میں ایک مرضِ مہلک سمجھ کر، اُس کی بیعت سے انکار کر چکا ہے، باوجود اِن تمام شدائد کے، اپنے انکار پر اُسی طرح قائم ہے۔

دشمنوں نے کھانا اور پانی سب بند کر رکھا ہے اور دریائے فرات آنکھوں کے سامنے بہہ رہا ہے، دشمنوں کے گھوڑے گدھے اور اونٹ تک اُس سے سیراب ہوتے ہیں، مگر اُس کا سارا کنبہ تین روز سے پیاسا ہے۔ اُس کے ننھے ننھے بچے پانی کی ایک ایک بوند کو ترستے ہیں اور یہ سب کچھ اس لیے ہے کہ وہ ایک نالائق آدمی کے ہاتھ پر بیعت نہیں کرتا۔ با ایں ہمہ، وہ اپنے ارادے پر اُسی طرح ثابت قدم ہے، کسی سختی اور کسی مصیبت سے اُس کے استقلال میں فرق نہیں آتا۔

اُس کے یار و مددگار کُل ستر اور دو، بہتر آدمی ہیں اور ایک ٹڈی دَل سے مقابلہ ہے۔ لڑنے میں اپنا اور سب عزیزوں اور دوستوں کا خاتمہ نظر آتا ہے۔ خیمے اور اسباب کا لُٹنا، باقی ماندوں کا اسیر ہونا، عورتوں کی بے رِدائی اور بادیہ پیمائی، یہ سب آفتیں گویا آنکھ سے دکھائی دیتی ہیں، مگر وہ ان سب کو گوارا کرتا ہے، اور بہتر سمجھتا ہے بہ نسبت اِس کے کہ ایک نالائق آدمی کے ہاتھ پر بیعت کرے، اور اس کی حکومت کو تسلیم کر لے۔

وہ اپنے بھائی، بیٹے، بھتیجے اور بھانجوں کو نہایت اطمینان کے ساتھ مسلح اور آراستہ کر کے، ایک ایک کو ہزاروں کے ساتھ لڑنے کے لیے بھیج رہا ہے۔ اُن کے بازو تلواروں سے کٹتے، اُن کے کلیجے برچھیوں سے چھدتے اور ان کی چھاتیاں تیروں سے

چھنتے دیکھتا ہے۔ ایک ایک کی لاش کاندھے پر رکھ کر لاتا ہے اور اپنے ہاتھ سے زمین میں دفن کرتا ہے۔ خیمے میں عورتوں کے کہرام سے ہر وقت ایک قیامت برپا ہے۔ بی بی، بیٹی اور بہنوں کی دل خراش صدائیں دل میں ناسور ڈال رہی ہیں۔ چھ مہینے کا شیر خوار بچہ ایک بے رحم کا تیر کھا کر گود میں مُرغِ بسمل کی طرح تڑپ رہا ہے۔ اُس کے حلق سے خون کا فوارہ جاری ہے۔ سب چھوٹے بڑے کام آ چُکے ہیں اور بچہ بھی کوئی دم کا مہمان ہے۔ اب سب کے بعد اپنی باری ہے اور پھر اہل بیت کے جہاز کا، خدا کے سوا کوئی ناخدا نظر نہیں آتا۔ اِن سب بلاؤں کا سامنا ہے اور مصائب و آفات کی گھنگھور گھٹا چاروں طرف چھائی ہوئی ہے۔ مگر اُن میں سے کوئی چیز اُس کے عزم و استقلال میں تزلزل پیدا نہیں کر سکتی۔ وہ کوہِ راسخ کی طرح اپنے ارادے پر ثابت قدم ہے اور اپنے قول سے نہیں ہٹتا۔

وہ بے رحم قوم جو نانا کا کلمہ پڑھتی ہے اور نواسے کے خون کی پیاسی ہے، جو چند نفوس کے مقابلے کے لیے ایک ٹڈی دل کو ساتھ لے کر آئے ہیں اور اپنی تمام طاقت اِس بات میں صرف کر رہے ہیں کہ جو ایذائیں اور تکلیفیں آدم سے تا ایں دم، کسی ذی روح نے کسی ذی روح کو نہیں دیں، وہ سب اپنے نبی کے دل بندوں اور جگر کے ٹکڑوں پر ختم کی جائیں۔ جو حرص و طمع کے نشے میں، دین، ایمان، رحم، انصاف،

آدمیت، ہم دردی اور تمام فضائلِ انسانی سے دست بردار ہو کر، خدا کا گھر ڈھانے یعنی خاندانِ نبوت کو صفحۂ ہستی سے مٹا دینے پر تیار اور کمر بستہ ہیں۔ نہ وہ اُن کو بد دعا دیتا ہے، نہ اُن کی شکایت کرتا ہے، نہ اُن پر غصے ہوتا ہے، بلکہ نہایت ٹھنڈے دل کے ساتھ اپنے حقوق، جن کے ماننے کا وہ دعوا کرتے ہیں، اُن کو جتاتا ہے اور اُن کے فرائض جو خاندانِ نبوت کے ساتھ اُن کو، بجالانے چاہیے، اُنھیں یاد دلاتا ہے۔

چھوٹے سے بڑے تک ہر شخص کے دل میں یہ امنگ ہے کہ سب سے پہلے میں اپنی جان خاندانِ نبوت پر نثار کروں۔ باپ کی یہ خواہش ہے کہ تلواروں کی آنچ میں بھائی بھتیجے اور بھانجوں سے پہلے، اپنے جگر بند کو جھونک دوں۔ بھائی بھائی اور بھتیجوں سے پہلے مرنے کو تیار اور میدانِ جنگ کا خواست گار ہے۔ بھانجوں کی یہ تمنا ہے کہ ماموں اور ماموں کی اولاد پر سب سے پہلے ہم قربان ہوں۔ بھتیجے کی یہ آرزو ہے کہ چچا کا فدیہ سب سے پہلے میں بنوں۔ بہن کو یہ ارمان ہے کہ اپنے بچوں کو، بھائی اور بھتیجوں پر قربان کر دے۔ بھائی اس فکر میں گھُلا جاتا ہے کہ اگر بھانجے میری رفاقت میں مارے گئے تو بہن کو کیا منہ دکھاؤں گا۔ چچا گو خود بھی تین دن کی پیاس سے بے قرار ہے مگر اپنی پیاس کی کچھ پروا نہیں کرتا، لیکن پیاسی بھتیجی کی بے قراری کسی طرح نہیں دیکھ سکتا۔ وہ مشکیزہ گلے میں ڈال اور جان ہتھیلی پر رکھ، دشمنوں کی صفیں چیرتا ہوا دریا میں

گھوڑا جا ڈالتا ہے۔ دریا کا سرد اور شیریں پانی لہریں مار رہا ہے اور پیاس کے مارے آنکھوں میں دم ہے؛ دل قابو سے باہر ہوا جاتا ہے دو چلو پانی میں پیاس بجھتی ہے، مگر غیرت اور حمیت اجازت نہیں دیتی کہ ننھے ننھے بچوں کی پیاس بجھنے سے پہلے، اپنی پیاس بجھا لے۔ وہ مشکیزہ بھر کر اُسی طرح پیاسا دریا سے پھرتا ہے تاکہ جلد جا کر بچوں کے خشک حلق میں پانے چوائے۔ لیکن دشمنوں نے گھیر کر دونوں بازو کاٹ ڈالے ہیں۔ اُس پر بھی اُس کو اپنے بازوں کا کچھ خیال نہیں، اگر ہے تو مشکیزے کی فکر ہے کہ مبادا پانی ضائع ہو جائے اور بچے پیاسے رہ جائیں۔ وہ سب حرب اپنے اوپر لیتا ہے، مگر مشک پر آنچ نہیں آنے دیتا، جب تک کہ زخموں سے چور ہو کر گھوڑے سے نہیں گرتا۔

.بیبیاں، خاوندوں کو اور مائیں، بیٹیوں کو زخمی اور قتل ہوتے دیکھتی ہیں، مگر کوئی زبان سے اُف نہیں کرتی اور منہ سے سانس تک نہیں نکالتی۔ صرف اِس خیال سے کہ جس مُربّی اور سرپرست کی رفاقت میں وہ کام آئے ہیں، اُس کے دِل پر مَیل نہ آئے اور وہ اپنے دل میں ہم سے محجوب نہ ہو، سب اُس کی اور اس کی اولاد کی خیر مناتی ہیں، اپنے بچھڑے ہوؤں کو کوئی یاد نہیں کرتی۔

دو صغیر سِن بھائی ہیں، جو صرف اِس قصور پر کہ نبی کے نواسے کے رشتے دار ہیں، حاکم کے حُکم سے واجبُ القتل ٹھہرے ہیں۔ جلاد دونوں کے سر پر تلوار تولے کھڑا ہے۔ بڑا بھائی منتیں کرتا ہے کہ پہلے میرا سر اُتار اور چھوٹا بھائی کہتا ہے کہ پہلے مجھ پر وار کر۔ ایک خدا کا بندہ جو دشمنوں کی فوج کے ساتھ نبی کے نواسے سے لڑنے کو آیا ہے، باوجودے کہ دشمنوں کا ساتھ دینے میں اُس کو ہر طرح دولت و جاہ و منصب کی توقع ہے اور اُن کا ساتھ چھوڑنے میں جان و مال اور خاندان کی تباہی کا یقینِ واثق ہے، جس قوم میں وہ گھرا ہوا ہے، وہاں کوئی ترغیب یا تقریب ایسی نہین ہے جو اُس کا دل، ظلم و بے دردی و بے دینی اور حُبِ جاہ و ثروت سے ہٹا کر رحم و ہم دردی و دین داری کی طرف مائل کر سکے۔ اُس کو ہر طرف سے یہی آواز آتی ہے کہ جلد اس قلیل جمعیت پر فتح حاصل کیجیے، مَردوں کے سر اُتاریئے، عورتوں اور بچوں کو اسیر کر کے لے چلیے اور حاکم سے چل کر اپنی خدمات کا صلہ لیجیے۔ دوسری طرف کوئی ظاہری سامان ایسا نظر نہیں آتا جس کے لالچ میں وہ اِن تمام فائدوں سے قطع نظر کر کے، اپنی فوج کا ساتھ چھوڑ دے۔ بلکہ بہ خلاف اِس کے، طرح طرح کی بلاؤں اور آفتوں کا سامنا نظر آتا ہے۔ با ایں ہمہ وہ تمام دُنیوی منفعتوں اور اُمیدوں پر خاک ڈال کر، اُن ظالموں

سے کنارہ کرتا ہے۔ حق کی نصرت میں اپنی جان دینے کو فوزِ عظیم جانتا ہے اور سب سے پہلے خاندانِ نبوت پر اپنی جان فدا کرتا ہے۔

چند وفادار رفیق اور دوست جو فرزندِ نبی کے ہم راہ ہیں اور جو ایک ٹڈی دَل کے مقابلے میں اس قدر قلیل ہیں کہ انگلیوں پر گنے جا سکتے ہیں، وہ ایک عالم کو اپنے سردار سے برگشتہ اور منحرف پاتے ہیں۔ خود اُس کے ساتھیوں اور رفیقوں کو اثنائے راہ میں اُس کا ساتھ چھوڑ چھوڑ کر اور آنکھیں چُرا چُرا کر جاتے دیکھ چُکے ہیں۔ اپنے لیے، اُس کا ساتھ دینے میں کوئی نفعِ عاجل اور دنیا کی کوئی بھلائی نہیں سوجھتی، بلکہ ہر وقت موت کا سامنا ہے۔ اُس کی رفاقت کی بدولت بھوک اور پیاس میں تین دن سے جان لبوں پر آ رہی ہے، نہ کوئی رشتہ ہے، نہ قرابت ہے جو اُس کی رفاقت چھوڑنے سے مانع ہو، مگر وفاداری کا طوق اُن کی گردن میں اور دوستی و اخلاص کی زنجیر اُن کے پانو میں پڑی ہے۔ کوئی خوف اور کوئی طمع اُن کے اِس تعلق کو قطع نہیں کر سکتی۔ ہر وقت یہ آرزو ہے کہ کب اذنِ جنگ ملے اور سب خاندانِ نبوت پر اپنی جانیں قربان کریں اور کب اِس فرض سے سبک دوش ہوں۔

یہ چند باتیں مرثیوں کے عام بیانات سے، جو کبھی کبھی کے سُنے سنائے ہمارے ذہن میں محفوظ تھے، محض سرسری طور پر استنباط کر لی گئی ہیں۔ اگر زیادہ تفحص کیا جائے تو

ایسی اور بہت سی باتیں اخذ کی جا سکتی ہیں۔ ہمارے نزدیک نہ صرف اُردو بلکہ فارسی و عربی شاعری میں بھی ایسی نظمیں مشکل سے ملیں گی جن میں ایسے اعلا درجے کے اخلاق بیان کیے گئے ہوں۔ مگر افسوس ہے کہ جو اثر ایسی اخلاقی نظموں سے انسان کے دل پر ہوتا ہے، وہ نہ ان مرثیوں کے سامعین کے دل پر ہوتا ہے اور نہ ہو سکتا ہے۔ اول تو یہ خیال کہ مرثیے کا اصل مقصد صرف رونا اور رُلانا ہے، سامعین کو دوسری طرف متوجہ ہی نہیں ہونے دیتا۔ دوسرے یہ اعتقاد کہ (جو کچھ صبر و استقلال و شجاعت و ہمدردی و وفاداری و غیرت و حمیت و عزمِ بالجزم اور دیگر اخلاقِ فاضلہ، خود امامِ ہمام اور ان کے عزیزوں اور دوستوں سے معرکۂ کربلا میں ظاہر ہوئے، وہ ما فوقِ طاقتِ بشری اور خوارق عادات سے تھے) کبھی اُن کی پیروی اور اقتدا کرنے کا تصور بھی دل میں آنے نہیں دیتا۔

بہ ہر حال ہم میر انیس کے مرثیے کی اور نئی طرز کی مرثیہ گوئی کی دل سے داد دیتے ہیں۔ لیکن نئی دھُن کے شاعروں کو ہر گز یہ صلاح نہیں دیتے کہ مرثیہ گوئی میں اُن کا یا اور مرثیہ گویوں کا اتباع کریں۔ اول تو یہ اُمید نہیں کہ اِس خاص طرز میں اب کوئی شخص اُن کا سا کمال حاصل کر سکے۔ دوسرے، مرثیے میں رزم و بزم اور فخر و خودستائی اور سراپا وغیرہ کو داخل کرنا، لمبی لمبی تمہیدیں اور توتیے باندھنے، گھوڑے اور تلوار

وغیرہ کی تعریف میں نازک خیالیاں اور بلند پروازیاں کرنی اور شاعرانہ ہنر دکھانے، مرثیے کے موضوع کے بالکل خلاف ہیں اور بعینہ ایسی بات ہے کہ کوئی شخص اپنے باپ یا بھائی کے مرنے پر اظہار حزن و ملال کے لیے سوچ سوچ کر رنگین اور مسجع فقرے انشا کرے اور بہ جائے حزن و ملال کے، اپنی فصاحت و بلاغت کا اظہار کرے۔ ہم یہ نہیں کہتے کہ مرثیے کی ترتیب میں مطلق فکر و غور کرنا اور صنعتِ شاعری سے بالکل کام لینا نہیں چاہیے۔ بلکہ یہ کہتے ہیں کہ جہاں تک ممکن ہو شاعری کا کمال، زبان کی صفائی، مضمون کی سادگی و بے تکلفی، کلام کے موثر بنانے اور آورد کو آمد کر دکھانے میں صرف کرنا چاہیے تاکہ وہ اشعار جو بے انتہا فکر و غور اور کاٹ چھانٹ کے بعد مرتب ہوئے ہیں، ایسے معلوم ہوں کہ گویا بے ساختہ شاعر کی قلم سے ٹپک پڑے ہیں. تیسرے، مرثیے کو صرف واقعۂ کربلا کے ساتھ مخصوص کرنا اور تمام عمر اُسی ایک مضمون کو دُہراتے رہنا، اگر محض بہ نیتِ حصولِ ثواب ہو تو کچھ مضائقہ نہیں، لیکن شاعری کے فرائض اس سے زیادہ وسیع ہونے چاہیے۔ مرثیے کے معنی ہیں: کسی کی موت پر جی کُڑھانا اور اُس کے محامد و محاسن بیان کر کے، اُس کا نام دنیا میں زندہ کرنا۔ پس شاعر جو کہ قوم کی زبان ہوتا ہے، اُس کا یہ فرض ہونا چاہیے کہ جب کسی کی موت سے اُس کے یا اُس کی قوم یا خاندان کے دل کو فی الواقع صدمہ پہنچے؛ اُس کیفیت یا

حالت کو، جہاں تک ممکن ہو، درد اور سوز کے ساتھ شعر کے لباس میں جلوہ گر کرے۔ کیوں کہ خالص محبت جو ایک کو دوسرے کے ساتھ ہوتی ہے اور بے ریا تعظیم جو ایک، دوسرے کی نسبت کرتا ہے، اس کے اظہار کا اس سے بہتر کوئی موقع نہیں کہ ممدوح، خوابِ عدم میں بے خبر سوتا ہو اور اُس سے کسی نفع کی اُمید یا ضرر کا خوف باقی نہ رہا ہو۔
اب اگر شاعر کا دل فی الحقیقت علائقِ دُنیوی سے ایسا پاک ہے کہ مقربانِ درگاہ الٰہی کے سوا، کسی کی موت سے متاثر اور متغیر نہیں ہوتا، اس کو آحادِ ناس کے مرثیے لکھنے کی تکلیف دینی، بلا شبہہ تکلیفِ مالا یُطاق ہوگی۔ لیکن اگر اُس کے پہلو میں ایسا پاک دل نہیں ہے، بلکہ وہ عام انسانوں کے ساتھ ہم دردی رکھتا ہے اور دنیا داروں کی موت پر بھی اُس کا دل پسیجتا ہے تو اُس کو اپنی فطرت کا مقتضیٰ ضرور پورا کرنا چاہئیے۔
یہ سچ ہے کہ جناب سید الشہدا اور ان کے عزیزوں اور ساتھیوں کے آلام و مصائب کا بیان بشرطیکہ اس میں بناوٹ اور تصنع اور صنعت شاعری کا اظہار نہ ہو ایک مسلمان کے ایمان کو تازہ کرتا ہے اور اس خاندان نبوت کے ساتھ رشتۂ محبت و اخلاص جو کہ اسلام کی جڑ ہے۔ مضبوط ہوتا ہے اور ان کے بے نظیر صبر و استقلال کی پیروی کرنے کا سبق حاصل ہوتا ہے۔ لیکن جس طرح ان تمام باتوں کی ضرورت ہے اسی طرح قوم میں قومیت کو روح پھونکنے کی بھی ضرورت ہے اور وہ اسی طرح پھونکی جاتی

ہے کہ قوم کے افراد مثل ایک خاندان کے ممبروں کے ایک دوسرے کے ساتھ ہمدردی کریں۔ ان کی مساعی جمیلہ کی قدر کریں۔ ان کے نیک کاموں میں معین و مددگار ہوں۔ زندگی میں ان کی نیکیوں کو چمکائیں۔ ان کے کمالات کو شہرت دیں اور مرنے کے بعد ان کی ایسی یادگار قائم کریں جو صفحہ ہستی سے کبھی مٹنے والی نہ ہوں، مدحیہ قصیدے جو ممدوح کی زندگی میں لکھے جاتے ہیں۔ ان میں اس کی خوبیوں کا ایسا ثبوت نہیں ہوتا جیساکہ اس کے مرنے کے بعد بے لاگ مرثیوں اور نوحوں میں ہوتا ہے۔ اسی واسطے ہمارے قدیم شعرا جن کا خمیر عرب کی خاک پاک سے تھا۔ جب کوئی برگزیدہ آدمی قوم سے اٹھ جاتا تھا اس کے مرثیے ویسے ہی شوق اور جوش و خروش کے ساتھ لکھتے تھے جیسے کہ اس کی زندگی میں مدحیہ قصیدے انشا کرتے تھے۔ براکہ کے مرثیوں پر شعرا برابر قتل کیئے جاتے تھے۔ مگر لوگ ان کے مرثیے لکھنے سے باز نہ آتے تھے۔ معن بن زائدہ کا مرثیہ لکھنے پر خلیفہ وقت نے ایک شاعر کو کمال بے حرمتی کے ساتھ دربار سے نکلوادیا۔ اس پر بھی اس کے بے شمار مرثیے لکھے گئے۔ ابو اسحاق صابی کا مرثیہ علم الہدیٰ شریف مرتضیٰ نے باوجود اختلاف مذہب کے ایسے سوز وگداز کے ساتھ لکھا ہے جیسے کوئی اپنے عزیز و یگانے کی موت پر افسوس کرتا ہے۔ اور اس کے علم و فضل کی بے انتہا تعریف کی ہے۔ اسی طرح ہزارہا مرثیہ، اہل علم، اہل

کمال، بہادروں، فیاضوں، نیک دل بادشاہوں، لائق وزیروں اور دیگر ممتاز لوگوں کی وفات پر لکھا گیا ہے۔

لیکن جو شخص مرثیہ لکھنے میں کمال حاصل کرنا چاہے تو اس کے لیے اس نئی طرز کے مرثیہ سے بہتر کوئی رہنما اردو شاعری میں نہیں مل سکتا۔ جو باتیں ان بزرگوں کے کلام میں مرثیت کی شان کے برخلاف ہیں۔ اگر ان سے قطع نظر کی جائے تو طالب فن کو اس سے نہایت عمدہ سبق مل سکتا ہے۔ مگر افسوس ہے کہ قصیدہ اول تو اردو میں بمقابلہ فارسی اور عربی کے اس قدر کم لکھا گیا ہے کہ گویا بالکل نہیں لکھا گیا۔ دوسرے اس کا نمونہ اردو میں ایسا نشان نہیں دیا جا سکتا جس کے قدم بہ قدم چلنا چاہیے۔ اول سودا اور آخر ذوق صرف یہ شخص ہیں۔ جنہوں نے ایران کے قصیدہ گویوں کی روش پر کم و بیش قصیدے لکھے ہیں۔ اور جو چال قدیم سے چلی آتی تھی اس کو بہت خوبی سے نبھایا ہے مگر جیسے قصیدے کی اب ضرورت ہے یا آئندہ ہونے والی ہے یا ہونی چاہیے۔ اس کا نمونہ ہماری زبان محدود ہے۔ شاید بہت تلاش سے عربی میں کسی قدر زیادہ اور فارسی میں خال خال ایسے نمونے ملیں جن کا اتباع کیا جا سکے۔ مگر حق یہ ہے کہ ایشیاٹک پوئٹری میں ایسے نمونے تلاش کرنے جن پر آج کل کے خیالات کے موافق مدح یا ہجا کی بنیاد قائم کی جائے۔ بعینہ ایسی بات ہے جیسے ایک ڈسپاٹک گورنمنٹ

کی رعایا میں آزادی رائے کی جستجو کرنی۔ جن ملکوں میں ابتدائے آفرینش سے بادشاہوں اوران کے ارکان سلطنت کی برابر پرستش ہوتی رہی ہو۔ جہاں رعیت کی سلامتی بلکہ زندگی خوشامد اور فرماں برداری اور رضا و تسلیم پر موقوف ہو، جہاں رعیت اور غلام دو مترادف سمجھے جاتے ہوں اور جہاں آزادی ایک ایسا لفظ ہو جس کے مفہوم سے کوئی واقف تک نہ ہو، ایسے ملکوں میں ممکن نہیں کہ مدح و ذم کے اصول راستی و عقل و انصاف پر مبنی ہوں۔ پس اس کے سوا کچھ چارہ نہیں کہ مدح و ذم کا طریقہ یورپ کی موجودہ شاعری سے اخذ کیا جائے اور آئندہ قصائد کی بنیاد اسی طریقہ پر رکھی جائے۔

مثنوی

مثنوی اصناف سخن میں سب سے زیادہ مفید اور بکار آمد صنف ہے۔ کیونکہ غزل یا قصیدہ میں اس وجہ سے کہ اول سے آخر ایک قافیہ کی پابندی ہوتی ہے۔ ہر قسم کے مسلسل مضامین کی گنجائش نہیں ہو سکتی۔ مسدس میں یہ دقت ہے کہ ہر ایک بند میں چار قافیے ایک طرح کے لانے پڑتے ہیں۔ پس اس میں مسلسل مضامین ایسی خوبی سے بیان کرنے کے مطالب برابر بے کم و کاست ادا ہوتے چلے جائیں اور قافیوں کی نشست اور روزمرہ کر سر رشتہ ہاتھ سے نہ جائے ہر شخص کا کام نہیں ہے۔ ترجیع بند بھی مسلسل

مضامین کی گوں کا نہیں۔ کیونکہ اس میں ہر بند کے آخر رہی ایک ترجیع کا شعر بار بار آتا ہے جو سلسلہ کلام کا منقطع کر دیتا ہے۔ ترکیب بند کے اگر تمام بندوں میں بیتوں کی تعداد برابر رکھی جائے تو بھی اسی ہی دقت پیش آتی ہے۔ کیونکہ اس کے ایک بند میں صرف ایک پوائنٹ عمدگی سے بیان ہو سکتا ہے۔ لیکن ہر پوائنٹ کی وسعت یکساں نہیں ہوتی۔ بلکہ کم و بیش ہوتی ہے۔ پس ضروری ہے کہ بند بھی چھوٹے بڑے ہوں۔ ممکن ہے کہ ایک بند دو تین بیت کا ہو اور دوسرا پندرہ بیس بیت کا۔ اور یہ بات اس تناسب کے برخلاف ہے جو شعر کا جزو اعظم ہے۔

الغرض جتنی صنفیں فارسی اور اردو شاعری میں متداول ہیں ان میں کوئی صنف مسلسل مضامین بیان کرنے کے قابل مثنوی سے بہتر نہیں ہے۔ یہی وہ صنف ہے جس کی وجہ سے فارسی شاعری کو عرب کی شاعری پر ترجیح دی جا سکتی ہے۔ عرب کی شاعری میں مثنوی کا رواج نہ ہونے یا نہ ہو سکنے کے سبب تاریخ یا قصہ یا اخلاق یا تصوف میں ظاہرا ایک کتاب بھی ایسی نہیں لکھی جا سکتی۔ جیسی فارسی میں سیکڑوں بلکہ ہزاروں ہیں لکھی گئی ہیں۔ اسی لیے عرب شاہنامہ کو قرآن العجم کہتے ہیں اور اسی لیے مثنوی معنوی کی نسبت 'ہست قرآں درزبانِ پہلوی' کہا گیا ہے۔

اردو میں چند چھوٹی چھوٹی عشقیہ مثنویوں کے سوا اخلاق یا تاریخ وغیرہ میں ظاہرا آج تک کوئی چھوٹی یا بڑی مثنوی کسی مسلم ثبوت استاد نے نہیں لکھی۔ عشقیہ مثنویوں کا حال بھی جیساکہ ہم اوپر لکھ آئے ہیں، اس زمانہ کے مقتضیٰ اورمذاق سے بمراحل دورتر اور بعید تر ہے۔ جو قصے ان مثنویوں میں بیان کیے گئے ہیں۔ ان میں قطع نظر اس کے کہ ناممکن اور فوق العادت باتیں اور حد سے زیادہ مبالغہ اور غلو بھرا ہوا ہے۔ اکثر مثنویوں میں شاعری کے فرائض بھی پورے پورے ادا نہیں ہوتے۔ مثنوی میں علاوہ ان فرائض کے جو غزل یا قصیدے میں واجب الادا ہیں۔ کچھ اور شرائط بھی ہیں جن کی مراعات نہایت ضروری ہیں۔ ازاں جملہ ایک ربطِ کلام ہے جو کہ مثنوی اور ہر مسلسل نظم کی جان ہے۔ غزل اور قصیدہ میں ایک شعر کو دوسرے شعر سے جیساکہ ظاہر ہے کچھ ربط نہیں ہوتا۔

تو ماشا اللہ بخلاف مثنوی کے کہ اس میں ہر بیت کو دوسری بیت سے ایسا تعلق ہونا چاہیے جیسے زنجیر کی ایک کڑی کو دوسری کڑی سے ہوتا ہے۔ اسی لیے جن لوگوں کی نسبت پر غزلیت کا رنگ غالب ہے۔ ان سے مثنوی کے فرائض اچھی طرح انجام نہیں ہوسکتے۔ باورچیوں میں یہ مقولہ مشہور ہے کہ پتیلی پکانے والے سے دیگ اچھی نہیں پک سکتی۔ جو نسبت پتیلی کو دیگ کے ساتھ ہے، وہی نسبت مثنوی کو غزل کے

ساتھ ہے۔ جس طرح پتیلی پکانے والے کو دیگ کے نمک پانی اور آنچ کا اندازہ معلوم نہیں ہو سکتا اسی طرح جو لوگ غزل میں منہمک ہو جاتے ہیں اور ان پر غزلیت کا رنگ چڑھ جاتا ہے وہ مثنویوں کی ترتیب اور انتظام سے اکثر عہدہ برآ نہیں ہوتے۔

جس نظم میں کوئی تاریخی واقعہ یا کوئی فرضی قصہ بیان کیا جاتا ہے اس میں مضمون آفرینی اور بلند پروازی کی کچھ ضرورت نہیں ہوتی بلکہ اس بات کی ضرورت ہوتی ہے کہ مطالب ایسی صفائی سے ادا کیے جائیں کہ اگر انہیں مطالب کو نثر میں بیان کیا جائے تو نثر کا بیان نظم سے کچھ زیادہ واضح اور صاف اور مربوط نہ ہو۔ البتہ نظم کا بیان نثر سے صرف اس قدر ممتاز ہونا چاہیے کہ نظم کی طرز بیان نثر سے زیادہ موثر اور دلکش و دلآویز ہو۔

پس مثنوی لکھنے والے کا سب سے مقدم فرض یہ ہے کہ بیتوں اور مصرعوں کی ترتیب ایسی سنجیدہ ہو کہ ہر مصرع دوسرے مصرع سے اور ہر بیت دوسری بیت سے چسپاں ہوئی چلی جائے اور دونوں کے بیچ میں کہیں ایسا کھانچا باقی رہ نہ جائے کہ جب تک کچھ عبارت مقدر نہ مانی جائے تب تک کلام جیسا کہ چاہیے مربوط اور منظم نہ ہو۔ مثلاً گلزار نسیم میں کہتا ہے :

خوش ہوتے تھے طفل مہ جبیں سے

ثابت یہ ہوا ستارہ بیں سے
پیارا یہ وہ ہے کہ دیکھ اسی کو
پھر دیکھ سکیئے گا کسی کو

جو مطلب کہ صاحب مثنوی ادا کرنا چاہتا ہے کہ 'لوگ تو اس طفل مہ جبیں کو دیکھ کر خوش ہوتے تھے۔ مگر نجومیوں نے بادشاہ سے یہ کہا کہ یہ لڑکا آپ کو پیارا تو ہے مگر یہ ایسا پیارا ہے کہ اس کو دیکھ کر پھر کسی کو نہ دیکھ سکیئے گا۔ کیونکہ اس کے دیکھتے ہی بینائی جاتی رہے گی۔' ظاہر ہے کہ ان دونوں بیتوں میں جب تک کہ کئی لفظ بڑھائے اور کئی لفظ بدلے نہ جائیں، تب تک یہ مطلب جو ہم نے اوپر بیان کیا ہے، ان بیتوں سے سیدھی طرح نہیں نکل سکتا اور پہلا مصرع دوسرے مصرع سے اور دوسرا مصرع تیسرے مصرع سے چسپاں نہیں ہو سکتا یا مثلاً اس مثنوی میں ہے :

نور آنکھ کا کہتے ہیں پسر کو
چشمک تھی نصیب اس پدر کو

مطلب یہ ہے کہ بیٹا باپ کی آنکھ کا نور ہوتا ہے۔ مگر بیٹا باپ کی آنکھوں کے لیے ظلمت تھا۔ پس جب تک دوسرے مصرع کے الفاظ بدلے نہ جائیں، کلام مربوط نہیں ہو سکتا یا مثلاً :

آتا تھا شکار گاہ سے شاہ

نظارہ کیا پدر نے ناگاہ

یہ دونوں مصرعے بھی مربوط نہیں، کیونکہ ظاہر الفاظ سے یہ مفہوم ہوتا ہے کہ شاہ اور شخص ہے اور پدر اور شخص ہے، حالانکہ پدر اور شاہ سے ایک شخص مراد ہے۔ پس دوسرا مصرع یوں ہونا چاہیے :

''بیٹے پہ پڑی نگاہ ناگاہ''

ا) بہر حال مثنوی میں ربط کلام کا لحاظ رکھنا خاص کر جب کہ اس میں تاریخ یا قصہ بیان کیا جائے نہایت ضروری ہے۔

۲) دوسری نہایت ضروری بات یہ ہے کہ جو قصہ مثنوی میں بیان کیا جائے اس کی بنیاد ناممکن اور فوق العادت باتوں پر نہ رکھی جائے۔ اگرچہ قصوں اور کہانیوں میں ایسی باتیں بیان کرنے کا دستور نہ صرف ایشیا میں بلکہ کم و بیش تمام دنیا میں قدیم سے چلا آتا ہے اور جب تک کہ انسان کا علم محدود تھا۔ ایسی باتوں کا اثر لوگوں کے دل پر نہایت قوت کے ساتھ ہوتا تھا۔ لیکن اب علم نے اس طلسم کو توڑ دیا ہے۔ اب بجائے اس کے کہ ان باتوں کا لوگوں کے دل پر کچھ اثر ہو اور ان پر ہنسی آتی ہے اور ان کی حقارت کی جاتی ہے اور بعوض اس کے کہ ان سے کچھ تعجب پیدا ہو، شاعر کی حماقت اور سادہ

لوحی معلوم ہوتی ہے۔ اب شاعر یا ناولسٹ کی لیاقت اس سے ثابت ہوتی ہے کہ جو مرحلے پہلے محالات کے ذریعے طے کیے جاتے تھے اور جن کا عادۃً طے ہونا ناممکن معلوم ہوتا تھا۔ ان کو علم اور فلسفہ کے موافق نہایت آسانی کے ساتھ طے کر جائے۔ مثلاً شاہنامہ میں جہاں رستم اور سہراب کو لڑایا ہے۔ وہاں فردوسی یا اصل قصہ بنانے والے کو دو متضاد باتیں ثابت کرنی منظور ہیں۔ ایک سہراب کا رستم سے بہت زیادہ قوی اور تنومند ہونا، دوسرے رستم کے ہاتھ سے آخر کار اس کو قتل کرانا۔ پہلی بات تو اس نے اس طرح ثابت کی ہے "کہ پہلے مقابلہ میں سہراب سے رستم کو پچھڑوا دیا۔ مگر اب دوسرے بات بغیر اس کے ثابت نہیں ہو سکتی کہ رستم نے جوانی میں جب کہ وہ اپنی طاقت اور زور سے تنگ آگیا تھا، خدا سے دعا کی تھی کہ میری طاقت کم ہو جائے۔ چنانچہ اس کی اصلی طاقت کم ہوگئی تھی۔ اب سہراب سے مغلوب ہو کر اس نے پھر دعا کی کہ میری اصلی طاقت مجھ کو مل جائے۔ چنانچہ اس کی اصلی طاقت جو خدا کے ہاں امانت رکھی تھی، اس کو واپس مل گئی اور دوسرے یا تیسرے مقابلہ میں وہ سہراب پر غالب آگیا۔ لیکن اس زمانہ میں ایسے ڈھکوسلوں سے کچھ کام نہیں چلتا۔ آج کسی کو ایسا مرحلہ پیش آئے تو وہ اس کو اس طرح طے کر سکتا ہے کہ رستم جو کسی سے مغلوب نہ ہوا تھا اور جس کی شہرت تمام ایران اور توران میں ضرب المثل تھی۔ ایک

لونڈے کے ہاتھ پچھڑ کر اس کی غیرت سخت جوش میں آئی اور عمر بھر کی ناموری اور عزت قائم رکھنے کا ولولہ اس کے دل میں نہایت زور کے ساتھ متحرک ہوا۔ گو طاقت میں سہراب سے بہت کم تھا۔ مگر سپہ گری کے کرتبوں اور تجربوں میں سہراب کو اس سے کچھ نسبت نہ تھی۔ لہٰذا دوسرے یا تیسرے مقابلہ میں جوشِ غیرت اور پاس عزت اور فن سپہ گری کی مشاقی سے اس نے سہراب کو مار رکھا۔

رہی یہ بات کہ اخلاقی مضامین جو اکثر قدیم زمانے کے نامور شعرا نے سوپر نیچرل باتوں کے پیرائے میں بیان کئے ہیں یا اب شائستہ ملکوں میں بیان کرتے ہیں۔ یہ ایک دوسرا عالم ہے۔ ان کا مطلب ایسے پیرائے اختیار کرنے سے اخلاقی نتائج نکالنے اور کلام کو تعجب انگیز کر کے اس میں اثر پیدا کرنا ہوتا ہے نہ کہ ناممکن باتوں کا لوگوں کو یقین دلانا اور ان کو واقعات کا لباس پہنانا۔ یہ بالکل ایسی ہی بات ہے کہ ایک شخص جانوروں کے پیرایہ میں خصائل انسانی ظاہر کرتا ہے۔ اور ان سے اخلاقی نتائج استخراج کرتا ہے اور دوسرا شخص بغیر اس مقصد کے جانوروں کی حکایتیں اس طرح بیان کرتا ہے کہ گویا وہ ان میں فی الواقع تمام خصائل انسانی ثابت کرنا اور لوگوں کو ان کا یقین دلانا چاہتا ہے۔ اس میں اور اُس میں بہت بڑا فرق ہے۔ پس ایسے بے سر و پا قصے لکھنے سے خاص کر اس زمانے میں اجتناب کرنا چاہیے۔

۳) مبالغہ کو اہلِ بلاغت نے صنائع معنوی اور محسنات کلام میں شمار کیا ہے۔ مگر افسوس ہے کہ اس کی لے بڑھتے بڑھتے اب وہ اس درجہ کو پہنچ گیا ہے کہ کلام کو بے قدر و سُبک اور کم وزن کر دیتا ہے۔ انتہا سے درجہ کا مبالغہ کا بھی اس سے زیادہ نہیں ہونا چاہیے کہ جو کچھ کسی چیز کی تعریف یا مدح یا ذم میں کہا جائے گو وہ اس چیز کے حق میں صحیح نہ ہو مگر کسی نہ کسی چیز پر صادق آ سکتا ہو۔ نہ یہ کہ دنیا میں کوئی چیز اس کی مصداق نہ ہو اور مبالغہ کی غایت یہ ہونی چاہیے کہ جو مطلب بیان کرنا منظور ہے۔ مبالغہ کے سبب سے اس کا اثر سامع کے دل پر نہایت قوت کے ساتھ ہو، نہ یہ کہ اس کا رہا سہا یقین بھی جاتا ہے۔ مثلاً کسی پُر رونق بازار کی نسبت ایک تو یہ کہنا کہ ''وہاں شام تک کٹورا بجتا ہے۔'' (اگرچہ وہاں کسی وقت بھی کٹورا نہ بجتا ہو) اور ایک طرف اس کی تعریف اس طرح کرنی :

رات دن جمگھٹا ہے میلا ہے
مہر و مہ کا کٹورا بجتا ہے

یا مثلاً ایسے بازار کی نسبت ایک تو یہ کہنا کہ ''وہاں چھڑکاؤ سے ہر وقت زمین نم رہتی ہے۔'' اور ایک یہ کہ ''وہاں گلاب اور کیوڑے کا نہیں بلکہ آبِ گوہر کا چھڑکاؤ ہوتا ہے۔'' پس آج کل ایسے مبالغے باعثِ شرم سمجھے جاتے ہیں اور بجائے اس کے کہ

ان سے سامع کے دل کر کوئی نقش بیٹھے یا شاعر کی لیاقت ظاہر ہو اس کی لغویت اور بے سلیقگی پائی جاتی ہے۔

۴) مقتضائے حال کے موافق کلام ایزاد کرنا خاص کر قصہ کے بیان میں ایسا ضروری ہے کہ اگر غور سے دیکھا جائے تو بلاغت کا بھید صرف اسی بات میں چھپا ہوا ہے یہ ایک نہایت وسیع بحث ہے، مگر ہم یہاں صرف چند مثالیں دے کر اس مطلب کر ناظرین کے ذہن نشین کرنا چاہتے ہیں۔

مثلاً مثنوی 'طلسم الفت' میں اس موقعہ پر جب کہ بادشاہِ عشق آباد کی طرف سے شیدا وزیر اپنے شہزادہ کے لیے نسبت کا پیغام لے کر شہر حسن آباد میں شاہانہ جاہ و حشم کے ساتھ پہنچا ہے اور حسن آباد کے بادشاہ نے اس کے آنے کی خبر سن کر اپنے وزیر کو اس سے گفتگو کرنے کے لیے بھیجا ہے۔ وہاں صاحب مثنوی اس طرح بیان کرتا ہے:

جاتے ہی اس نے قرب شہر پناہ
خیمہ اپنا کیا بہ شوکت و جاہ
بسکہ دانائے روزگار تھا وہ
مردہ میدانِ کارزار تھا وہ

رعب پہلے ہی سے بٹھانے کو

صولت دبدبہ دکھانے کو

کی اسی روز لشکر آرائی

کثرت فوج سب کو دکھلائی

خبر آمد کی اس کی عام ہوئی

خلق دہشت زدہ تمام ہوئی

اتنے میں واں کے شہریار کو بھی

خبر اس کے ورود کی گذری

کہ کسی شہر کا کوئی سردار

لے کے ہمراہ لشکرِ بسیار

آ کے اترا ہے قرب شہر پناہ

مستعد جنگ پر ہے وہ ذیجاہ

سنتے ہی وہ کمال گھبرایا وزرا کو بلا کے فرمایا

دیکھو تو کس کا لشکر اترا ہے

کون ہم پر غنیم آیا ہے

الغرض اک وزیر با تدبیر
اپنے ہمراہ لے کے فوج کثیر
تھا فروکش جہاں وہ ہم پایہ
واں ملاقات کے لیے آیا
سنتے ہی پاس یہ کیا اس نے
بے تکلف بلا لیا اس نے
تا لب فرش لینے کو آیا
مل کے پہلو میں اپنے بٹھلایا
پہلے تو ذکر ادھر ادھر کا رہا
بعد اک طور سے یہ اس نے کہا
کہ جہاں دار جو ہمارا ہے
اس فلک قدر نے یہ پوچھا ہے
آپ نے کی ہے کیوں ادھر تکلیف
کس ارادہ سے لائے ہیں تشریف
سیر کا عزم ہے تو گھر ہے یہ

ہر مسافر کا رہ گزر ہے یہ

دل میں گر اور کچھ ارادہ ہو

تو میں باہر نہیں ابھی آؤ

فقط اتنی ہی دیکھتا تھا میں راہ

دیر پھر کس لیے ہے بسم اللہ

اس بیان میں قطع نظر لفظی کمزوریوں کے بڑی کسر یہی ہے کہ کلام مقتضائے حال کے موافق ایزاد نہیں کیا گیا۔ تاریخ کے بیان میں مورخ خود واقعات کے قبضہ میں ہوتا ہے اور قصہ میں واقعات اس کے قبضہ میں ہوتے ہیں۔ تاریخ میں جس واقعہ کی صحت بخوبی ثابت ہو جائے اس کی جواب دہی مؤرخ کے ذمہ باقی نہیں رہتی۔ البتہ اس کا یہ فرض ہے کہ اس کے اسباب کا تفحص کرے اور بتائے کہ ایسا واقعہ ہوا۔ بخلاف قصہ کے کہ اس کے بیان میں جو بے ربطی پائی جائے گی۔ اس کا ذمہ دار خود قصہ بنانے والا ہے۔ اول تو نسبت کے پیغام کو پہلے خط و کتابت کے ذریعہ سے طے نہ کرنا اور دفعتہً وزیر اور شہزادے کے ساتھ ایک لشکر جرار روانہ کر دینا۔ پھر وزیر کا فوج کثیر لے کر اور مہینوں کا رستہ طے کر کے حسن آباد کی شہر پناہ تک پہنچ جانا اور بادشاہ حسن آباد کو اس کے حال اور اس کے ارادہ کی مطلق خبر نہ ہوئی۔ پھر اس کا حال دریافت کرنے کے

لیے بادشاہ کا وزیر کرمعہ فوج کثیر کے بھیجنا۔ پھر وزیر کا بادشاہ کی طرف سے مہمان کے ساتھ ایسی گفتگو کرنا جیسی کہ بازاریوں میں ہوتی ہے۔ یعنی یہ کہ ''اگر کچھ اور ارادہ ہو تو میں اس سے بھی باہر نہیں ہوں۔ میں بس اتنی ہی راہ دیکھتا تھا۔ اب دیر کیا ہے، بسم اللہ۔'' بالکل مقتضائے مقام کے خلاف ہے۔

اس کے بعد شیدا وزیر، بادشاہ عشق آباد کی طرف سے نسبت کا پیغام دینے کے بعد کہتا ہے :

جاہ و حشمت کا کچھ اگر ہو خیال
تو یہ بیجا ہے اے ہمایوں فال
آپ ہیں اپنے شہر کے سلطاں
بندہ ہے تاج بخش باج ستاں
دل میں انصاف کیجیئے تو صریح
ہر طرح سے ہے بندہ کو ترجیح
کہ میں سلطان خسراں ہوں آج
بلکہ شاہنشہ جہاں ہوں آج
میرے قبضے میں ہیں کئی اقلیم

بخشتا ہوں میں افسر و دیہیم

مجھ کو دی ہے خدا نے وہ طاقت

وہ مرا دبدبہ ہے اور صولت

آج چاہوں تو باج دے قاروں

ربع مسکوں پہ سکہ بٹھلاؤں

زور دکھلانے پر میں آؤں اگر

چھین لوں تاج خسرِ وِ خاور

میں دلاور وہ ہوں وہ ہوں سفاک

ہفت اقلیم میں ہے جس کی دھاک

سرکش آ آ کے پاؤں پڑتے ہیں

ناک در پر مرے رگڑتے ہیں

اس بیان کی بے ربطی بھی ظاہر ہے کہ وزیر نے جس بادشاہ کی طرف نسبت کا پیغام دیا ہے اور جس کا منصب عجز و انکسار کرنے کا، اس کی طرف سے ایسی نامعقول گیدڑ بھبکیاں دینا ہے۔ اس کے بعد جب وزیر حسن آباد شیدا کی تقریر سن کر اپنے بادشاہ کے

پاس واپس گیا ہے اور وہاں جا کر اس نے شیدا کی تقریر کا اعادہ کیا ہے تو بادشاہ حسن آباد اس کے جواب میں کہتا ہے :

ہاں کہو جلد فوج ہو تیار

مابدولت کے لاؤ تو ہتھیار

دیکھیں تو کتنا حوصلہ ہے اسے

ہم سے عزم مقابلہ ہے اسے

لوہا دکھلانے کو یہ آیا ہے

ہم کو کیا موم کا بنایا ہے

بادشہ اس کا کیا ہے یہ کیا ہے

کثرتِ فوج پر یہ پھولا ہے

یہ تمام تقریر ایسی سہل اور کم وزن ہے کہ ہرگز کسی بادشاہ کے منہ سے زیب نہیں دیتی بلکہ یہ معلوم ہوتا ہے کہ کسی بادشاہ کی حماقت ظاہر کرنے کے لیے کوئی شخص اس کی نقل اتار رہا ہے۔ پھر جب امیروں نے بادشاہ کو سمجھا بجھا کر ٹھنڈا کیا ہے تو وزیر بادشاہ کی طرف سے شیدا کے پاس یہ مصالحت آمیز پیغام لے کر چلا ہے :

یہ تعلی جو آپ کرتے ہیں

اتنا جرات کا دم جو بھرتے ہیں
سابقہ ہو تو حال کھل جائے
ادھر آؤ تو حال کھل جائے
گو کہ میں تم سا خود پسند نہیں
سینکڑوں سے بھی پر میں بند نہیں
سر بھی جائے تو یہ قدم نہ ہٹیں
ٹل بھی جائے زمیں تو ہم نہ ہٹیں
یاں تو رستم سے بھی نہیں ڈرتے
شیر سے بھی جری نہیں ڈرتے
کیا کروں پاس ہے شریعت کا
دھیان ہے دوستی و الفت کا
شرم ہے میہماں کے آنے کی
رسم بھی ہے یہی زمانے کی
ورنہ سیر آپ کو دکھا دیتا
سب گھمنڈ آپ کا مٹا دیتا

یہاں تک خود بادشاہ کا پیغام بادشاہ کی طرف ہے۔ ان تمام ابیات میں الفاظ و محاورات کی لغزشوں سے ہم کچھ بحث نہیں کرتے۔ البتہ ہم کو یہ دکھانا منظور ہے کہ کلام بالکل مقتضائے حال کے برخلاف ایراد کیا گیا ہے۔ اسی داستان پر کچھ موقوف نہیں ہے۔ اس مثنوی میں کہیں بھی اس بات کا خیال نہیں کیا گیا کہ جیسا موقع ہو ویسی گفتگو کی جائے۔ اس داستان سے پہلے جہاں بادشاہ حسن آباد اور اس کی بڑھیا ملکہ بیٹیوں کے عقد کے باب میں باہم مشورے کر رہے ہیں۔ شاعر اس طرح بیان کرتا ہے :

ایک دن بادشاہ حسن آباد

اندرونِ محل تھا بادلِ شاد

اپنی بی بی سے گرم خلوت تھا

محوِ راحت تھا مست عشرت تھا

اُس پری رو نے تخلیہ پا کر

عرض کی اختلاط میں آ کر

لڑکیوں کا نہیں کچھ آپ کو دھیان

ہو چکی ہیں سلامتی سے جوان

اور باتوں کا تو نہیں کچھ غم

ہاں مگر یہ خیال ہے ہر دم
کہ میں بیٹھی ہوئی ہوں پا بہ رکاب
طاقت جسم دے چکی ہے جواب
سب مہیا ہیں کوچ کے ساماں
اور دو چار دن کی ہوں مہماں
کچھ ہی دن اب سفر میں باقی ہیں
ان کا سہرا تو دیکھ لیتی ہیں
سن کے کہنے لگا وہ عالی جاہ
تیرے کہنے ہی تک ہے کیا اے ماہ
بخدا خود خیال ہے مجھ کو
جستجو بھی کمال ہے مجھ کو
مجھ کو غیروں میں تو قبول نہیں
ان سے جز رنج کچھ وصول نہیں
یہ بھی بالفرض اگر کروں منظور
تو یہ مجھ سے کبھی نہ ہوا ے حُور

اس تقریر میں بھی اکثر الفاظ بالکل بے محل اور بے موقع استعمال ہوئے ہیں۔ بادشاہ خود شیخ فانی ہے اور اس کی ملکہ بھی عجوز سال خوردہ ہے۔ وہ خود جا بجا کہتی ہے کہ میں پا در رکاب بیٹھی ہوں اور چناں ہوں اور چنین ہوں۔ باوجود اس کے ایسے الفاظ استعمال کرنے کہ "اپنی بی بی سے گرم خلوت تھا محو راحت اور مستِ عشرت تھا۔ یا اس پری رو یعنی بڑھیا نے اختلاط میں آ کر عرض کی۔ یا بادشاہ کا اپنی بڑھیا ملکہ کو کہیں اے ماہ اور کہیں اے حور کہنا یہ سب باتیں مقتضائے حال کے خلاف ہیں۔

ایک جگہ جب کہ شہزادہ کو غش آ گیا ہے اور یہی بڑھیا ملکہ جو اس کی ماں ہے محل کے اندر گھبرا رہی ہے اور بار بار اس کی خبر باہر سے منگواتی ہے۔ ایک خواص باہر سے کہتی آئی ہے :

لوگو بتلاؤ تو کہاں ہیں حضور
کہہ دو کیا بیٹھی کرتی ہو اے حور

پھر تھوڑی دیر بعد نوکریں آ کر یہ کہتی ہیں :

دوڑ سی دوڑ ہو رہی ہے حضور
باہر اندر یہی ہے ذکر اے حور

دونوں جگہ ایک مصرع میں ملکہ سال خورد کو حضور اور دوسرے مصرع میں اے حور کہنا اور پھر نوکروں کا اور وہ بھی نہایت تشویش کی حالت میں کہنا بالکل مقتضائے حال خلاف ہے۔

نواب مرزا شوق لکھنوی نے جو چار مثنویاں یعنی بہار عشق، زہر عشق، لذت عشق اور فریب عشق لکھی ہیں۔ اگرچہ ان کو روزمرہ اور محاورہ کی صفائی اور قافیوں کی نشست، ترکیبوں کی چستی اور مصرعوں کی برجستگی کے لحاظ سے میں تمام اردو کی موجودہ مثنویوں سے بہتر سمجھتا ہوں۔ لیکن قطع نظر اس کے کہ وہ حد سے زیادہ ام مورال اور خلاف تہذیب ہیں۔ ان میں بھی مقتضائے حال کے موافق ایراد کلام کا بہت کم لحاظ کیا گیا ہے۔ مثلاً لذتِ عشق اس موقع پر جہاں بادشاہ زادہ اور وزیر زادہ اپنے ساتھ والوں سے بچھڑ کر کسی باغ میں دم لینے کو ٹھہرے ہیں اور رستے کی تکان سے ایک چبوترہ پر پڑ کے سو رہے ہیں۔ وہاں اس شہر کی شہزادی جو باغ کی مالک ہے اور اس کے ساتھ وزیر زادی دونوں باغ کی سیر کو آئی ہیں۔ اور ان دونوں سوتوں کے سر پر جا کھڑی ہوئی ہیں اور ایسے قہقہے لگائے ہیں کہ وہ جاگ اٹھے ہیں۔ اس وقت شاہزادے نے جو دیکھا کہ شام ہوگئی ہے وہاں سے چلنے کا ارادہ کرتا ہے اور بادشاہ زادی اس سے اس طرح گفتگو کرتی ہے :

کہا ہنس کے ملکہ نے اے مہ جبیں
مجھے تیری فرقت گوارا نہیں
مرا کہنا اس وقت کا مان لے
نہیں جان دے دوں گی یہ جان لے
خدارا نہ ٹالو مری بات کو
یہیں آج رہ جاؤ اب رات کو

اس کے وزیر زادہ ملکہ سے کہتا ہے کہ اگر آپ میری ایک عرض قبول کر لیں تو میں نہ قدموں سے جدا ہوں گا اور نہ شاہزادہ یہاں سے جائے گا۔ اس کے بعد کہتا ہے :

کھڑی ہے جو یہ پاس دُختِ وزیر
حقیقت میں ہے یہ نہایت شریر
انیلا پن اس کا مجھے بھا گیا
کروں کیا دل اس پر مرا آ گیا
مجھے اس کو دے دیجئے گر حضور
تو ساری حرمزدگی ہو جائے دور

یہ سن کر دختِ وزیر، وزیر زادہ سے کہتی ہے :

سمجھنا نہ دل میں ذرا مجھ کو نیک
سناؤں گی سو گر کہے گا تو ایک
نہ ملکہ کی باتوں پہ مغرور ہو
ہوا کھا ذرا چل پچنے دور ہو
ذرا ہوش کی لے تو اپنے خبر
میں جوتی نہ ماروں تیرے نام پر

اول تو عورت ذات، دوسرے بادشاہ زادی، پھر ملاقات اور سب سے زیادہ یہ کہ وہ شاہزادہ پر مائل ہو گئی ہے اور اس کو اپنے اوپر مائل کرنا چاہتی ہے۔ اگر فرض کر لیا جاوے کہ وہ بیسوا ہی ہے تو بھی اس کی گفتگو ایک محض اجنبی مرد کے ساتھ ایسی کھلی ڈلی اور بے حجابانہ، یا شوق کا اظہار ایسے تقاضے کے ساتھ کہ جس سے دوسرے کو نفرت ہو جائے کس قدر بے محل اور بے موقع ہے۔ پھر وزیر زادہ کی پہلی ہی گفتگو دختِ وزیر کی نسبت ایسی عامیانہ اور عشق کا اظہار ایسے بھونڈے پن کے ساتھ اور پھر دخت وزیر کا کنچیوں کی طرح جواب دینا یہ تمام باتیں بلاغت کے خلاف ہیں۔ میر حسن نے بدر منیر میں بعینہ ایسے ہی موقع پر یعنی جب کہ پہلے ہی پہل بے نظیر، بدر منیر کے باغ میں آیا ہے اور بدر منیر اس کو دیکھ کر فریفتہ ہو گئی ہے۔ یوں بیان کیا ہے :

کہ وہ نازنیں کچھ جھجک منہ چھپا
کمر اور چوٹی کا عالم دکھا
چلی اس کے آگے سے منہ موڑ کر
وہیں نیم بسمل اسے چھوڑ کر
ادائیں سب اپنی دکھاتی چلی
چھپا منہ کو اور مسکراتی چلی
یہ ہے کون کمبخت آیا یہاں
میں اب چھوڑ گھر اپنا جاؤں کہاں
یہ کہتی ہوئی آن کی آن میں
چھپی جا کے اپنے وہ دالان میں
دیا ہاتھ سے چھوڑ پردہ شتاب
چھپا ابرِ باریک میں آفتاب

اس بیان میں شوق کے بیان کی نسبت موقع اور محل کا جیسا کہ ظاہر ہے زیادہ خیال کیا گیا ہے۔ اس کے بعد عین ملاقات کے وقت بھی میر حسن کے بیان میں شرم و حجاب کا بہت لحاظ پایا جاتا ہے۔ چنانچہ اس موقع کو اس طرح بیان کرتا ہے :

بزور اس کو لا کر بٹھایا جو واں

نہ پوچھ اس گھڑی کی ادا کا بیاں

وہ بیٹھی عجب ایک انداز سے

بدن کو چرائے ہوئے ناز سے

منہ آنچل سے اپنا چھپائے ہوئے

لجائے ہوئے شرم کھائے ہوئے

پسینے پسینے ہوا سب بدن

کہ جوں شبنم آلودہ ہو یاسمن

گھڑی دو تلک وہ مہ و آفتاب

رہے شرم سے پائے بندِ حجاب

۵) جو حالت کسی شخص یا کسی چیز یا مکان وغیرہ کی بیان کی جائے۔ وہ لفظا اور معنی نیچرل اور عادت کے موافق ایسی ہونی چاہیے جیسی کہ فی الواقع ہوا کرتی ہے۔ اس موقع پر ہم بطور مثال کے شوق اور میر حسن دونوں کی مثنویوں سے کچھ کچھ اشعار نقل کرتے ہیں۔ شوق جدائی کے زمانہ میں ملکہ کی حالت اس طرح بیان کرتا ہے :

نہ رونے سے دم بھر تامل کیا

نہ خاصہ بھی دن بھر تناول کیا

یہ نقشہ چمن کا مبدل ہوا
کہ گلزار جو تھا وہ جنگل ہوا

وہ آتش کدہ سب چمن گل کا تھا
صدا سوز کی نالہ بلبل کا تھا

دکھائی دیا یوں وہ نہروں کا آب
کہ ملکہ کو گویا ہے چشم پُر آب

تھے رقاص طاؤس جو باغ کے
نمونہ تھے ملکہ کے ہر داغ کے

لگے خوشے جو حسبِ دستور تھے
وہ سب زخم ملکہ کے انگور تھے

شجر جتنے تھے صورتِ غم تھے سب
جو تھے سرو وہ نخلِ ماتم تھے سب

صبائے چمن میں اڑائی تھی خاک
دل ملکہ تھا مثل گل چاک چاک

ہوا دن تو رونے میں اس کے بسر
قیامت مگر رات آئی نظر
نہ پہلو میں پایا جو اس یار کو
ہوا صدمہ اک جان بیمار کو
ذرا یاد بھولی نہ اس ماہ کی
جو کروٹ بھی لی دل سے اک آہ کی
نظر آگیا چاندنی میں جو باغ
ہوا تازہ اس غم سے اک دل پہ داغ
ہوا ٹھنڈی ٹھنڈی جو چلنے لگی
یہ فرقت کی آتش سے جلنے لگی
سحر تک دل اس کا بھٹکتا رہا
کہ پہلو میں کانٹا کھٹکتا رہا
تصور جو تھا اس گل اندام کا
کوئی پہلو نکلا نہ آرام کا
تڑپتی تھی پر رنج جاتا نہ تھا

کس طرح آرام آتا نہ تھا

خدا کھودے بنیاد اس چاہ کی
جدھر پھر گیا منہ ادھر آہ کی

کبھی ہو گئے دونوں رخسار زرد
کبھی ہو گئے دست و پا دونوں سرد

کبھی رنگ رخ کے بدلنے لگے
کبھی شعلے منہ سے نکلنے لگے

کبھی ضبط وہ چاہ کرنے لگی
کبھی چیخ کر آہ کرنے لگی

کبھی جان جینے سے عاری ہوئی
کبھی غش کی صورت سی طاری ہوئی

نہ نیند آئی ہرگز سحر ہو گئی
یہ شب اس کے غم میں بسر ہو گئی

اڑے آشیانوں سے اپنے پرند
ہوئی بانگ اللہ اکبر بلند

ہوا پھر تو یہ شاہزادی کا حال

کہ گھٹ کر ہو جوں ماہِ کامل ہلال

تلاطم میں شب بھر طبیعت رہی

نہ رنگت رہی وہ نہ صورت رہی

بہت ہو گیا فرق اوقات میں

وہ کھسیانا ہو جانا ہر بات میں

وہ گرمی سے رخ تمتمایا ہوا

وہ رونے سے منہ بھر بھرایا ہوا

وہ سوجی ہوئی بر نیاں اور گال

وہ آنکھوں میں ڈورے پڑے لال لال

غرض کیا بیاں ہو کہ جو حال تھا

جو دیکھے وہ رو دے یہ احوال تھا

اگرچہ اس نظم میں اول کی چند باتوں کے سوا سارا بیان بہت صاف اور نیچرل ہے مگر میر حسن نے شوق سے تقریباً ستر برس پہلے جب کہ زبان اردو کی ابتدائی حالت تھی۔ اسی مقام کا سماں اس سے زیادہ نیچرل طور پر باندھا ہے۔ وہ کہتا ہے :

خفا زندگی سے ہونے لگی
بہانے سے جا جا کے سونے لگی
ٹھہرنے لگا جان میں اضطراب
لگی دیکھنے وحشت آلودہ خواب
نہ اگلا سا ہنسنا نہ وہ بولنا
نہ کھانا نہ پینا نہ لب کھولنا
جہاں بیٹھنا پھر نہ اٹھنا اسے
محبت میں دن رات گھٹنا اسے
کہا گر کسی نے کہ بیوی چلو
تو اٹھنا اسے کہہ کے ہاں جی چلو
جو پوچھا کسی نے کہ کیا حال ہے
تو کہنا یہی ہے جو احوال ہے
کسی نے جو کچھ بات کی، بات کی
پہ دن کی جو پوچھی کہی رات کی
کہا گر کسی نے کہ کچھ کھائیے

کہا خیر بہتر ہے منگوایئے

جو پانی پلانا تو پینا اسے

غرض غیر کے ہاتھ جینا اسے

نہ کھانے کی سُدھ اور نہ پینے کا ہوش

بھرا دل میں اس کے محبت کا جوش

کسی نے کہا سیر کیجیے ذرا

کہا سیر سے دل ہے میرا بھرا

چمن پر نہ مائل نہ گل پر نظر

وہی سامنے صورت آٹھوں پہر

نہفتہ اسی سے سوال و جواب

سدا روبرو اس کے غم کی کتاب

غزل یا رباعی و یا کوئی فرد

اسی ڈھب کی پڑھنا کہ ہو جس میں درد

سو یہ بھی جو مذکور نکلے کہیں

نہیں تو کچھ اس کی بھی پروا نہیں

سبب کیا کہ دل سے تعلق ہے سب
نہ ہو دل تو پھر بات بھی ہے غضب
گیا ہو جب اپنا ہی جیوڑا نکل
کہاں کی رباعی کہاں کی غزل
زباں پر تو باتیں و لے دل اداس
پراگندہ حیرت سے ہوش و حواس
نہ منہ کی خبر اور نہ تن کی خبر
نہ سر کی خبر نے بدن کی خبر
اگر سر کھلا ہے تو کچھ غم نہیں
جو گرتی ہے میلی تو محرم نہیں
جو مستی ہے دو دن کی تو ہے وہی
جو کنگھی نہیں ہے تو یوں ہی سہی
نہ منظور سُرمہ نہ کاجل سے کام
نظر میں وہی تیرہ بختی کی شام
ولیکن یہ خوباں کا دیکھا سو بھاؤ

کہ بگڑے سے دونا ہوا ان کا بناؤ

نہیں حسن کی اس طرح بھی کمی

جو بیٹھی ہے بگڑی تو گویا بنی

غرض بے ادائی ہے یاں کی ادا

بھلوں کو سبھی کچھ لگے ہے بھلا

ان دونوں نظموں میں بہ اعتبار سادگی اور نیچرل ہونے کے جو فرق ہے اس کے بیان کرنے کی ضرورت نہیں معلوم ہوتی۔ لیکن میر حسن کے بیان میں جہاں جہاں نیچرل حالت کی تصویر بعینہ کھینچی گئی ہے اس کو جتا دیا ضرور ہے۔ بہانہ سے جا جا کے سونا، وحشت آلود خواب دیکھنا، جہاں بیٹھ جاتا پھر وہاں سے نہ اٹھنا۔ اگر کسی نے اٹھنے کو کہا تو اٹھ کھڑا ہونا نہیں بیٹھے رہنا، کسی نے حال پوچھا تو خیر و عافیت کہہ دی۔ کسی نے بات کی تو جواب دے دیا، مگر ٹھکانے۔ کسی نے کھانے کو کہا تو بہت اچھا نہیں تو کچھ نہیں۔ ہر کام اوروں کے کہنے سر کرنا نہیں تو کچھ نہیں کرنا۔ دل ہی دل میں کسی سے سوال و جواب کرنے۔ دن رات کسی کی صورت آنکھوں کے سامنے رہنی۔ زبان سے باتیں کرنی اور دل میں اداس رہنا، جو سر کھلا ہے تو کھلا ہی ہے۔ جو کُرتی میلی ہے تو میلی ہی ہے۔ جو مستی نہیں ملی تو یوں ہی سہی، جو کنگھی نہیں کی تو بے کنگھی ہی سہی۔

نہ سرمہ سے مطلب نہ کاجل سے غرض، مگر بغیر بناؤ سنگار کے بھلا لگنا اور بگڑنے سے اور زیادہ بننا یہ سب ایسی سچی اور پتے کی باتیں ہیں جو ہمیشہ ایسی حالتوں میں واقع ہوا کرتی ہیں۔ اگرچہ شوق کا بیان اور مثنویوں کی نسبت نہایت عمدہ ہے۔ مگر جیسی جچی تُلی باتیں میر حسن نے بیان کی ہیں ویسی شوق کے یہاں بہت کم ہیں۔

جو لوگ صنعت الفاظ پر فریفتہ ہوتے ہیں اور لفظی مناسبتوں پر جان دیتے ہیں وہ کبھی کسی نیچرل حالت کی تصویر نہیں کھینچ سکتے۔ یہی جدائی اور انتظار کا بیان طلسم الفت میں اس طرح آگیا ہے :

شرم اس کو حیا سے آنے لگی
بے حجابی کے ناز اٹھانے لگی
کم وقاری کی قدر بڑھنے لگی
چشم تر بھی نظر پہ چڑھنے لگی
ٹھنڈی سانسوں کا دم وہ بھرنے لگی
سوزِ الفت کا پاس کرنے لگی
پان کے بدلے خونِ دل کھانا
دیکھ کر مہندی پاؤں پھیلانا

رات دن ہم کلام خاموشی

یاد ہر دم زخود فراموشی

گرم صحبت تھی سرد آہوں سے

سُرمہ بھی گر گیا نگاہوں سے

ناتوانی بھی زور کرنے لگی

لاغری فکرِ گور کرنے لگی

آشنا دودِ آہ لب سے ہوا

اوجِ سوزِ دل اس سبب سے ہوا

شدتیں دردِ دل کی سہنے لگی

یاس پہلو کے پاس رہنے لگی

رنگ خونِ جگر بھی لانے لگا

آنکھ سے جائے اشک آنے لگا

سرگرانی بھی سر اٹھانے لگی

بیقراری سے چین پانے لگی

کاجل اور آئینہ سے آٹھ پہر

چشم پوشی تھی اس کو مد نظر
روز افزوں تھا شوقِ کم سخنی
زرد ہی رنگ۔رخ پہ غازہ بنی
چوٹی بھولے سے بھی نہ گندھواتی
پیچ و تاب اور کنگھی سے کھاتی
ذکر سن سن کے لاکھے کا وہ فگار
ہونٹ اپنے چباتی سو سو بار
ہم نشینوں سے ہوگئی نفرت
عزلت سے رہتی تھی خلوت
خشکی لب جو کرتی منہ زور
صاف کر جاتی اس کی غم خوری
بدلے ہنسنے کے روز رونا تھا
خاک مسند کی جا بچھونا تھا
خاصہ جس وقت کوئی لاتی تھی
گھڑیوں اُبکائی اس کو آتی تھی

کوفت کھانے سے بس وہ جیتی تھی

خونِ دل جائے آب پیتی تھی

گو کہ دردِ جگر مصاحب تھا

ضبط آٹھوں پہر مصاحب تھا

گاہ آنکھیں لگی ہوئی چھت سے

مشورے گاہ دردِ فرقت سے

دل سے کہنا کبھی، نہیں رے دل

دلربا کا یہ زعم ہے باطل

کچھ تو امید میں تھی کچھ یاس

گاہ درجہ یقیں کا گاہ ہراس

یہ مثنوی لکھنو کے ایک مشہور شاعر آفتاب الدولہ مہر الملک خواجہ اسد علی خاں بہادر شمس جنگ متخلص بہ قلق کی ہے۔ سنا ہے کہ اکثر اہل لکھنو اس کو اعلی درجہ کی مثنوی سمجھتے ہیں۔ شاید ایسی ہی ہو۔ مگر افسوس ہے کہ وہ زمانہ حال کے مذاق سے بالکل آشتی نہیں رکھتی۔ جو شعر ہم نے اس مقام پر اس سے نقل کئے ہیں ان کی کچھ خصوصیت نہیں ہے۔ بلکہ اس مثنوی کا تمام بیان اول سے آخر تک اسی قبیل کا ہے۔

لفظی رعایتوں میں معنی کا سر رشتہ اکثر ہاتھ سے جاتا رہتا ہے اور کوئی حالت یا سماں جیسا کہ چاہیے بیان نہیں ہو سکتا۔ اول کے چار شعروں میں پہلے مصرعوں کا تو بمشکل کچھ کچھ مطلب سمجھ میں آ جاتا ہے۔ مگر آخر کے چار مصرعوں کا مطلب ہماری سمجھ میں مطلق نہیں آیا۔ ان کے بعد اکثر مصرعے اس طرح کے ہیں۔ باقی جن شعروں یا مصرعوں کا مفہوم کچھ سمجھ میں آتا ہے ان میں کوئی سیدھی طرح نہیں بیان کی۔ مثلاً 'اس کو کسی کی شرم باقی نہیں رہی تھی' اس کو یوں بیان کیا ہے کہ 'اس کو شرم سے شرم آنے لگی۔' یا 'وہ رات دن خاموش رہتی تھی۔' اس کی جگہ 'وہ خاموشی سے ہم کلام رہتی تھی۔' یا 'وہ خود فراموش رہتی تھی'۔ اس کی جگہ 'اس کو خود فراموشی یاد رہتی تھی۔' غرض کل اشعار کا حال جیسا کہ ظاہر ہے ایسا ہی ہے یا اس سے بھی زیادہ ژولیدہ اور ان نیچرل۔

مثنوی گلزار نسیم میں بھی لفظی رعایتوں کو بہت التزام سے کیا گیا ہے۔ اس نے بھی بکاؤلی کا تاج الملوک کے فراق میں کچھ مختصر سا حال لکھا ہے۔ وہ اس طرح بیان کرتا ہے :

کرتی تھی جو بھوک پیاس بس میں
آنسو پیتی تھی کھا کے قسمیں

جامہ سے جو زندگی کے تھی تنگ

کپڑوں کے عوض بدلتی تھی رنگ

یکچند جو گذری بے خور و خواب

زائل ہوئی اس کی طاقت و تاب

صورت میں خیال رہ گئی وہ

ہیئت میں مثال رہ گئی وہ

اس بیان میں بھی تیسرے شعر کے سوا باقی تین شعروں کا مطلب کچھ نہیں معلوم ہوتا اور ظاہرا اس نے کوئی مطلب رکھا بھی نہیں۔ اس کو تو فقط یہ لطیفہ بیان کرنا مقصود ہے کہ کھانے کی جگہ قسمیں کھاتی تھی۔ پینے کی جگہ آنسو پیتی تھی۔ کپڑے کے عوض رنگ بدلتی تھی۔ وغیرہ وغیرہ۔

٦) قصہ میں اس بات کا لحاظ رکھنا بھی ضرور ہے کہ ایک بیان دوسرے بیان کی تکذیب نہ کرے۔ کیونکہ اس سے قصہ نگار کا پھوہڑ پن ثابت ہوتا ہے اور سچ مچ اس مثل کا مصداق بنتا ہے کہ 'دروغ گو را حافظہ نباشد۔' آج کل جو شائستہ ملکوں میں نوول لکھے جاتے ہیں ان کا تو کیا ذکر ہے ایشیا کے قدیم زمانہ کے قصہ نویسوں نے بھی اس بات کا ہمیشہ لحاظ رکھا ہے کہ ایک بیان دوسرے بیان کے منافی نہ ہو۔ یہ سچ ہے کہ

قصہ میں کسی خاص واقعہ کا بیان نہیں ہوتا۔ مگر قصہ نگار اس کو ایک واقعہ ہی کی صورت میں بیان کرتا ہے۔ پس اس کو ایسے طور پر بیان کرنا جس سے جا بجا اس کی غلط بیانی ثابت ہو، اصول قصہ نگاری کے خلاف ہے۔ جو کارگر کسی انسان کی مورت پتھر یا دھات کی بناتا ہے۔ ظاہر ہے کہ وہ مورت انسان کی نقل ہوتی ہے نہ اصلی انسان۔ لیکن کاریگر کا فرض ہے کہ اس میں اور اصلی انسان میں ایک جان پڑنے کے سوا کوئی فرق محسوس نہ ہو۔ اسی طرح قصہ نگار کا یہ فرض ہونا چاہیے کہ قصہ بالکل واقعات کی شکل میں بیان کیا جائے۔ اس مطلب کے ذہن نشین کرنے کے لیے ہم چند شعر مثنوی طلسم الفت کے نقل کرتے ہیں۔ ایک قصہ گو شاہزادہ عشق آباد یعنی جانِ جہاں سے حسن آباد کی شاہزادی عالم آرا کا حال اپنی آنکھوں دیکھا بیان کر رہا ہے کہ جب میں حسن آباد پہنچا تو ایک شخص نے مجھ سے عالم آرا کے حسن و جمال کا ذکر کرنے کے بعد یہ کہا :

دیکھنا بھی تو اس کا مشکل ہے
کہ وہ لیلیٰ میان محمل ہے [19]
آدمی کیا ملک سے پردہ ہے

---

[19] یعنی پردے میں ہے

بلکہ چشم فلک سے پردہ ہے

اس بیان نے معلوم ہوتا ہے کہ اس کو بڑے اہتمام کے ساتھ پردہ میں رکھا جاتا ہے۔

مگر اسی بیان میں اس کا ذکر ہوتے ہوتے یہ ارشاد ہوتا ہے کہ باغ میں جس دریچہ میں جا

کر وہ بیٹھتی ہے وہاں

تہ بام اژدہام رہتا ہے

مجمع خاص و عام رہتا ہے

مشق جور و ستم کسی پر ہے

چشم لطف و کرم کسی پر ہے

ناز سے ایک سے کلام کیا

ایک غمزہ سے تمام کیا

وصل کا ایک سے کیا اقرار

ایک مشتاق سے کیا انکار

دو ہی فقروں میں اک کو ٹال دیا

ٹھٹھے بازی میں اک کو ڈال دیا

کھینچ مارا کسی پہ ہنس کے اُگال

رنج سے منہ کسی کا ہو گیا لال

دور سے ہنس کے اک کو شاد کیا

قربِ پردہ کسی کو یاد کیا

یوں ہی وہ دن تمام ہوتا ہے

کیا کہوں قتل عام ہوتا ہے

دو گھڑی دن رہے وے تا سرِ شام

جلوہ آرا رہی وہ مہر اندام

غرض کہاں تک لکھوں دور تک ایسے ہی اشعار جس سے نہ صرف بے پردگی بلکہ غایت درجہ کا بیسوا پن پایا جاتا ہے، چلے جاتے ہیں۔ اس بیان میں اور اوپر کے دونوں شعروں کے بیان میں جو منافات ہیں وہ ظاہر ہے۔ ایسی مثالیں اس مثنوی میں اور گلزار نسیم میں بہت ہیں۔ مگر اور مثنویاں بھی اس سے بالکل پاک نہیں ہیں۔

۷) اس بات کا بھی خیال رکھنا ضروری ہے کہ قصہ کے ضمن میں کوئی بات ایسی بیان نہ کی جائے جو تجربہ اور مشاہدہ کے خلاف ہو۔ جس طرح ناممکن اور فوق العادت باتوں پر قصہ کی بنیاد رکھنی آج کل زیبا نہیں ہے۔ اسی طرح کے ضمن میں ایسی جزئیات بیان کرنی جن کی تجربہ اور مشاہدہ تکذیب کرتا ہو ہرگز جائز نہیں ہے۔ اس سے قصہ نگار کی

اتنی بے سلیقگی ثابت نہیں ہوتی جتنی کہ اس کی لاعلمی اور دنیا کے حالات سے ناواقفیت اور ضروری اطلاع حاصل کرنے سے بے پروائی ثابت ہوتی ہے۔ مثلاً بدر منیر میں ایک خاص موقع اور وقت کا سماں اس طرح بیان کیا ہے :

وہ گانے کا عالم وہ حسن بتاں

وہ گلشن کی خوبی وہ دن کا سماں

درختوں کی کچھ چھانو اور کچھ وہ دھوپ

وہ دھانوں کی سبزی وہ سرسوں کا روپ

اخیر مصرع سے صاف یہ مفہوم ہوتا ہے کہ ایک طرف دھان کھڑے تھے اور ایک طرف سرسوں ربیع میں گیہوں کے ساتھ بوئی جاتی ہے۔

یا مثلاً مثنوی طلسم الفت میں جب کہ شہزادہ جان جہاں کا جہاز غرق ہوا ہے اور جانِ جہاں اور سب اہل جہاز ڈوب چکے ہیں۔ اس طرح بیان کرتا ہے :

دوسرے دن وہ گوہر یکتا

جھیل کر محنت محیط بلا

مثل خورشید ڈوب پر نکلا

زندہ اک تختہ پر مگر نکلا

یعنی جان جہاں ایک رات اور ایک دن ڈوبے رہنے کے بعد زندہ دریا سے نکلا اور نکلا بھی ایک تختہ پر بیٹھا ہوا۔ اول تو اس قدر عرصہ کے زندہ نکلنا اور پھر قعر دریا سے ایک تختہ پر بیٹھے ہوئے نکلنا۔ بالکل تجربہ اور مشاہدہ کے خلاف ہے۔

۸) جس طرح سے ان اہم اور ضروری باتوں کو جن پر قصہ کی بنیاد رکھی گئی ہے نہایت صراحت کے ساتھ بیان کرنا ضروری ہے۔ اسی طرح ان ضمنی باتوں کو جو صاف صاف کہنے کی نہیں ہیں، رمز و کنایہ میں بیان کرنا ضروری ہے۔ مگر افسوس ہے کہ ہماری مثنویوں میں دونوں باتوں کا لحاظ بہت کم کیا گیا ہے۔ مثلاً گل بکاؤلی کے قصہ میں سارے قصہ کی بنیاد صرف اس بات پر رکھی گئی ہے کہ زین الملوک کے جب پانچواں بیٹا پیدا ہوا تو نجومیوں نے یہ حکم لگایا کہ اگر بادشاہ اس بیٹے کی طرف آنکھ اٹھا کر دیکھے گا تو اس کی بینائی جاتی رہے گی۔ مگر گلزار نسیم میں اس بات کو ایسا ناکافی طور پر بیان کیا ہے کہ اگر گل بکاؤلی کا قصہ پہلے سے کسی کو معلوم نہ ہو تو اس کی سمجھ میں کچھ نہیں آسکتا۔ رہی دوسری بات سو اس کا خیال تو ہمارے شعرا نے کبھی بھول کر بھی نہیں کیا۔ بلکہ جو باتیں بے شرمی کی ہوتی ہیں وہاں اور بھی زیادہ پھسل پڑتے ہیں اور نہایت فخر کے ساتھ ناگفتنی باتوں کا کھلم کھلا بیان کرتے ہیں۔ افسوس کہ ہم ایسے موقعوں کی زیادہ صاف اور کھلی مثالیں نہیں دے سکتے۔ صرف تصریح اور کنایہ کی

صورت زیادہ ذہن نشین کرنے کے لیے یہاں ایک سرسری مثال پر اکتفا کرتے ہیں۔ خواجہ میر اثر دہلوی اپنی مثنوی خواب وخیال میں اختلاط کے موقع پر کہتے ہیں :

ہاتھ پائی میں ہانپتے جانا
کھلتے جانے میں ڈھانپتے جانا

دوسرے مصرع میں اس بات کی کچھ تصریح نہیں کی گئی کہ کیا چیز کھلتی جاتی تھی اور کس چیز کو بار بار ڈھانپا جاتا تھا۔ یہ مطلب اس سے بہتر لفظوں میں ادا نہیں کیا جا سکتا تھا کیونکہ ایسے موقع پر ہمیشہ بولا بھی یونہی جاتا ہے کہ سینے یا چھاتی یا محرم وغیرہ کا صراحتہً نام نہیں لیا جاتا۔ اسی مطلب کو نواب مرزا شوق نے بہار عشق میں اس طرح ادا کیا ہے :

ہاتھ پائی میں ہانپتے جانا
چھوٹے کپڑوں کو ڈھانپتے جانا

شوق نے اتنا پردہ تو رکھا ہے کہ لباس ہی کے نام پر اکتفا کیا ہے، سینے وغیرہ کا نام نہیں لیا۔ مگر پردہ ایسا باریک ہے کہ اس میں بدن چھلکتا نظر آتا ہے۔ تصریح کچھ بے شرمی و بے حیائی کے موقع پر بدنما نہیں ہوتی بلکہ قصہ میں اکثر مقام ایسے ہوتے ہیں کہ وہاں رمز و کنایا سے کام نہ لیا جائے تو کلام نہایت سُبک اور کم وزن ہو جاتا

ہے۔ اگرچہ یہ بحث فی الواقع چوتھی دفعہ سے علاقہ رکھتی ہے جس میں مقتضائے حال کے موافق ایراد کلام کا ذکر ہو چکا ہے لیکن اس کو زیادہ اہم سمجھ کر خصوصیت کے ساتھ علیحدہ بیان کیا گیا ہے۔

اس آٹھ باتوں کے سوا قصہ نگاری کے اور بھی فرائض ہیں۔ مگر یہاں صرف انہیں پر اکتفا کیا جاتا ہے۔ اگر ہمارے ہموطنوں کی شاعری کی اصلاح کا خیال ہوگا تو ان کو کسی کے بتانے کی ضرورت نہیں ہے۔ خود ان کی طبیعت ان کی رہنمائی کرے گی۔

اب ہم خاص ان مثنویوں پر جو ہمارے نزدیک کسی نہ کسی حیثیت سے امتیاز رکھتی ہیں ایک اجمالی نظر ڈالتے ہیں۔ اب تک اردو میں جتنی عشقیہ مثنویاں ہماری نظر سے گزری ہیں۔ ان میں سے صرف تین شخصوں کی مثنوی ایسی ہیں جس میں شاعری کے فرائض کم و بیش ادا ہوئے ہیں۔ اول میر تقی جنھوں نے غالباً سب سے اول چند عشقیہ قصے اردو مثنوی میں بیان کیے ہیں۔ جس زمانہ میں میر نے یہ مثنویاں لکھی ہیں اس وقت اردو زبان پر فارسیت بہت غالب تھی اور مثنوی کا کوئی نمونہ اردو زبان میں غالباً موجود نہ تھا۔ اور اگر ایک آدھ نمونہ موجود بھی ہو تو اس سے چنداں مدد نہیں مل سکتی۔ اس کے سوا اگرچہ غزل کی زباں بہت منجھ گئی تھی مگر مثنوی کا رستہ صاف ہونے تک ابھی بہت زمانہ درکار تھا۔ اس لیے میر کی مثنویوں میں فارسی ترکیبیں، فارسی محاوروں کے ترجمے

اور ایسے فارسی الفاظ جن کی اب اردو زبان متحمل نہیں ہو سکتی۔ اس اندازہ سے جو آج کل فصیح اردو کا معیار ہے بلاشبہ کسی قدر زیادہ پائے جاتے ہیں۔ نیز اردو زبان کے بہت سے الفاظ و محاورات جو اب متروک ہو گئے ہیں۔ میر کی مثنوی میں موجود ہیں۔ اگرچہ یہ تمام باتیں میر کی غزل میں بھی کم و بیش پائی جاتی ہیں۔ مگر غزل میں ان کی کھپت ہو سکتی ہے۔ کیونکہ غزل میں ایک شعر بھی صاف اور عمدہ نکل آئے تو ساری غزل کو شان لگ جاتی ہے۔ وہ عمدہ شعر لوگوں کی زبان پر چڑھ جاتا ہے اور باقی پُر کن اشعار سے کچھ سروکار نہیں رہتا۔ لیکن مثنوی میں جستہ جستہ اشعار کے صاف اور عمدہ ہونے سے کام نہیں چلتا۔ زنجیر کی ایک کڑی بھی ناہموار اور بے میل ہوتی ہے تو ساری زنجیر آنکھوں میں کھٹکتی ہے۔ پس ان اسباب سے شاید میر کی مثنوی آج کل کے لوگوں کی نگاہ میں نہ جچے۔ مگر اس سے میر کی شاعری میں کچھ فرق نہیں آتا۔ جس وقت میر نے یہ مثنویاں لکھی ہیں اس وقت اس سے بہتر زبان میں مثنوی لکھنی امکان سے خارج تھی باایں ہمہ میر کی مثنوی اکثر اعتبارات سے امتیاز رکھتی ہے، باوجودیکہ میر صاحب کی عمر غزل گوئی میں گزری ہے۔ مثنوی میں بھی بیان کے انتظام اور تسلسل کو انہوں نے کہیں ہاتھ سے جانے نہیں دیا ہے اور مطالب کو بہت خوبی کے ساتھ ادا کیا۔ جیسا کہ ایک مشاق و ماہر استاد کر سکتا ہے۔ اس کے سوا صاف اور عمدہ شعر بھی میر

کی مثنوی میں بمقابلہ ان اشعار کے جن میں پرانے محاورے یا فارسیت غالب ہے، کچھ کم نہیں ہیں۔ صدہا اشعار میر کی مثنویوں کے آج تک لوگوں کی زبان زد چلے جاتے ہیں۔

اگرچہ میر کی مثنویوں میں قصہ پن بہت کم پایا جاتا ہے۔ انہوں نے چند صحیح یا صحیح نما واقعات بطور حکایت کے سیدھے سادے طور پر بیان کر دیئے ہیں۔ نہ ان میں کسی شادی یا تقریب یا وقت اور موسم کا سماں بیان کیا گیا ہے نہ کسی باغ یا جنگل یا پہاڑ کی فضا یا اور کوئی ٹھاٹھ دکھایا گیا ہے۔ مگر جتنی میر کی عشقیہ مثنویاں ہم نے دیکھی ہیں وہ سب نتیجہ خیز اور عام مثنویوں کے برخلاف بے شرمی و بے حیائی کی باتوں سے مبرا ہیں۔

میر تقی کے بعد میر حسن دہلوی کی مثنوی بدر منیر نے ہندوستان میں جو سچی شہرت حاصل کی ہے وہ نہ اس سے پہلے اور نہ اس کے بعد آج تک کسی مثنوی کو نصیب ہوئی۔ یہ خیال کہ میر تقی کے نمونوں سے میر حسن کو کچھ مدد ملی ہوگی یا کچھ رہبری ہوئی ہوگی ٹھیک نہیں معلوم ہوتا۔ کیونکہ قصہ کی شان جو میر حسن کی مثنوی میں ہے، میر کی مثنویوں میں اس کا کہیں پتہ بھی نہیں۔

اگر اس بات سے قطع نظر کر لی جائے کہ قدیم قصوں کی طرح اس مثنوی کی بنیاد بھی دیو پری کے افسانوں پر رکھی گئی ہے تو یہ کہنا کچھ بے جا نہیں ہے کہ میر حسن نے قصہ نگاری کے تمام فرائض پورے پورے ادا کر دیئے ہیں۔ سلطنت کی شان و شوکت، تختہ گاہ کی رونق اور چہل پہل، لاولدی کی حالت میں یاس و ناامیدی اور دنیا سے دل برداشتگی، جوتشیوں کی گفتگو، شاہزادہ کی ولادت اور چھٹی کی تقریب، ناچ رنگ اور گانے بجانے کے ٹھاٹھ باغوں اور ہر قسم کی محفلوں کے سمے، سواریوں کے جلوس، حمام میں نہانے کی کیفیت اور حالت، مکانوں کی آرائش، شاہانہ لباس اور جواہرات اور زیورات کا بیان، خواب گاہ کا نقشہ، جوانی کی نیند کا عالم، رنج اور غم کے عالم میں محلوں اور باغوں کی بے رونقی، عاشق و معشوق کی پہلی ملاقات اور اس میں شرم و حجاب کا پاس و لحاظ، عشق و محبت کا بیان، حسن و جمال کا بیان، جدائی کا بیان، مصائب کا بیان، خوشی کا بیان، نسبت کے پیغام و سلام، بیاہ شادی کے سامان، بچھڑے ہوؤں کا ملنا اور اس حالت کا نقشہ، غرض کہ جو کچھ اس مثنوی میں بیان کیا ہے، اس کی آنکھوں کے سامنے تصویر کھینچ دی ہے اور مسلمانوں کے اخیر دور میں سلاطین و امرا کے ہاں جو جو حالتیں ایسے موقعوں پر گزرتی تھیں اور جو جو معاملات پیش آتے تھے ان کا بعینہ چربہ اتار دیا ہے۔ میر حسن کے بعد اور مثنویوں میں بھی بدر منیر کی ریس سے یہ

تمام سین دکھانے کا قصد کیا گیا ہے۔ لیکن اکثر راہ راست سے بہت دور جا پڑے ہیں۔ ایک صاحب بازار کی تعریف میں کہتے ہیں کہ ''وہاں ناز و خوشی و انداز کی جنس بکتی ہے۔'' (یعنی کوئی جنس دستیاب نہیں ہوتی) ٹھنڈی سانسوں کا بازار گرم رہتا ہے (یعنی بازار میں بالکل رونق نہیں) داغ دل کا سکہ ہر طرف بھنایا جاتا ہے (یعنی سکہ رائج کی ریزگاری نہیں ملتی) خارِ مژگاں کے کانٹے میں زرِ جان تلتا ہے (یعنی نہ وہاں سونا ہے نہ سونا تولنے کا کانٹا) میوہ فروش سیب ذقن بیچتے ہیں۔ (یعنی سیب نہیں ملتے) ترکاری کی جگہ جوبن بکتا ہے (یعنی ترکاری نہیں ملتی) حلوائیوں کی دکان پر شیرۂ جان کی مٹھائی بنتی ہے (یعنی لڈو پیڑے اور بالوشاہی وغیرہ کا قحط ہے) بازار میں آب گوہر کا چھڑکاؤ ہوتا ہے اور مہر و ماہ کا کٹورا بجتا ہے۔ (یعنی بازار میں خاک اڑتی ہے اور ہر وقت سناٹا رہتا ہے) اسی طرح جو سین دکھانا چاہا ہے اس میں محض الفاظ کا طلسم باندھا ہے۔ معنی سی کچھ سروکار نہیں رکھا۔ بہرحال اردو کی عشقیہ مثنویوں میں ہمارے نزدیک اکثر اعتبارات سے بدر منیر کے برابر آج تک کوئی مثنوی نہیں لکھی گئی۔ البتہ اس میں کچھ الفاظ و محاورات ایسے ضرور ہیں جو کہ اب متروک ہو گئے ہیں۔ لیکن آج سے ستر، اسی

برس پہلے[20] کی مثنوی کا حسن اور زیور یہی ہے کہ اس میں ایسے الفاظ و محاورے موجود ہوں۔

میر حسن کے بعد نواب مرزا شوق لکھنوی کی مثنویاں سب سے زیادہ لحاظ کے قابل ہیں۔ شوق نے غالباً واجد علی شاہ کے اخیر زمانہ سلطنت میں یہ مثنویاں لکھی ہیں۔ ان میں سے تین مثنویوں[21] میں اس نے اپنی بوالہوسی اور کامجوئی کی سرگزشت بیان کی ہے یا یوں کہو کہ اپنے اوپر افترا باندھا ہے اور ایک مثنوی یعنی لذت عشق میں ایک قصہ بالکل بدر منیر کے قصے سے ملتا جلتا اسی کی بحر میں لکھا ہے۔

ان مثنویوں میں اکثر مقامات اس قدر امورل اور خلاف تہذیب ہیں کہ ایک مدت تک ان تمام مثنویوں کا چھپنا حکما بند رہا۔ لیکن شاعری کی حیثیت سے اگر دیکھا جائے تو ایک خاص حد تک ان کو بدر منیر پر ترجیح دی جا سکتی ہے۔ وہ قدیم الفاظ اور محاوروں سے جو اب متروک ہو گئے ہیں اور حشو اور بھرتی کے الفاظ سے بالکل پاک ہیں، ان میں ایک قسم کا بیان زبان کی گھلاوٹ، روزمرہ کی صفائی، قافیوں کی نشست اور مصرعوں کی

---

[20] یہ بات حالی نے ۱۸۹۲ میں لکھی ہے۔ یعنی مثنوی بدر منیر آج ۱۹۶۲ میں ستر برس نہیں بلکہ ۱۴۰ برس پہلے کی ہے۔ اور اس برقی ایڈیشن کے وقت ۲۰۲۴ء میں ۲۰۲ برس پہلے کی!

[21] یعنی بہارِ عشق، زہرِ عشق اور فریب عشق میں۔

برجستگی کے لحاظ سے بمقابلہ بدرمنیر کے بہت بڑھا ہوا ہے۔ اس میں مردانے اور زنانے محاوروں کی اس طرح برتا ہے کہ نثر میں بھی ایسی بے تکلفی سے آج تک کسی نے نہیں برتا۔ اگرچہ ان مثنویوں میں بدرمنیر کی طرح ہر موقع کی سین نہیں دکھایا گیا جس سے شاعر کی قدرت بیان کا پورا اندازہ ہو سکے، مگر جو کچھ اس نے بیان کیا ہے خواہ وہ مورل ہو خواہ ام مورل، اس میں حسن بیان کا پورا پورا حق ادا کر دیا ہے۔ اس میں بخلاف عام شعرائے لکھنو کے لفظی رعایتوں کا مطلق التزام نہیں کیا اور اردو کے عام روزمرہ کو صحت الفاظ پر جس کے اہل لکھنؤ سخت پابند ہیں، اکثر ترجیح دی ہے۔ ردیف قافیے میں عروضیوں کی بیجا قیدوں کی بھی پابندی نہیں کی۔ مگر جو اصل مقصود ردیف و قافیہ سے ہوتا ہے اس کو کہیں ہاتھ سے نہیں جانے دیا۔ مثلاً

کوئی مرتا ہے کیوں؟ بلا جانے

ہم بہو بیٹیاں یہ کیا جانیں

اس ردیف کو ہمارے شعراء ضرور غلط بتائیں گے۔ مگر ردیف کا جو اصل مقصد ہے وہ اسے بخوبی حاصل ہے۔ کیونکہ سامع کو یہ سن کر واحد اور جمع کا فرق مطلق محسوس نہیں ہوتا اور یہی ردیف کا ماحصل ہے۔ اختلاط کے موقع پر جس نے بے تکلفی کے ساتھ معاملات کی تصویر اس نے کھینچی ہے اس کی نسبت سوا اس کے اور کیا کہا جائے

کہ "چور کی ماں گھٹنوں میں سر دے اور روئے"۔ افسوس ہے کہ شوق کی مثنویوں کی اس سے زیادہ اور کچھ داد نہیں دی جا سکتی کہ جو شاعری اس نے ایسی ام مورل مثنویوں کے لکھنے میں صرف کی ہے اگر وہ اس کو اچھی جگہ صرف کرتا ہے اور روشنی کے فرشتے سے تاریکی کے فرشتے کا کام نہ لیتا تو آج اردو زبان میں اس کی مثنویوں کا جواب نہ ہوتا۔

یہ بات تعجب سے خالی نہیں کہ نواب مرزا شوق کو اپنے اسکول کے برخلاف مثنوی میں ایسی صاف اور با محاورہ زبان برتنے کا خیال کیونکر پیدا ہوا جب سوسائٹی کا رخ پھرا ہوا ہوتا ہے تو اس کے مخالف رخ بدلنے کے لیئے کسی خارجی تحریک کا ہونا ضروری ہے۔ ظاہراً ایسا معلوم ہوتا ہے کہ خوجہ میر درد کے چھوٹے بھائی میر اثر دہلوی نے جو ایک مثنوی لکھی ہے جس کا نام غالباً خواب و خیال رکھا تھا اور جس کی شہرت ایک وجہ سے زیادہ تر یورپ یں ہوئی تھی۔ اس مثنوی میں جیسا کہ ہم نے اپنے بعض احباب سے سنا ہے تقریباً ۴۰، ۴۵ شعر اسی قسم کے ہیں جیسے کہ شوق نے بہار عشق میں اختلاط کے موقع پر ان سے بہت زیادہ لکھے ہیں۔ معلوم ہوتا ہے کہ شوق کو ایسی زبان برتنے کا خیال اس مثنوی کو دیکھ کر پیدا ہوا اور چونکہ وہ ایک شوخ طبع آدمی تھا اور بیگمات کے محاورات پر بھی اس کو زیادہ عبور تھا۔

اس نے اپنی مثنوی کی بنیاد "خواب وخیال" کے انھیں ۴۰، ۴۵ شعروں پر رکھی، اور ان معاملات کو جو خواجہ میر اثر کے ہاں ضمناً مختصر طور پر بیان ہوئے تھے۔ اپنی مثنویوں میں زیادہ وسعت کے ساتھ بیان کیا۔ اور جس قسم کے محاوروں کی انہوں نے بنیاد قائم کی۔ شوق نے اس پر ایک عمارت چن دی۔ اس کا بڑا ثبوت یہ ہے کہ خواب وخیال کے اکثر مصرعے اور شعر تھوڑے تفاوت سے بہار عشق میں موجود ہیں۔ جن میں سے اک دو شعر ہم کو بھی یاد ہیں۔ مگر اس میں شک نہیں کہ موجودہ حالات میں خواب وخیال کو بہار عشق سے کچھ نسبت نہیں ہو سکتی۔

ان ہم مضمون کو ختم کرتے ہیں۔ اس کی نسبت یہ امید رکھنی چاہیئے کہ ہمارے دیرینہ سال شاعر جن پر قدیم شاعری کا رنگ چڑھ گیا ہے۔ اس مضمون کی طرف التفات کریں گے یا اس کو قابل التفات سمجھیں گے محض بے جا اور یہ خیال کرنا بھی فضول ہے کہ جو کچھ اس میں لکھا گیا ہے وہ سب واجب التسلیم ہے۔ البتہ ہم کو اپنے نوجوان ہم وطنوں سے جو شاعری کا چسکا رکھتے ہیں اور زمانے کے تیور پہچانتے ہیں یہ امید ہے کہ شاید وہ اس مضمون کو پڑھیں اور کم سے کم اس قدر تسلیم کریں کہ اردو شاعری کی موجودہ حالت بلاشبہ اصلاح کے متعلق ظاہر کی ہیں۔ گو ان میں سے ایک رائے بھی تسلیم نہ کی جائے۔ لیکن اس مضمون سے ملک میں عموماً جیہ خیال پھیل جائے کہ فی

الواقع ہماری شاعری اصلاح طلب ہے تو ہم سمجھیں گے کہ ہم کو پوری کامیابی حاصل ہوئے ہے۔ کیونکہ ترقی کی پہلی سیڑھی اپنے تنزل کا یقین ہے۔

اگرچہ اردو شاعری کی حقیقت ظاہر کرنے کے لیئے اس بات کی نہایت ضرورت تھی کہ مشہوراور مسلم الثبوت شاعروں کے کلام پر صراحتاً نکتہ چینی کی جائے۔ کیونکہ عمارت کا بودا پن جیسا کہ بنیاد کی کمزوری سے ثابت ہوتا ہے ایسا اور کسی چیز سے ثابت نہیں ہوتا مگر صرف اس خیال سے کہ ہمارے ہم وطن ابھی اعتراض سننے کے عادی نہیں ہیں بلکہ تنقید کو تنقیص سمجھتے ہیں۔ جہاں تک ہو سکا ہے اس مضمون یں کسی خاص شاعر کے کلام پر کوئی گرفت یا اعتراض اس طرح نہیں کیا گیا جو خاص اس کے کلام سے خصوصیت رکھتا ہو، بلکہ شاعری کے عام طریقہ پر اعتراض کر کے مثال کے طور پر جس کسی کا کلام یاد آیا ہے نقل کر دیا ہے، جس سے یہ ثابت ہوتا ہے کہ اس شخص پر بالتحصیص اعتراض کرنا مقصود نہیں ہے بلکہ شاعری کے عام طریقہ کی خراب ظاہر کرنا ہے۔ جس میں اس شخص کے ساتھ اور لوگ بھی شامل ہیں۔ اس کے علاوہ جہاں تک ممکن تھا کسی پر کوئی ایسا اعتراض نہیں کیا گیا جس سے یہ ثابت ہو کہ وہ اپنی شاعری کے اصول مسلمہ سے ناواقف ہے یا اس نے کوئی گریمر یا عروض کی غلطی کی ہے اکوئی ایسی فروگذاشت کی ہے جس سے قدیم طریقے کے موافق اس کی شاعری پر حرف آتا ہے۔ بلک زیادہ تر ایسے اعتراض کے ہیں جو نہ صرف اردو شاعری پر بلکہ تمام ایشیائی شاعری پر وارد ہوتے ہیں۔

بایں ہمہ اگر بمتقضائے بشریت کوئی ایسی بات لکھی گئی ہو جو ہمارے کسی ہموطن کو ناگوار گزرے تو ہم نہایت عاجزی اور ادب سے معافی کے خواستگار ہیں اور چونکہ یہ مضمون اردو لٹریچر میں جہاں تک کہ ہم کو معلوم ہے بالکل نیا ہے۔ اس لییۓ ممکن ہے کہ اگر بالفرض اس میں کچھ خوبیاں ہوں تو ان کے ساتھ کچھ لغزشیں اور خطائیں بھی پائی جائیں۔ اگرچہ خدا نے یہ قاعدہ بنایا ہے۔

''ان الحسنات یذھبن السیآت ''[22] مگر انسان نے اس کی جگہ یہ قاعدہ مقرر کیا ہے کہ 'ان السیآت یذھبن الحسنات'

پس اس انسانی قاعدے کے موافق ہم کو یہ امید رکھنی تو نہیں چاہییۓ کہ اس مضمون کی غلطیوں کے ساتھ کی اس کی خوبیاں بھی (اگرچہ کچھ ہوں) ظاہر کی جائیں گی۔ لیکن اگر صرف غلطیوں کے دکھانے ہی پر اکتفا کیا اور خوبیوں کو بہ تکلف برائیوں کی صورت میں ظاہر کیا جائے تو بھی ہ اپنے تئیں نہایت خوش قسمت تصور کریں گے۔

راقم

الطاف حسین حالی

***

---

22 یعنی نیکیاں بدیوں کو مٹا دیتی ہیں۔ پس دوسرے فقرے کے یہ معنی ہوں گے کہ بدیاں نیکیوں کو مٹا دیتی ہیں۔